“十四五”国家重点出版物规划项目

日本远东战争罪行丛书

日军的毒气战

总顾问 | 张宪文　主编 | 范国平

[日]吉见义明 | 著

牟伦海 | 译　张晓刚 | 审校

重庆出版社

图书在版编目（CIP）数据
日军的毒气战 / （日）吉见义明著 ; 牟伦海译 ; 范国平主编. -- 重庆 : 重庆出版社, 2025. 7. -- ISBN 978-7-229-19556-4
Ⅰ. K265.607
中国国家版本馆CIP数据核字第2025QK8135号

日军的毒气战

RIJUN DE DUQIZHAN

[日]吉见义明 著 牟伦海 译 张宪文 总顾问 范国平 主编 张晓刚 审校

出　　品：华章同人
出版监制：徐宪江　连　果
出版统筹：张铁成
策划编辑：连　果
责任编辑：史青苗
特约编辑：姜士彬
营销编辑：刘晓艳
责任印制：梁善池
责任校对：刘小燕
封面设计：众己·设计 | 微信：orange_pencil

重庆出版社 出版
（重庆市南岸区南滨路162号1幢）
天津淘质印艺科技发展有限公司 印刷
重庆出版社有限责任公司 发行
邮购电话：010-85869375
全国新华书店经销

开本：680mm × 980mm　1/16　印张：20　字数：311千
2025年7月第1版　2025年7月第1次印刷
定价：78.00元

如有印装质量问题，请致电023-61520678

《日本远东战争罪行丛书》
翻译委员会

主任、总校译

范国平　季我努学社社长

委员（以姓氏笔画排序）

叶　龙　牟伦海　李学华
李　越　张　煜　郭　鑫
彭　程　覃秀红

再塑从全球视野揭露日本罪行的“典范之作”

时光如白驹过隙，自2015年12月《日本远东战争罪行丛书》第一辑出版后，九年时间已经过去了，《日本远东战争罪行丛书》第二辑的作品也已经陆续出版。我还清晰地记得在南京民间抗战博物馆召开丛书第一辑新书讨论会的情景。诸多与会专家高度肯定了丛书第一辑，将其誉为“从全球视角揭露日本战争罪行的典范之作”。

中宣部、国家新闻出版署给予《日本远东战争罪行丛书》很高的荣誉。第一辑（四卷本）获得“十二五”国家重点出版物规划项目、中宣部及国家新闻出版署“一百种抗战经典读物”称号。第二辑（三卷本）获得了“十三五”国家重点出版物规划项目称号及2019年度国家出版基金资助。第三辑（六卷本）于2022年入选“十四五”国家重点出版物规划项目，2023年入选重庆“十四五”重点出版物出版项目规划，其中五本获得2024年度国家出版基金资助。

我一直主张要将日本侵华战争的视野扩充到亚洲太平洋领域，日本在二战期间对被其侵略的亚洲各国人民及西方国家的平民和战俘犯下了罄竹难书的、令人发指的战争暴行。在我主编的教育部重大委托项目“抗战百卷”中，我将日本在东南亚战争暴行的研究交给了季我努学社的三位青年学者。重庆大学历史文化研究中心的钱锋副教授负责“巴丹死亡行军”暴行的研究；南京大学政府管理学院的刘超教授负责“缅泰死亡铁路”暴行的研究；武汉大学历史学院的王萌教授负责日本在东南亚地区整体暴行的研究。这三位都是季我努学社青年学者群体当中的优秀代表。

我非常鼓励季我努学社与重庆出版社持续地对日本在中国以外地

区战争暴行领域进行开拓性研究及出版。由于语言和资料搜集的障碍，也由于中国本土的日本战争暴行更加容易获得各类科研项目资助的原因，国内学者愿意将关于日本战争暴行研究的学术视野放到中国以外地区的不多。然而，日本在二战中的战争暴行，不仅仅伤害了中国人民，也伤害了被其侵略的东南亚国家和遭受其蹂躏的西方国家的战俘和平民，并且它对在其殖民统治之下的朝鲜、中国台湾和所谓“满洲国”的人民也造成了伤害。

现在中国国力日益强盛，国内的科研经费相对充裕，在国内利用外文资料、走出国门搜集外文资料进行研究的学者越来越多。季我努学社的青年学者们普遍外语能力较好，资料搜索、翻译能力在国内青年学者中堪称翘楚。重庆出版社北京华章同人文化传播有限公司一直非常重视《日本远东战争罪行丛书》，在这一课题上持续投入资金和编辑力量，的的确确且扎扎实实地为国内日本战争暴行研究外延的拓展做出了突出贡献，展现出了高度的历史使命感和社会责任感，令人称道。

在不远的将来，季我努学社将与重庆出版社密切协作，争取将丛书研究扩展到日本在亚洲太平洋战争期间犯下的主要战争暴行，如将新马华人“检证”大屠杀、马尼拉大屠杀等纳入其中；放大对于日本战争罪行研究的视角，关于日本战争罪行的审判、关于日本军国主义军队的体制等诸多与日本战争罪行研究相关的课题，也将纳入丛书。

作为季我努学社荣誉社长、丛书总顾问，我要表示一下感谢。感谢中国日本史学会荣誉会长汤重南教授、上海师范大学历史系苏智良教授等一批著名抗战史研究专家对丛书的支持。教授们为丛书撰写了精彩的序言、推荐语，并希望季我努学社与重庆出版社继续高标准、严要求地来规划、翻译、出版本丛书。我希望本丛书能够一如既往地当得起学界给予的“从全球视角揭露日本战争罪行的典范之作”这个极高的赞誉。学界对于本丛书极为关注，希望学社和重庆出版社不忘初心、牢记使命，继续做好这套已经进入中国抗战史学术界的重量级丛书。

国内对于日本在中国之外的战争暴行的研究才刚刚起步，希望《日本远东战争罪行丛书》成为抛砖引玉之作，希望国内有更多的学者可以关注日军在东南亚国家及对西方国家战俘和平民犯下的战争暴行。

张宪文

四川师范大学日本战争罪行研究协同创新中心名誉主任

季我努学社荣誉社长

2024年5月21日

丛书总序二

全球视野下的日本远东战争罪行研究方兴未艾

《日本远东战争罪行丛书》是由季我努学社翻译、重庆出版社北京华章同人文化传播有限公司出版的“十二五”“十三五”国家重点出版物规划项目。已经出版的丛书第一辑四部著作，受到学界专家们的高度肯定，被称为“典范之作”，并被中宣部、国家新闻出版署授予“一百种抗战经典读物”的荣誉。丛书第二辑三部著作，获得2019年度国家出版基金资助。我对重庆出版社的领导、编辑人员和丛书策划者季我努学社及各位译者表示衷心的感谢!

丛书第三辑的作品包括《日军的“治安战”》《士兵的战场：体验与记忆的历史化》《巢鸭囚犯：战犯们的和平运动》《恶魔医生：日军对盟军战俘的人体实验》《日军的毒气战》《铁蹄下的人间地狱：日本军事占领下的婆罗洲（1941—1945）》。丛书充分揭露了日军的惨无人道，其罪行罄竹难书，是不分种族、不分国家的普遍性犯罪。《日军的“治安战”》论述了日军为了维护占领区的“治安”，发动以敌后战场为目标的所谓“治安扫荡作战”“治安肃正作战”“治安强化作战”等作战，真实揭露了日军在华北战场的残暴罪恶，日军的扫荡作战造成的严重后果令人震惊，也促使人们对战争进行深刻思考。《士兵的战场：体验与记忆的历史化》则追溯了从中日战争爆发直到日本在亚洲太平洋战场上陷入绝境并最终战败这一历史过程，为读者展现了战争的残酷、生命的卑微和普通人的悲惨境遇。《巢鸭囚犯：战犯们的和平运动》首次将目光放在了巢鸭监狱中的乙丙级战犯如何认识、反思战争及战争责任上，从战俘反思的角度来揭示战争的残酷性。《恶魔医生：日军对盟军战俘的人体实验》集中记述了发生在奉天战俘营中，日本七三一部队对盟军战俘进行人体实验的战争暴行。《日军的毒气战》披露了日军在“九一八”事变中不顾国际规定开始准备毒气武器，到全面侵华毒气正式投入战场，随着战争的进行，日军毒气战逐渐升级的历史真相。《铁蹄下的人间地狱：日本军事占领下的婆罗洲（1941—1945）》详尽地再现了婆罗洲在被日军占领后，当地居民反抗日军暴行而被虐待、谋杀、斩首的历史。日军在对婆罗洲当地居民进行人身迫害的同时，还对婆罗洲当地的矿产资源进行非法开采，严重破坏了当地的地理地貌和环境。

丛书具有很高的学术意义。毋庸置疑，近二三十年来，我们对日本侵华战争中的日军罪行和中国人民抗日战争的研究，取得了丰硕成果；但是我们也要承认，对中国大陆以外地区，特别是对日军在东南亚地区的暴行和对东南亚各国及人民抗日斗争的研究却一直未受到国内学界应有的关注和重视，投入的研究力量有限，因而研究成果也极为稀少。我们以往的研究，取材主要来源于政府、军队、战役、战争等史料，材料的单一性局限了学者们关于日本在远东地区战争罪行的研究视角。本丛书则聚焦战争中不同国家、不同身份、不同遭遇的个人或者群体身上，比如劳工、战俘、“慰安妇”，甚至被奴役者的家属等，让日本远东战争罪行的全貌越来越清晰地呈现在世人面前。这表明全球视野下对日军罪行的研究方兴未艾。

丛书又具有很强烈的现实价值和社会意义。所辑录作品对日本歪曲历史、否认历史的言行进行了有力批判。日本军国主义在对外扩张中，侵略到哪里，奴役就到哪里，罪行也就延伸到哪里。日军所到之处，残忍施暴，毫无人性。然而，在日本投降七十多年后的今天，日本右翼团体非但丝毫不敬畏历史，反而处心积虑地想要篡改历史，这种掩耳盗铃的行为，是日军战争罪行的又一次重演。日军侵略战争罪行铁证如山，被侵略国家人民的悲惨遭遇历历在目，日本为何矢口否认？日本为什么不向中国人民、东方各国人民、全世界人民道歉、谢罪？主要原因在于日本国内的民族主义恶性膨胀、日本右翼化社会思潮泛滥，而根本原因则是美国在二战后对日本战争罪行和战犯进行包庇（特别是不对昭和天皇战争罪行进行追究）。

重庆出版社和季我努学社的各位同人，为丛书的出版付出了艰辛的努力。丛书总顾问、学术委员会主任张宪文先生一直主张从全球视角研究抗战史，值得充分肯定！张先生对丛书的后续翻译、出版方向作了前瞻性的擘画：关于日本在亚洲太平洋地区的主要战争暴行，如新马华人“检证”大屠杀、马尼拉大屠杀；关于对日本战争罪行的审判；关于日本军国主义军队的体制研究；等等。我们始终清醒地认识到，我们的抗日战争史研究任重道远，尚待学界不懈努力。我们殷切地期望更多的学界同人关注日军在亚洲太平洋地区，特别是东南亚地区的战争罪行研究，并不断涌现出优秀的研究成果。

汤重南

中国社会科学院世界历史研究所研究员

中国日本史学会荣誉会长

2019年2月4日

序

化学武器是指利用化学毒剂的毒害作用杀伤、疲惫敌人有生力量，迟滞、困扰其军事行动的各种武器和器材的总称。毒气武器是化学武器的一种，它特指使用毒气（如氯气、光气等）作为杀伤手段的武器。毒气可以通过吸入、接触、误食等多种途径导致人员中毒。众所周知，日本军队在侵华战争时期开展了毒气战，给中国军民造成了巨大的伤害。直至21世纪初，日军遗留在中国的毒气武器以及其他化学武器仍然为祸一方，自然资源和城乡环境受到毒气污染、人员中毒的新闻屡见于报端。日本学者吉见义明所著《日军的毒气战》一书对该课题作了较为详尽的介绍和扎实的研究。因此，把该书翻译成中文出版，对中国读者了解近代日军研制和使用化学武器暨毒气武器等问题无疑具有重要的参考价值。

人类大规模地使用毒气武器始于第一次世界大战。一方面，与其他常规武器相比，毒气武器的威力巨大，且只杀伤人员而不损坏装备，在很多战役中是扭转战局的关键要素。另一方面，毒气武器的开发应用，也代表了一个国家的工业生产能力与化工技术水平。因此，尽管毒气武器是一种"大规模杀伤性武器"，某种条件下能有效帮助军事实力弱的一方"以弱胜强"，但在一段时期内，毒气武器仍然是由为数不多的发达国家所垄断、控制的。第一次世界大战结束后，为了避免国家与国家之间的"总体战"给人类文明带来的毁灭性打击，国联等国际组织与各主要国家开始考虑限制包括毒气武器在内的各种新式武器的使用与扩散。使用毒气武器，被视为一种不能被国际社会接受的"战争罪行"。鉴于化学武器的危害性，1993年1月，184个缔约国签署了《禁止化学武器公约》，并于1997年生效。

受限于工业能力与科技发展水平，日本在一战期间对于毒气武器的了解与掌握都不很充分，更谈不上制作和装备毒气武器。日本为了避免自身毒气战能力不足而在可能发生的战争中遭受重大损失，因此极力推动禁止使用毒气武器等相关协议或条约的签署。然而，另一方面，在明知使用包括毒气在内的化学武器是确凿无疑的战争罪行的前提下，日本仍然蠢蠢欲动，只是无法从欧美国家合法地获取包括毒气在内的化学武器。此一时期，由于毒气战能力不足，令日军感到极大的惶恐。因此，一战结束后，日本迅速启动毒气研究相关计划。从1916年起，日本陆军技术部门开始着手对一战中各国的毒气战情况进行调查，并于1917年正式启动毒气武器研究工作。之后，日军又于1918年正式成立了领导毒气武器研究暨毒气战法研究的临时毒气调查委员会，正式着手开发氯气等化学武器。20世纪20年代后期，特别是“宇垣裁军”之后，日军将节省下来的预算大量投入包括毒气武器在内的现代化武器开发活动中。日军的毒气战能力得到了极快的提升。到1929年，光气、芥子气等毒气逐渐成为日军的制式化武器，这标志着日军已经具备了初步的化学战能力。

1937年，中日战争全面爆发。日军不顾相关国际法规定，开始在中国战场大规模使用毒气，催泪瓦斯、呕吐性毒气以及糜烂性毒气被广泛应用于南京战役、徐州会战、武汉战役等关键战役。毒气武器的使用弥补了日本军队人数规模不足，常规武器效能较低等劣势，在打破战场僵局，压制中国军队抵抗力方面起到了一定的作用。特别是1938年之后，日军在华北、华中地区的讨伐战与警备战中把毒气战作为一种“常规”作战手段，使用毒气武器杀害了华北、华中等地大量无辜的中国平民，犯下不可饶恕的战争罪行。

相较于日军在二战中所犯的其他罪行，日军对于毒气武器的使用更有预谋，更有计划，且更成规模，但同时也更为隐蔽。为了逃避罪责，以及使用毒气武器理应遭到“正当”的报复，日军在二战中以及二战后都在极力掩盖使用毒气武器及其他化学武器的事实。在战争期间，日军高层多次明确下达命令，不允许日军在有欧美人士居住的中国主要城市使用毒气武器，避免毒气伤害到包括英美等国在内的，拥有更强毒气战能力的国家的公民，以免招致毒气武器的“报复”。在对中国军民使用毒气武器时，日军往往也要指示前线作战人员隐藏或销毁使用后的毒气武器弹药，以免落入中国军民手中，成为日军违反国际公约的“罪证”。

日本战败后，日军将大量毒气弹药遗弃在中国战场。包括在黑龙江齐齐哈尔和哈尔滨、吉林敦化、辽宁大连、山东青岛等地，都曾发现日军遗留毒气武器的相关证据。此外，在日本国内，日军也在平民并不知情的情况下，采用秘密投弃的方式，将大量毒气弹药弃置于广岛县、千叶县、福冈县等地的沿海港口及河流。这些毒气武器遗毒深远，甚至到21世纪初，仍在威胁和影响着中日两国人民的健康与安全。

除了二战后对毒气武器的遗弃之外，日本军方在战后相当长的一段时间内也在刻意回避曾经在二战中使用毒气武器的事实。具体而言，日本防卫厅在1967–1980年间编辑出版的共计百余卷的二战战史资料中完全剔除了日军使用毒气武器的相关内容，打造了一个日军遵守国际法相关规定，没有犯下使用毒气武器罪行的虚假形象。1972年，日本政府在舆论压力之下，计划对全国范围内的毒气武器遗弃、掩埋情况进行调查，但实际上只调查了8处遗弃地点，且未公开详细调查内容。至于日军在中国等地遗弃、掩埋毒气武器的情况，日本政府直到21世纪初仍在推脱、回避其应当承担的责任，也从未就相关问题向遭受毒气武器伤害的中国军民及其家属做出应有的道歉与赔偿。日本政府对毒气战真相的隐瞒与回避，正是日军的罪行长期不为人所周知的重要原因。

那么，日本学术界如何应对日军毒气战这一敏感问题呢？早在20世纪80年代，以粟屋宪太郎为代表的一批日本学者已经开始挖掘史料，搜集证据，对相关问题展开了持久而深入的研究，并取得了一些成果。在这些研究成果的基础之上，日本中央大学吉见义明教授以大量一手资料以及在美国国家档案馆中新发现的有关日军毒气战的重要史料为基础，对相关问题展开了严肃、认真的实证研究。某种意义上可以说，吉见义明教授真实地还原了日军在中国以及东南亚地区使用毒气战罪行的全貌，体现了一名历史学家的社会责任感和学术良知。

作为《日军的毒气战》一书的作者，吉见义明教授是日本著名近代史专家，长期关注日本战争责任、日本的战时社会等相关问题。从20世纪90年代开始，吉见义明教授就搜集了大量有关日军“慰安妇”的资料，并于1992年在媒体上发表了相关研究报告。在报告中，吉见义明教授明确指出，“国家对国家的赔偿与国家对个人的赔偿不可同日而语。对于“慰安妇”问题，日本政府不但要道歉，还应当积极对个人进行赔偿”。值得关注的是，吉见义明教授发表的研究报告及其观点引发了日韩两国媒体对日军“慰安妇”问题的持续关注，在一定程度上推动了时任日本首相宫泽喜一正式承认日军“慰安妇”问题的存在。但在此之后，日本的历届政府大多在日军“慰安妇”问题上含糊其词、敷衍塞责；安倍晋三执政时，甚至一度称“慰安妇”为“人口贩卖受害者”。而吉见义明教授一直坚持其客观、公正的立场，始终强调“慰安妇”是由日本军方绑架、诱拐而来，日本政府不能逃避“慰安妇”问题中的法律及道义责任。

除了在“慰安妇”问题上持续不断地开展研究之外，早在1984年，吉见义明教授就在日军战史资料中发现了华中派遣军司令部撰写的《攻占武汉战役中的化学战实施报告》。之后，吉见义明教授又与粟屋宪太郎教授共同执笔撰写了《毒气战的真相》一文。自此，遂一发而不可收地开始其长达近40年之久对日军毒气战的研究工作。而这本《日军的毒气战》正是吉见义明教授多年来坚持不懈的呕心之作。

吉见义明教授的研究时间跨度极长，研究范围亦很广，涵盖了自第一次世界大战以来，日军对毒气武器的认识和研发，以及对当时限制毒气武器相关条约的态度；20世纪20年代，俄国革命时期，日军对毒气武器认识及态度的转变；日军对毒气武器的生产与装备；1930年“雾社事件”中尝试毒气武器的实战；在二战中的中国战场广泛使用毒气武器，开展人体毒气武器试验的事实；战败后对毒气武器的遗弃、销毁；对毒气战罪行的掩盖、推脱等，不一而足。客观而言，吉见义明教授的《日军的毒气战》就是一本史料翔实、论述充分、结论可靠的日军毒气战“全史”。

阅读该书可知，吉见义明教授从一战之后国际社会如何形成有关毒气武器共识这一问题入手，揭示了日军在充分认识和了解毒气武器危害的前提下，是如何一方面支持限制欧洲国家对毒气武器的开发使用，另一方面又希望获取当时先进的毒气制作工艺，发展日本毒气武器的伎俩。日军高层在禁止毒气武器与开发毒气武器“二选一”之间的犹豫不决，以及在讨论限制毒气武器相关条约时的“慷慨陈词”，充分揭示了日军对于毒气武器的危害有着清晰的认知。然而，也正是因为清楚明确地了解毒气武器的“威力”，才令军国主义思想甚嚣尘上的日军不惮冒天下之大不韪，执意加紧研发毒气武器，并固执地将这种“威力”巨大的武器投入战场。

从“雾社事件”起，日军就不断地使用毒气武器攻击平民，不断地攻击没有装备毒气武器，且从国际法原则上来说不应遭受毒气武器攻击的中国军队。从武器装备情况来说，日军的常规武器虽然客观上较同时期的欧美主要国家有一定的差距。然而，日军不仅对武器相对落后的中国军队使用毒气武器，而且对中国和平居民也使用这种被国际社会普遍禁用的武器，这显然不是因为只有使用毒气武器才可以保持日军的装备优势这种托词所能解释清楚和蒙混过关的。从吉见义明教授的研究成果来看，日军一直醉心于毒气武器在屠杀中国军民方面的高效率，也一直在将中国视为大规模使用毒气武器的实验场，将无辜的中国军民视为验证毒气武器效能的试验对象。无论从哪个角度讲，都是极为卑鄙无耻的勾当。

当然，从日军的“战绩”来看，毒气武器的试验是“成功”的，毒气武器的“高效”也一再得到证实。尽管日军高层出于对政治压力及舆论压力的考虑，严格要求日军前线部队限制毒气武器的使用范围以及使用场合，但中国军民的顽强抗战，还是令日军前线部队不得不依赖毒气武器以扩大其所谓“战果”；换言之，滥用毒气武器取得的“辉煌战果”也在进一步鼓励日军高层不断放宽对毒气武器的使用限制。尽管日军刻意掩盖，但在与中国军队进行的多次“会战”中，其违法使用毒气武器的罪行不断暴露出来，欧美舆论场中对于日军的谴责声也随之日益高涨。然而，这并没有阻止日军走向进一步将毒气武器常规化与常态化的不归路。在所谓的“治安战”与“三光战”中，日军疯狂地以毒气武器攻击平民，犯下了大量不可饶恕的战争罪行。

吉见义明教授除了翔实地记录了日军在中国开展毒气战的罪行之外，也在本书中以相当大的篇幅介绍了日军在东南亚及太平洋战场上对毒气武器的使用情况。正如吉见义明教授总结的那样，日军在东南亚及太平洋战场上，对于毒气武器的使用某种程度上是“受到抑制”的。日军一方面试图复制在中国战场上使用毒气武器的“成功”经验，另一方面又非常清楚，面对已经配备了毒气武器，且毒气制备能力，投放能力都优于自己的欧美军队，开展大规模毒气战将会是什么样的后果。正是考虑到这一因素，日军不能像在中国战场那样，投入成建制的专门部队开展大规模的毒气战，而是仅有单兵及小规模部队使用过毒气武器；而且那些使用毒气武器的个案，大多出于日军在注定失败的面前绝望的拼死一搏。此外，吉见义明教授还考察了战后审判的具体案例。在相关案例中，战败前的日军为了检验长期未投入实战的毒气武器是否仍有效力，以毒气武器杀害英美战俘的行径，也充分暴露了日军的惨无人道和丧心病狂。

如前所述，尽管日军非常清楚使用毒气武器的后果，对使用毒气武器违反相关国际法规定也有充分的认识，并且为避免日军及日本平民沦为欧美毒气武器的攻击对象做出了“积极且行之有效”的努力，但是，这一切并不妨碍日军在战败已成定局之时极力掩盖自己犯下的罪行。日军在中国以及日本本土遗弃、销毁了大量毒气武器，参与过毒气战的日军士兵，很多人要么对当年的罪行保持沉默，要么矢口否认；

日本政府也通过行政及法律手段，封存相关记录，拒绝承认在战争中非法使用过毒气。这是值得学界尤其关注和持续深挖的问题。

客观来说，吉见义明教授在本书中并没有全面、完整地揭示日本社会及日本政府竭尽全力掩盖毒气战罪行的“执念”有多么强烈，这一点在读者看来也许略显遗憾。但是，从吉见义明教授使用的资料来看，其研究过程无疑困难重重、阻力不断；不但旧日军团体中有人声称从未曾使用过毒气武器，就连日本政府也曾有意识地阻止公开相关记录。但是，以吉见义明、粟屋宪太郎等人为代表的日本学者无惧阻力，不但走访了大量曾亲身参与过毒气战的旧日本陆军成员了解情况，还远赴美国，利用美国国家档案馆收藏的旧日军档案，通过艰难的考察研究，还原了日军开展毒气战的历史事实。正是因为吉见义明教授的执着追求和不懈努力，这本《日军的毒气战》才得以问世，这一点殊为不易。

正因困难重重，《日军的毒气战》一书的写作时间拖得很长。在写作该书的同时，吉见义明教授也曾将部分研究成果加以归纳和整理，并以论文形式公开发表。研究这段历史的中国学者，很多人都参考过或受益于吉见义明教授的研究成果。中国社会科学院近代史研究所所长步平教授曾翻译过本书的部分内容，肯定了该书的价值；他认为，吉见义明教授的研究“从另一个角度印证了我们目前掌握的历史资料的准确性”。除了步平教授之外，亦有其他学者将吉见义明教授《日军的毒气战》一书作为重要的研究资料，开展自己的课题研究，并取得了学界瞩目的成果。但是，由于《日军的毒气战》一书是日语著作，吉见义明教授的研究成果在很长时间内未能在中国得到广泛流传和利用，这不能不说是一件憾事。

也正因此，当得知四川师范大学革命文献研究院院长范国平教授组织有关专家翻译《日军的毒气战》一书，并将其收入《日本远东战争罪行丛书》第三辑时，我由衷地感到高兴。记得10年前即抗日战争胜利70周年之际，《日本远东战争罪行丛书》第一辑的出版发行就在学界和社会中引起很大反响；前辈学人张海鹏、汤重南、张宪文、杨天石、关捷等先生都对该套丛书的出版给予较高的评价。10年后，重庆出版社再次组织编撰该套丛书的第三辑，可谓意义重大。受编委会委托，由我审读《日军的毒气战》一书的译稿，在感到十分荣幸的同时，又觉得是一个难得的学习机会。事实上，阅读此书确实受益良多，不仅加深了对日军毒气战罪行的了解，更增强了对日军在远东战争中种种令人发指罪行的认识。《日本远东战争罪行丛书》第三辑即将付梓之际，范国平教授嘱我为《日军的毒气战》一书作序，心中难免惶恐不安。盖因《丛书》编委会由诸多学界前辈、学术大家组成，窃以为由我为本书作序，实为不妥。然一者由于范国平教授盛情相邀，难却美意，再者《日军的毒气战》一书对揭露日军战争罪行极为重要，能为该书中文版的问世略尽绵力，义不容辞。遂不揣冒昧，写下此“序”。

在此还想赘言几句，与读者诸君交流些微浅见。吉见义明教授的大作在日本近代史、中国近代史、二战史等领域中的意义早已得到了学界的一致肯定，我与诸多学界同仁均受惠于吉见义明教授的研究成果。鉴于此，如果《日军的毒气战》一书可以让更多人了解日军在二战中犯下的不可饶恕的战争罪行，作者与译者付出的辛劳便有了意义。今年恰逢世界反法西斯战争暨抗日战争胜利80周年，在这一时间节点吉见义明教授的《日军的毒气战》一书即将出版，意义非凡，可喜可贺；此书不仅对毒气战问题的研究具有重要的学术参考价值，同时也体现了中日两国学者为共同研究抗日战争史暨日本侵华史所做出的不懈努力，因而亦兼具社会影响和纪念意义。

质言之，帝国主义、军国主义是中日人民共同的敌人，必须给予深刻揭露和有力批判；而走和平发展之路，构建人类命运共同体，理应是中日人民乃至世界人民不断追求的理想和愿望。

书不尽言，言不尽意。权以为序。

张晓刚

2025年5月1日

目录

引言

第一次世界大战中爆发了大规模的毒气战，其结束距今已逾85年。日本也曾在中日战争、太平洋战争中发动过毒气战，其结束距今也已逾59年。但日本为发动毒气战所进行的准备工作，已是更久以前的事情了。[1]

然而，毒气战的“遗产”至今仍未从日本社会中消失。为了销毁被遗弃在中国的毒气，日本政府从1991年开启了相关调查活动，但实际的销毁工作才刚刚开始。在日本国内，2000年、2003年，福冈县苅田港发现了毒气弹，这导致为了使大型船只方便靠港而进行的疏浚工程被迫中断。2002—2003年，在茨城县神栖町和神奈川县平冢市寒川町同样发现了毒气弹，而且出现了被认为是由该毒气弹导致的有毒物质受害者（“中毒者”）。因此，日本政府不得不重启曾于1973年开展过的销毁、遗弃毒气弹的全国调查。2003年8月，在中国黑龙江省齐齐哈尔市挖出了日军遗弃的毒气罐，其间还发生了44人中毒、1人死亡的惨痛事件。

进入21世纪以来，随着第二次世界大战后生化武器的扩散，生化武器的问题日益凸显，大规模杀伤性武器的危害也日渐受到重视。在日本，奥姆真理教于1994年在松本市撒下沙林毒气，第二年又在东京的地铁上撒下沙林毒气。日本由此也成了第一个遭受由民间人士发动的大规模化学武器袭击的国家。

为什么会发生这样的事情呢？追根溯源，这与一战结束后日本开

1　目前，“化学武器”的用语比“毒气”更加常用。这是因为在战争中作为武器使用的化学物质不限于气体，还有些如枯叶剂之类非气态物质。但是，从广义上讲，化学武器还包括燃烧弹和烟雾弹等。因此，本书将这些物质排除在外，使用“毒气”一词来指代当时国际法层面被禁止使用的化学武器。例如，1925年《日内瓦议定书》规定，禁止在战争中使用“窒息性气体、有毒气体及其他气体以及所有与之类似的液体、物质及方案”。其中不仅包括芥子毒气（在英国和美国被称为芥子气，英语为Mustard gas）、路易氏剂、光气、氰化氢、氯等，还涵盖了通常被称为“暴动镇压剂”的有呕吐性功能的气体（例如二苯氰胂等，有人称它为“打喷嚏气体”，但在本书中，我们称其为呕吐性气体）、催泪瓦斯（例如苯氯乙酮等）。其中，关于使用催泪瓦斯是否违法尚存在争议，但1932年日内瓦裁军会议上的多数意见认定其违法。1997年生效的《禁止化学武器公约》区分了禁止开发、生产、储藏的化学武器和允许使用的暴动镇压剂，但禁止后者在战争中使用。

始毒气战备、九一八事变后使用毒气，以及战后对使用毒气这一行径进行遮掩隐瞒有关。国内外的毒气事故是由日军的开发、部署和遗弃造成的。谈到化学武器恐怖袭击活动，就必须注意到在远东国际军事法庭（东京审判）上中止对日军毒气战活动的责任追究，以及战后化学武器向世界逐步扩散这两个问题。概言之，化学武器的开发和生产长期处于放任而缺乏监管的状态。

在此期间，无论是在日本国内还是国外，非常令人意外的是，几乎没有人知道日军的毒气战历史。究其原因，在于二战之后其被刻意隐瞒了。甚至我自己也曾一度相信，在侵华战争和第二次世界大战中日军并没有使用毒气。

直到1984年，我的这种看法才开始有了明显的转变。这一年，揭露日军毒气战真相的重要资料相继公开。最先开始这项新研究的是立教大学的粟屋宪太郎教授。1983年，在东京池袋举行的东京审判国际研讨会上，粟屋教授揭示了战败后日本生物化学战罪行被免责的事实。其后，在美国国家档案馆（NARA）内，粟屋教授进一步发现了由陆军习志野学校编写的题名为《中日战争中的化学战例证集》的历史记录。然而，该记录作为证实日军毒气战的决定性资料，并未作为证据材料获得采信。1984年6月14日，《朝日新闻》以头条的形式对这一发现进行了重点报道，并引起了巨大反响。随后，在8月15日的《每日新闻》上，以庆应大学松村高夫教授为中心的团队公开了加茂部队（731部队）编著的题名为《黄弹射击造成的皮肤损伤及一般临床性症状观察》的最高机密报告书，以此证实了日军曾使用糜烂性毒气（芥子毒气、路易氏剂）进行人体实验的事实。报告书是由长冈大学副教授儿岛俊郎在旧书店发现的，当时的儿岛还是一名研究生。它记载了关东军进行大规模人体毒气实验的内容。此外，同年我自己也发现了华中派遣军司令部制作的名为《攻占武汉战役中的化学战实施报告》的大型毒气战详细报告。10月6日，《朝日新闻》对此进行了重点报道。

随后，我和粟屋教授一起进行研究，第二年共同执笔了《毒气战的真相》(《世界》9月号)一文，1989年参与编纂了《毒气战相关资料》(不二出版社出版)。此外，还与松野诚也(现明治大学研究生)于1997年共同出版了《毒气战相关资料Ⅱ》(不二出版社出版)。在此期间，许多资料相继被挖掘出来，针对日军毒气战的研究取得了大幅度的进展。然而，直至今日，日军毒气战的实际情况还并没有得到全面的揭示。

日本政府对此持什么态度呢？1984年，发现《中日战争中的化学战例证集》的新闻一经报道，众议院会议上立即出现了针对性的质询。时任外务大臣安倍晋太郎答辩称："我认为，不应当使用那样的化学武器(芥子毒气等)。""正是由于日本曾经犯过那样的错误，对此(化学武器裁军)，我们应当积极应对。"("众议院外务委员会会议录"6月20日)。安倍的答辩标志着日本政府承认了包括芥子毒气在内的有毒气体被使用的事实，并对其违法性进行了认定，这是非常重要的认识。

然而，时值战败50周年的1995年，日本政府的认识却出现了大幅度的倒退。例如，时任防卫厅防卫局长秋山昌广在国会答辩中称："从防卫研究所保存的战史资料中能够明确地断定，日军曾将催嚏毒剂等非致死性化学物质作为武器使用。""关于日军是否实际将含有芥子毒气等致死性化学制剂作为武器使用的问题，由于资料过于零散，暂时无法确认。"("参议院外务委员会会议录" 11月30日)。尽管承认了曾使用呕吐性(打喷嚏效果)气体的事实，但日本政府仍然拒绝承认使用糜烂性气体及氰化氢气体等"致死性气体"[1]的事实。

而这只是其中一例。虽然相关资料不断被发掘并得到报道，但关于日军曾使用毒气这一事实，依然没有得到足够深入的认识。特别是关于何时、何地以及如何使用毒气的问题，更加需要进一步厘清。存在这些问题的原因之一，正是针对日军毒气战缺乏综合性的历史研究。

---

1 芥子毒气、路易氏剂、光气、氰化氢、氯等称为"致死性气体"，呕吐性气体和催泪气体称为"非致死性气体"。但是什么是致死的、是否具有致死性，还没有一致的标准。即使是单纯的烟雾，在密闭的空间里也会致死。如果大量吸入呕吐性气体，同样也会死亡。在野外即使遭到氰化氢气体攻击，由于其会急速扩散，因此，如果浓度不高的话，死亡的可能性也是很低的。即使因芥子毒气受伤也不一定会死亡 。因此，本书并不就致死性和非致死性进行定义。

因此，本书期望尽可能全面地揭示日军毒气战的全貌。概言之，本书将直观地解析日军毒气战的历史及其“遗产”。具体而言，包括一战以来的毒气开发，1930年雾社事件到1945年战败期间毒气战的开展，战后的免责，以及毒气武器的遗弃、销毁等总体状况。与此同时，本书从毒气战的角度出发，揭示了侵华战争、太平洋战争的实质，日本军队的特征，战后毒气武器的处理，以及日军对战争责任的规避等问题。[1]

1 以下，引用资料的名称及引文中的片假名将转换为平假名，引文中的旧汉字转换为新汉字，并适当添加标点符号。引文中的[ ]内的内容为引用者添加的注。另外，历史上的人物敬称一律省略。文中，“肃正”“讨伐”等本应添加括号，但由于过于繁杂而一并省略。

第一章

第一次世界大战的冲击（1915—1930）

毒气开发的起源

第一次世界大战

第一次世界大战爆发9个月后，也就是1915年4月22日下午5时30分，在比利时小镇伊珀尔附近的战壕中，等待着合适风向、风力的德国军队开始面向法国、阿尔及利亚军队的前线阵地释放大量氯气。[1]看到这些黄绿色的气云，法国、阿尔及利亚的军队迅速陷入恐慌，随后许多士兵相继中毒倒下。此次突然袭击，正式宣告了毒气战的开始。

此后，德军在6月的阿尔贡森林战役中使用了窒息性毒气——溴。[2]为与之进行对抗，在该月的罗纳战场上，英军释放了氯气，法军在香槟战役中使用了含汞的子弹。1916年2月，法军使用了窒息性光气弹，7月使用了能导致血液中毒的氰化氢。同年7月，德军使用了有窒息性功能的双光气。

1917年7月12—13日，德军在伊珀尔战场上还使用了糜烂性毒气，首次向英军发射了5万发芥子气炮弹。[3]此次袭击导致许多英国士兵失明，皮肤起水泡，患上肺炎，重症者迅速死亡，死亡率约为3%。1918年7月，为了能够穿透防毒面具，德军又针对性地开发了呕吐性气体二苯氰胂，并用作实战。

据推测，战场上由毒气造成的伤亡人数在88万到129万7000人。[4]

1　唐纳德·里克特:《化学士兵：第一次世界大战中的英国毒气战》，堪萨斯大学出版社，1992年，第8页。

2　西泽勇志智:《新稿·毒气与烟雾》，增补第二版，内田老鹤圃，1941年，第3页。

3　路茨·F.哈珀:《魔性与烟雾》，原书房，2010年，第371页。

4　同上，第471页。据此，推定死伤者人数存在3种学说，即88万（汉斯利昂）、100万9038（吉尔克里斯特）、129万7000（普莱蒂斯），若实际情况除去不明确的俄国军队死伤人数，则分别约为50万、53万、82万。

随着有毒气体陆续投入战场，德国、英国、美国、俄国等欧美各国都切身体验到了毒气战的激烈。

化学战、新武器给日本军方带来了巨大的冲击。前陆军中将小柳津政雄是推动筹备化学战的核心人物之一，日本战败后他回忆称："从第二次世界大战末期原子弹爆炸带给人们的震撼，不难想象一战中的化学战给世界带来了多大程度的冲击。"[1]小柳津政雄曾任关东军化学部部长、第6陆军技术研究所所长等职。

1916年底前后，陆军技术审查部开始收集有关毒气战的文献。1917年10月，陆军省正式命令技术审查部就毒气战展开研究和调查。[2]用于攻击的云状毒气及防毒面具，是技术审查部第二课最先着手的课题。此外，在陆军军医学校新设了毒气研究室。

但是，由于一战带来军需物资的急剧增加，急于拓展业绩的日本化工企业忙于应付来自欧美的订单，根本无暇顾及国内军用毒气的相关研究，于是军方转向氯气电解工厂寻求协助，以进行氯气的液化，满足军事用途。在此背景下，1918年4月，株式会社程谷曹达工厂（1923年改名保土谷曹达公司，专务董事为矶村音介）与军方展开合作。[3]

西伯利亚战争（出兵西伯利亚）

1917年11月，俄国社会主义革命爆发，沙俄帝国崩溃。1918年8月2日，西伯利亚战争爆发，日本出兵。日本对西伯利亚的野心，刺激了国内陷入停滞的毒气开发工作。陆军科学研究所认为："时局紧迫，用于实战的毒气的研究，尤其是防毒面具的生产已经成了当务之急。"他们对此列举了如下理由：俄国革命派涌进西伯利亚；发现了"德国为

1　小柳津政雄:《化学战研究史》，厚生省归国援护局史料室复印，1956年10月，前言。

2　陆军科学研究所:《本国化学武器沿革志》，1925年11月，防卫厅防卫研究所图书馆藏。以下据此。

3　矶村音介:《液体氯制造指导文件》，《大日记乙辑》，1918年，防卫研究所图书馆藏。

俄国革命派提供毒气设备，并配备教官教授使用方法”的情报；日本支持的俄国反革命派，提出“希望提供防毒面具”的请求；日本发出出征西伯利亚的“军队出征之议”。[1]由此能够看出，陆军科学研究所将制造防毒面具作为当务之急予以应对，同时制造用于实战的毒气也受到了同等重视。

1918年5月9日，陆军大臣大岛健一根据陆密（陆军大臣的秘密命令）[2]第129号命令在陆军省设立临时毒气调查委员会，对“毒气的使用状况”进行调查，对毒气（氯）液化、发射器、毒气弹、防毒护具、毒气中和剂展开相关研究。其预算从临时军事费中扣除，共计15万日元。[3]该委员会由陆军省武器局局长渡边满太郎任委员长，委员由武器局松村法吉、陆军技术审查部田口祥次郎、东京炮兵工厂朽木纲贞、军医学校小泉亲彦一、交通兵团安达十九等22名成员组成。

临时毒气调查委员会成立后，随即与程谷曹达工厂签订了制造液态氯的合同。[4]程谷曹达工厂由安达十九领导，从美国购入生产设备，1918年9月开始生产液态氯气。[5]1919年4月，该厂的生产能力达到了日产量136～181千克。同时，它还指导着关东氧气等工厂的液态氯气生产，“日本钢管”容量为10升、20升的发射管生产。

作为毒气弹使用的毒气，氯化苄和一部分氯化苦的制造工作交由程谷曹达工厂，苯甲酰亚胺氯（日文原文为“フェニールカルヒールアミンクロリド”。——译者按）和另一部分氯化苦等交由中村研究所，三氯化砷（发烟剂）则由足尾铜山负责。陆军卫生材料厂则尝试制造芥

1　《本国化学兵器沿革志》。

2　陆密第129号《临时毒气调查委员设置文件》，1918年5月9日，吉见义明，松野诚也：《毒气战相关资料Ⅱ》，不二出版，1997年，第1页。

3　陆军训令第14号，1918年5月9日，《毒气战相关资料Ⅱ》，第2—5页。

4　临时毒气调查委员：《液体氯制造指导文件》，1918年6月6日，《欧受大日记》，1918年6月，防卫研究所图书馆藏。防卫厅技术研究所：《本国化学武器技术史》（技研资第31号），防卫厅技术研究所，1958年，第2页。

5　曹达次氯酸钙同业会：《修订增补 日本曹达工业史》，曹达次氯酸钙同业会，1938年，第451页，以及《本国化学武器沿革志》。

子气。尽管当时生产出了发射用的液态氯，但是炮弹用的气体都“不合格”，因此，有必要继续进行研究。[1]

1918年6~8月，在爱知县伊良湖射击场进行了3次毒气弹（15厘米榴弹炮和75毫米野战炮）的发射实验。9月17日，以资源丰富及“毒性强”为由，临时毒气调查委员会会议通过决定，将溴作为实弹填装毒气使用，具体由陆军负责。[2]此外，作为缩写，氯化苄因其比重低而被命名为“カ号”，溴因较重而被命名为“オ号”。

表1　临时毒气调查委员会确定的毒气

名称	成分	毒性	使用法	决定日期
オ号	溴	对皮肤、黏膜有剧烈刺激作用，同时也能催泪	炮弹用	1918年9月17日
カ号	氯化苄	催泪剂，能引起临时性视力障碍、结膜炎	炮弹用	1918年9月17日
	氯	损害呼吸器官、肺，并可能造成窒息	发射用	1919年12月10日

资料来源：陆军科学研究所《本国化学兵器沿革志》（1925年，防卫研究所图书馆藏）。

日本既没有生产光气、芥子气，又没有生产二苯氰胂，与一战中的欧美国家有着明显差距。

第一次世界大战的终结

1918年11月11日，一战宣告结束。大战期间，坦克、飞机、机枪等武器实现飞速发展，日本军方从中感到了威胁。因此，为追赶欧美国家的战争能力及技术，1919年4月15日，陆军部创立了陆军技术本部，下设陆军科学研究所。科学研究所内设两个课，第一课为物理室，

1 《本国化学兵器沿革志》。
2 同上。

第二课为化学室，第二课内又单独设立了化学武器研究室。

为了从战时状态转变为平时状态，1919年12月10日，临时毒气调查委员会召开全体会议，审议了委员会自身的解散问题。但解散是有保留进行的。考虑到氯气是用于发射的毒气，因此，会上决定委员会继续对程谷曹达工厂进行领导，并对溴、光气、芥子气、溴丙酮展开继续研究。[1]然而，战争终结之后，委员会的预算也取消了，结果除了1920年11月中旬在冈山县的日本原演习场进行了一次15厘米榴弹炮用毒气弹（1150千克溴）的实验，委员会并没有取得其他特别值得关注的毒气研究成果。

其后，炮兵中佐久村种树成为陆军化学武器开发的核心人物。久村在大战中调查了法国的毒气制造设施，战争结束后又相继到德国、美国就毒气制造相关情况展开调查。1921年10月回国后，久村向陆军首脑进行了汇报，随后出任陆军科学研究所化学武器研究室主任。1923年5月15日，化学武器研究室首次成功合成光气；7月24日，又成功合成芥子气。[2]然而，由于一战后日本陷入了严重的财政危机，毒气开发工作并没有得到深入开展。

西伯利亚战争与毒气战计划

在西伯利亚战争中，为应对远东共和国与西伯利亚民众的抵抗，1921年，日军计划发动毒气战。该年2月25日，陆军省命令陆军兵工厂总厂向符拉迪沃斯托克（海参崴）派遣军追加配发毒气弹及相关器材，详细名目为：38式野战炮用毒气弹3000发，用于防毒面具的中和剂2万个，马用防毒面具2000个。[3]就已看到的资料而言，此次配发的毒气弹为溴弹。

1 《本国化学兵器沿革志》。

2 同上。

3 西密受第37号：《关于毒气弹及器材追加输送的文件》，1921年2月25日，《毒气战相关资料Ⅱ》，第240—242页。

但是，此项追加运送计划在3月2日中止了。原因是出于国际因素考量，陆军大臣田中义一提了反对意见。陆军省的副官称："鉴于陆军大臣反对，将暂停追加配发可能引起人道争议的毒气弹。"[1]但考虑到苏俄革命势力存在使用毒气的可能性，因此，按原计划追加运送了防毒器材。

日军为什么会在这一时期一再发动毒气战呢？这主要是因为，日本虽然参加了一战，但毒气战的主战场集中在欧洲，身处亚洲的日军对于毒气战缺乏实战经验，因此他们试图利用此次机会积累经验。

值得庆幸的是，毒气战并没有在日、俄之间爆发。日本派遣了最大规模的兵力参加西伯利亚战争，但是由于师出无名，并没有获得任何成果。1922年日本撤兵，1925年又继续从北库页岛撤离。此外，随着日本撤军工作的推进，临时毒气调查委员会也停止了活动，并最终于1924年6月30日撤销。

对禁止使用毒气国际条约的应对

第一次世界大战以前的国际条约

1993年，《禁止化学武器公约》缔结，并于1997年4月生效。在此之前，开发、生产、储存、移交毒气等行为本身并不违法，毒气仅是在战争中被禁止使用。一战之前，日本加入了两个关于禁止使用毒气的国际条约，分别是1899年缔结的《海牙宣言》（1900年日本批准）与1900年（似有误，缔结时间为1899年。——编者注）缔结并于1907年修订的《陆战法规和惯例公约》（海牙陆战条约，批准年份分别为1900年、1911年）。

1 《毒气战相关资料Ⅱ》，第240页。

《海牙宣言》规定，禁止各国使用以散发令人窒息的气体或有毒性气体为唯一目的的投射物。不仅限制窒息性气体，也禁止使用有毒气体。日本、中国（加入时为清朝）、英国、德国、法国、意大利、埃塞俄比亚等共计27个国家批准并加入了该条约，美国既未签署，也未加入。

由于该宣言仅是禁止使用填装有毒气的投射物（炮弹、炸弹等），因此，一战期间，德军利用了该漏洞，选择从瓶中释放氯气，以此为开端，带来了毒气战的全面爆发。此外，有观点对“唯一目的”这一表述进行了扩大解释，认为炮弹爆炸后产生的有毒气体具有杀伤的目的，因此主张该规定也能对其加以约束。但是，也有意见指出，所有填装炸药的炮弹在爆炸时都会产生少量有毒气体，因此，为了与常规弹药相区别，规定中才使用了“唯一目的”的表述。[1]无论如何，使用填装毒气的投射物都违反了国际条约，日本也受此约束。

另一个是全面加入条款的问题。所谓全面加入条款，指的是参战国中只要有一个没有加入该条约，则该条约将不予适用。二战期间，美国于1941年12月参战后，该条约对各国就不再具有约束力了。然而，即使有全面加入条款的限制，考虑到1937 — 1941年（中国抗日战争，起讫时间1931 — 1945年。——编者注）的中日战争是两国之间的战争，在此期间使用包含毒气的投射物，当然也是违反《海牙宣言》的行为。

《陆战法规和惯例公约》汇集陆战相关法规、惯例，是经协商制定的包括性条约，包括日本、中国、美国、英国、德国在内共计31个国家批准并加入。该公约并没有任何直接涉及毒气的条款。但是，翻看其附件能够发现，其中的第23条规定，除特殊条约中规定的禁令外，特别禁止使用“有毒或施毒的武器”“会造成不必要痛苦的武器、投射

1 浅田正彦：《禁止化学武器》，黑泽满：《裁军问题入门》，东信堂，1996年，第109页。

物及其他物质”等。毒气的使用也应当是上述规定禁止的项目。[1]据此，不仅是毒气弹（炸弹、炮弹）的使用，甚至毒气的放射、撒播（从飞机上散播）、撒布（在地面上用撒布车、撒布器等方式散播）也是非法的。

该公约确认了当时存在的国际习惯法，也就是说，使用毒气违法这一国际习惯法已经确立。尽管该公约也有全面加入条款，1941年12月之后未加入该公约的中美洲、南美洲的国家参与了战争，但是1942年后使用毒气的行为仍然应被认为是非法的。

尽管有这些条约的限制，全面的毒气战争还是在一战期间爆发了。可以说，一战后的大门，是从对这一历史的反省中开启的。

《凡尔赛和约》

1919年签署的《凡尔赛和约》，是战后就禁止使用毒气迈出的第一步。其中第171条规定：“基于禁止使用任何窒息性的、有毒的气体及其他类似的液体、材料或方案，因而在德国境内对其进行制造或输入也予以严格禁止。”这是限制德国重整军备规定的一部分。然而，该条文前半部分的声明性规定（“禁止使用”）是对禁止所有毒气在战争中使用这一国际习惯法的再次确认，这是极其重要的。

当然，以日本为代表的49个主要国家都加入了该条约。美国虽未批准，但其后来与德国单独签订了讲和条约，包含几乎与上述第171条相同的条款，相应地，自然也受到该规定的约束。中国虽签署了该条约，但并未批准。

此外，值得关注的是，协约国与奥地利之间的和平条约《圣日耳曼条约》中的第135条、与保加利亚之间的和平条约《纳伊条约》中的第

1　国际法领域的博士立作太郎关于（1）号中“毒”的定义做了广义解释，主张“对人的身体生活机能带来急剧显著性有害作用的物质”皆应当视之为“毒”，而无论其形态是气体、液体或者固体。另一方面，关于（5）号，由于对毒气是否会带来不必要的痛苦存在疑问，因而也没有禁止毒气的根据（外务省记录：《欧洲战争期间违反国际法相关行为杂件 禁止使用毒气方给红十字常设委员会的提议文件》，1918年，521235-1，外务省外交史料馆藏）。立作太郎：《战时国际法论》，日本评论社，1931年，第159页。

82条、与匈牙利之间的和平条约《特里亚农条约》中的第119条，也几乎包含了相同的规定。例如,《圣日耳曼条约》第135条中规定:“基于禁止使用任何火焰发射器和窒息性的、有毒的或类似瓦斯及与之类似的一切液体、材料或方案，因而不得在奥地利境内制造或输入。”所有这些规定都可以视作对已经形成的禁止使用毒气的国际习惯法的确认。中国虽未批准《凡尔赛和约》，但批准了《圣日耳曼条约》和《特里亚农条约》。[1]

关于潜艇和毒气的五国条约

1921年11月，在美国华盛顿举行的裁军会议上，美、英、法、日、意5国讨论了限制军备问题。会上设立了毒气委员会(专门分科会)，由此开启了禁止毒气的国际协商。

日本全权代表接到的政府训令称:“关于使用毒气问题，从人道主义的立场予以反对。”[2]然而在委员会会议上，美国国务卿休斯认为毒气战是无法禁止的，因此建议承认毒气战。对此，英国代表表示赞同。很明显，来自美国陆军化学战勤务队(Chemical Warfare Service，简称CWS)的意见牵制了美国代表的态度。[3]法国代表则指出,《凡尔赛和约》第171条已经明确规定了禁止使用毒气，因此，没有必要制定新的条约。

裁军会议上，美国、英国、法国对于禁止使用毒气态度消极，原

1 中国批准《圣日耳曼条约》是在1920年6月18日，批准《特里亚农条约》是在1926年1月23日(薛典曾，郭子雄:《中国参加之国际公约汇编》，台湾商务印书馆，1971年版，第69、963页)签订了《纳伊条约》(对保加利亚)，但没有批准，也没有签订《塞夫尔条约》(对奥斯曼土耳其)。

2 《华府会议报告 限制军备问题记录》下卷，1922年5月，外务省:《日本外交文书 华盛顿会议限制军备问题》(外务省，1974年)，第397页。杉岛正秋:《日本的化学裁军政策 1918—1925》(http://www.tcp-ip.or.jp)。

3 弗雷德里克·布朗:《化学战:一项限制研究》，普林斯顿大学出版社，1968年，第62—63页。对此，12月9日，日本方面提出陈情书称，不仅对美国方案在战争中不禁止使用毒气武器感到意外，而且对其“出于人道立场竟不鼓励针对销毁毒气武器的方法展开研究亦颇感意外”(《华盛顿会议一件 关于潜水艇及毒气的五国条约》，1921年11月，24312，外交史料馆藏)。

因是这些国家的毒气战作战能力处于优势；日本、意大利积极推动禁止毒气，原因则是其毒气战作战能力明显处于劣势。

然而，在1922年1月6日的委员会全体会议上，美国代表兼议长鲁特突然提出了关于禁止使用毒气的决议案。这是因为国务卿休斯意识到，反对禁止使用毒气的立场与美国舆论形成对立，而这不被认为是一个好的策略。[1]日本全权代表、首相加藤友三郎和意大利代表对美国的提议表示赞同。同时，法国和英国也转变态度，表示赞同。最终，美国的新提案未加修改，当月7日获得了一致通过。会上也就禁止使用潜艇问题进行了讨论，但由于遭到法国的强烈反对，最终只是通过了禁止使用潜艇攻击商船的决议案。

综上，《关于潜水艇及毒气的五国条约》(《关于在战争中使用潜水艇和有毒气体的条约》)缔结，并于1922年2月6日签署生效(原文为1921年2月6日，译者更正。——译者按)。该条约中的第5条规定，“在战争中使用窒息性、有毒的气体及其他毒气，以及一切类似的液体、物质或方案”，将受到“文明世界舆论”的谴责。作为“以多数文明国家为当事国在条约中的声明”，为使其中这一规定作为国际法的一部分能够获得广泛采纳，各缔约国接受此项禁止规定的同时，也积极呼吁其他国家加入该条约。

上述内容受到《凡尔赛和约》第171条规定的影响，是对禁止使用毒气的国际法的确认，并努力获得国际社会更广泛的认可。但是，从措辞角度来看，似乎在《凡尔赛和约》中“被禁止”的基础上有些许倒退。并且，该条约只有在5个签署国都批准后方才生效，虽然美国、英国、意大利和日本都予以批准，但对潜艇规则不满的法国未批准，因此该条约最终也未能生效。

日本批准该条约，是在距美国批准两个月后的1923年8月。值得关注的是，这一行动反映了日本在该问题上随大溜的倾向，即，欧美

1　弗雷德里克·布朗:《化学战：一项限制研究》，普林斯顿大学出版社，1968年，第68页。

强国，特别是美国若批准，日本也会跟进批准，如若不然，日本也不会批准。

关于禁止使用毒气和细菌武器的《日内瓦议定书》

1925年5月，管制武器、军火和战争工具国际贸易会议在瑞士日内瓦召开，会上审议了《关于取缔武器贸易的条约草案》。美国代表提议在条约中添加禁止出口用于战争的化学制品的规定，波兰代表则提议增加禁止使用细菌武器的规定。由于美国代表没有明确在战争中禁止使用的武器是什么，因此，瑞士代表提议决议文件要明确在现有的国际法中禁止使用毒气和细菌武器。[1]

美国代表为确保自身的主导权，提出了以《关于潜水艇及毒气的五国公约》的第5条为基础的决议案。6月10日提出《禁止在战争中使用窒息性、毒性或其他气体和细菌作战方法的议定书》(简称《日内瓦议定书》)。《日内瓦议定书》获得通过，17日签署。1928年2月8日生效。

议定书规定，“在战争中使用窒息性、有毒的气体及其他毒气，以及一切类似的液体、物质或方案”应当受到“文明世界舆论”的正当谴责。在世界大多数国家缔结的各类条约中，禁止使用毒气的规定已经得到明确，成了国际法的一部分，并获得广泛的认可。因此，即便非缔约国，也应当认可该禁令，同意该禁令也适用于“细菌学意义上的战争手段”，并鼓励其他非缔约国加入。该规定类似《关于潜水艇及毒气的五国公约》，意味着禁止使用毒气已经是国际法的一部分。但是，该议定书没有全面加入条款的限制。

为禁止使用毒气，日本代表积极倡导以“舆论和正义为后盾”，努力彰显“‘毒气’非制造国一方最前沿”的姿态，声称“彻底贯彻了这一主张”[2]。日本的表态对于普及禁止使用毒气的国际法具有积极的意义。

1　杉岛:《日本的化学裁军政策 1918 — 1925》，第10页。

2　铃木(见习官):《关于禁止战争中使用毒气类及“细菌”类武器的议定书通过报告》，外务省记录《国际联盟武器交易取缔会议及相关文书》第1卷，24256，外交史料馆。杉岛，第10页。

然而事实上，直到二战结束25年后的1970年，日本一直没有批准该议定书。战前日本之所以没有批准，与其说是基于人道主义因素的考量，不如说是基于战争因素。与批准《关于潜水艇及毒气的五国公约》一样，欧美主要国家，尤其是美国的动向和态度极大地影响了日本。日本海军方面认为，欧美列强已经积累了使用毒气的经验，所以日本支持禁止使用毒气是有利的[1]；但若美国不批准该议定书，则日本批准与否都毫无意义。陆军方面，自1925年宇垣裁军以来，便已经正式开始了毒气开发工作。[2]虽然缔约国既可以保留遭到毒气攻击后予以报复的权利，又可以保留对非缔约国使用毒气的权利，但日本并没有采用这些方式批准缔约。

最后，法国、意大利、苏联、奥地利、德国和中国批准了该议定书。1930年4月，英国也批准了该议定书。至此，除了日本和美国，主要国家几乎都缔结了该条约。日本虽然在裁军会议等场合一再表示支持禁止使用毒气和细菌武器，但也坚持认为，只要美国不批准，日本就不应该自缚手脚。在美国国内，该议定书的批准遭到了化学会及退伍军人协会等团体的强烈反对。此外，参议院因为强烈反对批准该议定书，致使审议工作迟迟得不到推进。但是，美国还是于1975年1月22日批准了该议定书。相应地，日本自然也不可能在二战开始之前批准该议定书。

日内瓦裁军会议预备会议

1925年12月，国际联盟设立裁军会议准备委员会。委员会经过审

1　井出谦治海军次官致植原正直外务次官的电报，1920年8月21日，外务省记录《国际联盟常设军事咨询委员会》第1卷，24225，外交史料馆藏。杉岛，第7页。

2　与《日内瓦议定书》同时签订的还有《关于武器、弹药及军用器材的国际贸易禁止、取缔条约》。对于该条约的批准，针对来自吉田茂外务次官的咨询，山梨胜之进海军次官回复称，1929年10月21日“签订该条约的主要生产国皆批准该条约之时，我方再进行批准则无碍”，阿部信行陆军次官也回应称，1930年3月18日“以主要生产国全部在该日批准为条件”。（外务省记录《国际联盟武器贸易取缔问题一件 日内瓦武器贸易会议相关 条约批准及加入相关》，B940711，外交史料馆藏）可以认为这样的态度同样适用于毒气使用禁止议定书的批准。

议，一定程度上就《裁军条约草案》的大致内容达成了一致。在此基础上，1930年12月，国联理事会决定召开全面裁军会议（九一八事变爆发后的1932年正式召开。——编者注）。

准备会议审议了兵力削减、特定攻击武器全面废止等提案，此外还起草了限制化学战争手段的决议案。在审议过程中，各国对于禁止使用毒气提出的意见，意义重大。1930年11月，裁军会议准备委员会提出《裁军条约草案》，其中第五编“化学武器”第39条规定：“各缔约国约定，在相互条件下不得在战争中使用窒息性、有毒的气体或类似的气体，以及任何类似的液体、物质或方案。各缔约国约定，绝对不使用一切细菌学意义上的战斗手段。”[1]1931年1月，该草案提交到国联理事会。

所谓相互条件，指的是在一方使用毒气的情形下，另一方可以以同样的方式进行报复。该提案是在对比利时、波兰、南斯拉夫、罗马尼亚、捷克斯洛伐克5国原提案进行修改的基础上形成的，而原提案主张的是绝对禁止化学武器，禁止化学武器与细菌武器。相比之下，修改后的提案已经是相当退步的产物了。

1930年11月，英国代表就1925年的《日内瓦议定书》和《裁军条约草案》中禁止使用的气体是否包括催泪瓦斯向各国代表征询意见。对此，日本外务大臣币原喜重郎征询了陆军和海军的意见之后，做出了与陆海军一致的回复，认为禁止使用的气体包含催泪瓦斯。[2]

而在陆军和海军的回复中，海军次官小林跻三的观点最为引人注目。小林指出，催泪瓦斯虽然通常被认为没有毒性，但符合议定书等文件中提及的“瓦斯及其他会削弱战斗力的物质”，因此，为彻底贯彻禁止毒气的宗旨，有必要禁止使用一切攻击性气体。[3]

1 外务省:《日本外交文书 国际联盟一般裁军会议报告书》1卷，外务省，1988年，《裁军条约案》，第44页。

2 陆军的回答在1930年11月22日，海军的回答则是该月27日，《毒气战相关资料》，第3—5页。

3 同上，第5页。

确认了陆军方面的意见之后，1930年11月22日，外务大臣币原喜重郎在发给驻日内瓦的国联事务局局长佐藤尚武的电文中称，“禁止使用的气体可理解为包含催泪瓦斯在内”[1]。由此，在九一八事变爆发前夕，日本已经对外明确表达了禁止使用催泪瓦斯的立场。

重启毒气开发

宇垣裁军

颇具讽刺意味的是，自1924年临时毒气调查委员会撤销后，日本裁军本身竟然成了毒气开发重启的契机。在大战后的国际环境中，为了对造成巨大破坏的一战进行反省，日本陆军与海军也被迫推动裁军。从1920年的战后动荡到1929年的世界性经济危机的爆发，导致日本经济持续萧条，经济形势异常严峻，对行政及财政的整顿也势在必行。陆军方面，在加藤友三郎内阁的陆军大臣山梨半造的领导下，从1922年开始共裁减军官1800名、士官以下官兵5万6000名（山梨裁军）。1925年，加藤高明内阁的陆军大臣宇垣一成甚至直接裁撤了21个师团中的4个师团（宇垣裁军）。

山梨裁军与宇垣裁军并不单单是裁减军队数量，而是将因裁军而削减的预算用于推动军队装备的现代化。经过一战的实战验证，飞机、机枪、坦克、高射炮及毒气武器的现代化，已经成为军队装备现代化的中心。在1925年度的预算中，因裁军而节省出的经费依次用于（按照投入多寡顺序）以下内容：①增设10个飞行中队；②增加步兵部队的轻机枪数量；③新增两个坦克部；④新增化学武器研究设备，扩充陆军科学研究所，以及向欧美派驻官僚；⑤新增6个高射炮中队；⑥新

1 《毒气战相关资料》，第6页。

设通信学校。[1]

上述举措的先后顺序，清晰地表明了当时日本军队现代化的重点领域。宇垣一成回忆称，调整预算的目的在于通过军事科学化、机械化来实现日本军力的提升。[2]化学武器相关预算及分配方面，陆军科学研究所新增化学武器研究经费80万日元、兵工厂新增毒气制造经费76万日元、军医学校新增化学武器经费9万日元，其他相关经费60万日元（至1927年）。[3]

毒气武器的确定与制式化

根据这一新的战略谋划，1925年底，陆军省聘请德国的梅茨纳博士负责推进毒气相关开发工作。于是，各种毒气作为化学武器进行了统一制式化，制造方法也得到明确。

表2　日本陆军确定的常规化学武器制式表

名称	种类	制定（年）	制式（年）	毒性	常温中的状态	制造方法
绿一号	氯乙酰苯	1929	1938	催泪性	无色或浅黄色粉末状晶体	使苯与氯乙酰氯反应
绿二号	溴甲烷苯[*1]	1929	1938	催泪性	橙黄色或黑褐色液体	将溴与三醇反应
蓝一号	光气	1929	1938	窒息性	无色气体，液化时为无色或浅黄色	使氯和一氧化碳反应
白一号	三氯化砷	1929	1938	发烟剂	无色或褐色液体	使亚砷酸氯化
红一号	二苯氰胂	1933	1938	呕吐性	浅黄色或棕色固体（24℃以上则熔解）	还原联苯亚砷酸并进行氯化，使之与氰化钠作用

1 《大正十四年度军备改编实施状况》，1929年2月，宇垣一成文书一一三，国立国会图书馆宪政资料室藏。

2 《关于军备缩减的宇垣笔记》，宇垣一成文书三〇五，同上所藏。

3　陆军科学研究所：《本国化学武器沿革志》。

续表

名称	种类	制定（年）	制式（年）	毒性	常温中的状态	制造方法
黄一号甲	芥子气（德式制造法）	1936	1938	糜烂性	无色或褐色液体	使乙二醇氯化
黄一号乙	芥子气（法式制造法）	1929/1936	1938	糜烂性	淡黄色或褐色液体	使乙烯与二氯化硫反应
黄一号丙	抗冻芥子气（德式制造法）	1937	1938	糜烂性	浅黄色或深红褐色液体	使乙醇二号机氯化
黄二号	路易氏剂	1933	1938	糜烂性	浅黄色或带紫褐色液体	将白一号与乙炔反应
茶一号	氰化氢	—	1938	血液中毒性	无色液体	硫酸和氰化钠水溶液进行化合，并使其冷却液化

资料来源：陆密第129号《化学武器制定文件》，1929年5月7日；陆密第100号《化学武器中追加制定文件》，1933年3月24日；陆密第37号《化学武器中黄一号甲追加及黄一号名称改正文件》，1936年1月21日；陆密第1267号《化学武器黄一号丙制定文件》，1937年10月28日；陆密第374号《陆军制式化学武器表》，1938年4月5日；陆密第1178号《陆军制式化学武器表中追加文件》，1938年8月26日（防卫研究所图书馆藏）。

此外，黄一号乙在1929年以“黄一号”进行制定并登记，1936年更改为“黄一号乙”。另外，“黄一号丙”中除了芥子气之外，还包含二氯乙基丙基硫醚 、二氯二丙基硫醚等。

*1此处日文原文为“ブロムメチルベンゾール”。——译者按

1929年4月，光气（蓝一号）、法式制法芥子气（黄一号）、氯乙酰苯（绿一号）、溴丙酮（绿二号）、三氯化砷（白一号）的制法实现了制式化。[1]其中，“蓝”“黄”“绿”等称呼是为掩饰其真实内容所采用的隐匿名称。

与氯一样，光气能够通过引发呼吸器官系统障碍导致窒息死亡，

1 《毒气战相关资料Ⅱ》，第16—22页。

并引发肺部充血/出血、肺气肿、肺水肿、支气管肺炎。芥子气会导致皮肤及黏膜糜烂，同时损害眼睛、呼吸器官、消化器官，虽然症状表现较为缓慢，但有着强大的破坏力。若将其撒布于地面，其毒性能够持续一到两周。仅靠防毒面具并不足以防止芥子气的毒性侵害，必须全身覆盖防毒类衣物。美国和英国将其称为“芥子气”，缘于其物质不纯，混入杂质，散发出芥末的气味。氯乙酰苯和苄基溴则属于催泪瓦斯，前者会对眼部造成灼热性刺激。三氯化砷并非毒气，而是一种发烟剂，大多混入光气弹使用（蓝白弹。因为光气是无色的，因此为了确认炸弹的着陆点而混入发烟剂）。

若将时间延长到九一八事变以后，1933年3月，路易氏剂（黄二号）、二苯氰胂（红一号）的制作方法被研发出来。1936年1月，德式制法的芥子气（黄一号甲）的制造方法被研发出来。此时，原来的“黄一号”（法式制法）被更名为“黄一号乙”。

在中日战争全面开启的时期里，1937年10月，抗冻性芥子气（黄一号丙）的制作方法被研发出来。1938年4月5日，根据陆密第374号命令，新制定了《陆军制式化学武器表》，已开发的毒气全部列入，原有的特别制定的化学武器全部“自然消灭”。由此，作为用于实战的武器，毒气武器正式获得采用。[1]

在此基础上，针对毒气武器分门别类的细化工作得到推进。“红一号”“蓝一号”“黄一号（甲乙丙）”“黄二号”“白一号”指定为“供战争使用的物资，是将来应当制造生产的物品”。也就是说，这些物资有必要运用于实战。但是“绿一号”和“绿二号”作为“专供演习使用的物资”，被排除在实战物资的范围之外。此后，1938年8月26日，“茶一号”（氰化氢）作为“供战争使用的物资”，又被追加列入制式化学武器表。

路易氏剂（黄二号）与芥子气一样，是一种腐蚀性气体，但比后者

1　陆密第37号《陆军制式化学武器表制定文件相关部队通告》（陆军省副官通告），1938年4月5日，陆军省：《陆军制式化学武器表》，1938年（含追加笔迹），防卫研究所图书馆藏。

显效更快，持续时间则较短。由于其中含有砷，因此会让人出现砷中毒的症状。路易氏剂带有类似天竺葵的芬芳气味，极易致人死亡，因而也被称为“死亡之露”。

二苯氰胂（红一号）致人呕吐，打喷嚏，是为了渗透防毒面具，迫使对方脱掉防毒面具而开发的毒气。它给中毒者的呼吸器官、黏膜带来灼热性刺激感，中毒者通常会感到20～30分钟的极端痛苦，完全丧失战斗力。在浓度低的情形下，中毒者通常是不会打喷嚏的，但鼻子、喉咙、胸部会有被抓挠般的刺激感，进而呈现坐立不安的状态。[1]常温下，二苯氰胂呈现固体状态，加热则会散发刺激性气体。虽然是一种非致死性气体，但是高浓度的二苯氰胂具有与光气同样的致死效果。有多种方法发射该毒气：其一是将其填充于被称为“红筒”（呕吐性毒气筒）的管体，点燃之后以气体状态发射；其二是用于发射的红筒，点燃之后整个投射到“敌方基地”；其三是填充于称为“红弹”的炮弹之中，通过野战炮、山炮（75毫米炮弹）、重炮（10厘米炮弹、15厘米炮弹）、迫击炮发射；其四是填充于称为“空投红弹”的爆破弹之中，从飞机上空投。

抗冻芥子气（黄一号丙）能够避免芥子气在寒冷地带结冻而无法使用的缺点。德式制造法芥子气（黄一号甲）在11～12℃时结冻，法式制造法芥子气（黄一号乙）在0℃结冻，但抗冻芥子气（黄一号丙）的抗冻能力可以达到−30℃（凝固点为−40～−35℃）。

即便是微量的氰化氢（茶一号），也会对中枢神经系统和血液造成影响，引发急剧痉挛、麻痹等重症，达到一定剂量的话会致人立即死亡。常温下的氰化氢为液体状态，与外界空气接触后会瞬间汽化扩散，在封闭空间中杀伤力极强。

上述毒气是陆军所开发的毒气的主要类型。这些毒气在一战之前就已经被开发出来，除了路易氏剂（黄二号）和氯乙酰苯（绿一号），

1　市野信治：《化学战武器（攻击）》，防卫厅技术研究所：《本国化学武器技术史》，第85页。

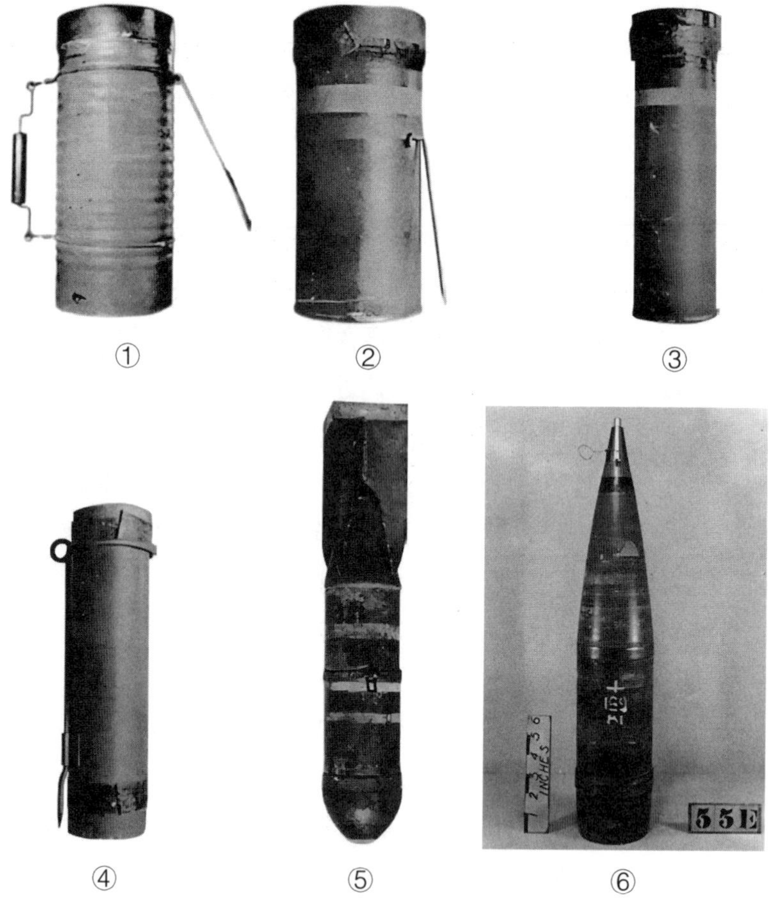

▲照片1　红筒（呕吐性气体筒）和毒气弹

从左上至右下，依次为：①100式大红筒（47厘米 ×20厘米）；②99式中红筒（22厘米 ×11.5厘米）；③98式小红筒（18厘米 ×5.4厘米）；④98式发射红筒（20厘米 ×5厘米）；⑤100式50千克空投黄弹（糜烂性）；⑥10厘米红榴弹，红筒的上部涂成红色带状。空投弹的翼部附近部位若是黄色带状，则是黄弹，若是红色带状，则是红弹。毒气炮弹以75毫米弹、10厘米弹、15厘米弹和迫击炮弹为主要类型，这是10厘米弹，离底部大约四分之一的部位由于有红色带状，因而属于红弹。

资料来源：①—⑤美国陆军化学兵部队，“日本人的化学战笔记本”，1945年9月13日；⑥化学兵指挥官办公室，驻日盟军总司令部，美国太平洋陆军部队，《关于日本化学战的情报报告》，第5卷（E部），RG 319, Entry 82, Box T116，美国国家档案馆。

其他毒气都曾在战场上使用过。然而，二战之前德军未能成功开发强效神经毒气塔崩、沙林，日本也没能从德国获得相关资料。甚至到了1944年底，陆军省武器行政本部还不知道神经毒气的存在，他们称："关于'欧洲战线的毒气问题'，据传有一种新型毒气，但调查显示其效果并不会强于氰化氢，无非是增加其'浓度'后投入实战，达到一经呼吸就死亡的效果。"[1]

忠海武器制造所的设立

1925年，陆军科学研究所第3部在爱知县伊良湖进行了光气弹爆炸实验。1926年，在大分县的日出和北海道的美瑛进行了光气的效果实验，还在千叶县的八柱进行了芥子气的散播实验。1927年，在宫城县的王城寺原与富士山山麓分别进行了芥子毒气弹的效果实验和光气弹的射击实验。1928年，在中国台湾的新竹进行了芥子气的热带地带实验，相关实验、演习反复进行。[2]在此之后，由于此类毒气的开发和实验工作得到推进，毒气制造工厂最终设立。

1927年8月1日，根据陆函第36号（陆军大臣通函），在广岛县丰田郡的大久野岛（忠海町大字大江谷五五五七，未注册地址）成立了陆军兵工厂火药部忠海支部（所长中岛敬太郎）。1928年7月9日，依据日本天皇下达的军令陆乙第6号，陆军兵工厂火药部忠海武器制造所（所长大岛骏）设立。[3]8月，大久野岛的数十名居民被迁移到岛外。1929年5月19日，忠海武器制造所竣工。[4]为了隐藏毒气制造工厂的所在地，大久野岛从地图上被抹去了。[5]

1 《增田繁雄大佐业务日志》第7卷，1944年12月7日，防卫研究所图书馆藏。增田系陆军省整备局职员。

2 《本国化学武器技术史》，第4—6页。

3 陆军兵工厂总务部：《昭和二年度陆军兵工厂历史》，同《昭和三年度陆军兵工厂历史》，防卫研究所图书馆藏。

4 村上初一：《毒气岛的历史（大久野岛）》，私家版，1992年，第14、20页。

5 武田英子：《地图上被消失的岛屿》，多麦斯出版社，1987年。

1925年，日本从法国的罗纳公司购入了芥子气制造设备（日产100千克）。以此为基础，1929年，设置了日产3吨的制造设备。1932年，氯乙酰苯制造设备（日产20千克）装配完成。另外，1933年，路易氏剂（日产1吨）、氰化氢（日产50千克）制造设备建成。1934年，二苯氰胂（日产200千克）、芥子气（德式制法，日产200千克）制造设备建成。[1]

1933年7月16日，毒气制造过程中出现了最初的遇难者。根据官方记录，一名干杂活的所员幸见亀吉（30岁）在赛洛姆（将氰化氢吸收进土壤中的罐装品，作为驱虫剂、杀虫剂使用）制造室进行了30分钟的填装工作后，去临时休息室休息时摘去了防毒面具，准备脱去防毒裤子时突然昏倒，出现痉挛，最终不省人事，25分钟后死亡。[2]造成此次事故的原因，被认为是附着在防毒服上的液体氰化氢汽化后被其吸入体内。但是，关于该事故还存在另一种解释。制造所员工服部忠在笔记中写道："事故是在操作期间发生的，是由于氰化氢的飞沫附着在了施工服上，但由于其位置靠近防毒面具的吸收罐，因此推测'氰化氢'越过了中和剂，瞬间被吸入了体内。"[3]事故可能是防毒面具性能较差所致。

海军方面的开发

海军方面的毒气研究始于1922年，海军少佐本田喜一郎被任命为舰政本部第1部的化学武器负责人。[4]由于毒气在一战的海战中并未使用，因此海军的相关毒气研究要晚于陆军。海军针对毒气的相关研究，主要围绕毒气弹在船舱内的爆炸情况展开。

海军方面将毒气称为"特殊药物"。一号特殊药物是催泪气体氯乙酰苯（N剂），二号特殊药物是呕吐性气体二苯氰胂（S剂），三号特殊

1 《本国化学武器技术史》，第7—16页。

2 《昭和八年度陆军兵工厂历史》。

3 服部忠:《秘录 大久野岛记录》，私家版，1963年，第27页。

4 相模海军工厂刊行会:《相模海军工厂》，相模海军工厂刊行会，1984年，第314页。

▲照片2　大久野岛的毒气制造设施

1946年拆除前从海上拍的照片。

资料来源：英联邦占领军，日本占领区，《处理报告，化学武器：糜烂性毒气操作》，1946，RG338，Entry FEC G2 Library，Box 3807，美国国家档案馆。

药物甲是芥子毒气（T剂），三号特殊药物乙是路易氏剂，四号特殊药物是氰化氢。此外，还有一种六号特殊药物，有毒性，但并非毒气，而是动植物类蛋白质。[1]

1923年4月1日，海军技术研究所在东京筑地成立。其后，该研究所研究部第二科设置了化学武器研究室，负责人为金子吉忠。[2]然而，由于关东大地震导致研究所几乎完全被烧毁，相关研究只能在残存的火药工厂内继续进行，研究室改编为科学研究部第二科。1930年，在

1 《相模海军工厂》，第219、222页。

2 同上，第1—4页；鹤尾定雄：《关于化学武器的回忆》，1967年，同《相模海军工厂设立经过及其始末》，1970年，防卫研究所图书馆藏。以下据此。

神奈川县的平冢火药厂内开设了第二科平冢办事处，相关研究迁移至此后，规模扩大了数十倍。1933年，毒气（N剂、S剂、T剂）制造实验工厂设立，1934年4月发展为化学研究部。

海军方面毒气武器的研究重点放在报复性武器的开发上，主要是在中型口径炮弹中填充催泪瓦斯、呕吐性气体，通过炮击来干扰敌方士兵对舰船进行紧急排水修理等。此外，根据金子原少将的陈述，在广岛县吴市，日本海军曾使用含有芥子气的炮弹轰击了第一次海军裁军之后于1923年除役的战列巡洋舰“生驹”号，以进行毒气清除实验。[1]而根据相模海军工厂第一火药部部长兼实验部长原大佐鹤尾定雄的证言，后来芥子毒气被送往中国的台湾和海南岛，进行了检验热带地区效果的实验。[2]

雾社事件

催泪瓦斯弹的使用

1930年10月底，中国台湾的泰雅人为抗议日本的残酷殖民统治，发起了抵抗运动，并最终发展为大规模民众起义，即雾社事件。起义遭到驻扎在台湾的日本陆军部队（司令官为渡边锭太郎）的彻底镇压。日军共出动了1677名士兵，其中22人战死，25人负伤。1931年春，投降的起义军被虐杀。从实际战况来看，这只是一场小规模的战争，但正如在日内瓦全面裁军筹备会议上日本政府代表遭到嘲笑的发言那样，雾社事件的战场成了日军的毒气实验场。

关于在雾社事件中使用毒气的问题，春山明哲在其编著的《台湾雾

1 《相模海军工厂》，第14页。

2 化学兵指挥官太平洋办公室，驻日盟军总司令部，美国太平洋陆军部队：《大佐鹤尾定雄审问》，1946年5月7日，RG 493，Entry 53，Box 343，美国国家档案馆。

社事件军事相关资料》"解说"部分，利用原始档案资料进行了详细研究，春山的研究成果可以帮助了解当时日军使用毒气的真实情况。[1]

1930年10月30日，由于台湾军的攻击，起义军撤到了马赫坡溪谷。此处地势险峻，洼地众多，台湾军想在此歼灭起义军，绝非易事。11月2日，起义爆发7日后，台湾军中有人建议使用毒气弹。根据台湾军参谋部《雾社事件阵中日志》的记载，2日正午之后，飞行队长渡边广太郎提出配发毒气弹的请求，他认为空投毒气弹是镇压起义最有效的办法。[2]根据前线地面部队当日下午2时30分的阵中日志记载，"如果进行火攻，则存在因地形原因造成攻击不彻底的弊端"，因此提出了使用"化学武器攻击"的请求。[3]该日，台湾军司令部向日本中央政府提出了配发燃烧弹的请求。由此可见，台湾军司令部对于前线的建议是非常重视的。

但是，台中州知事（殖民官职。——编者注）水越幸一发给台湾总督（殖民官职。——编者注）石冢英藏的含有军事情报的电报（2日下午2时20分接收）称，"以火攻、轰炸等方式进行攻击，存在因地形不便造成攻击不彻底的弊端，因此考虑使用芥子气、光气等'科学的'进攻方法"[4]。阵中日志是日本出征部队按时间顺序记录其日常活动的官方记录，当中有毒气体的单词用语"エーテエテリット"（芥子气的错误记录）及光气等在资料整理的过程中遭到了删除。正如春山所指，台湾军参谋部在整理阵中日志时故意篡改了资料。

3日，台湾军司令官渡边向陆军大臣宇垣一成发送电文称，由于起义军所在的区域地处悬崖峭壁的森林地带，因此，"请求使用糜烂性空

1 春山明哲：《台湾雾社事件军事相关资料》，不二出版，1992年。

2 台湾军参谋部：《雾社事件阵中日志》，1930年10月27日至12月2日，《台湾雾社事件军事相关资料》，第90页。

3 台湾军参谋部：《雾社事件阵中日志》，1930年10月27日至12月2日，《台湾雾社事件军事相关资料》，第89页。

4 石冢英藏资料：《雾社事件情报》，山边健太郎：《现代史资料22 台湾2》，美铃书房，1971年，第631页。

投弹及山地炮弹，情况紧急，希望尽快提供”[1]。这里要求使用的是带有糜烂性毒气（芥子气、路易氏剂）的空投弹及炮弹。对此，陆军省副官回复指出，糜烂性弹药涉及的“对外及其他利害关系”尚未得到充分论证，因此拒绝了该请求。他还表示，关于毒气弹的事项，以后尽量使用暗号进行信息传递。

陆军省虽然没有向台湾军方面提供糜烂性毒气弹，但是提供了催泪瓦斯弹。10月29—30日，根据陆军省副官下达的指示，作为特别提供事项，陆军省发放了50发空投燃烧弹、250发空投弹，以及200发山炮用催泪瓦斯弹（绿弹，别名甲一号弹）。[2]这些物资于11月14日抵达基隆港，并在次日完成了卸货。[3]

11月18日，台湾军向起义军发动全面进攻。炮兵队上午向马赫坡溪谷的台湾少数民族发射了200发榴弹（常规炮弹），过了正午又发射了100发催泪瓦斯弹。关于催泪瓦斯弹的效果，阵中日志称：“并非没有什么效果，但是‘土民’依旧存在。”[4]

水越幸一在报告中详细描述了催泪瓦斯弹的威力：“其威力遍及整个溪谷，但也仅是在第四岩窟附近听到了哭泣声。”为了确认其爆炸效果，他特地派遣人员前往勘查。水越在报告中称：“刺鼻气味浓厚，具有催泪效果，但是在饮用溪水之后，效果就会消失。因此，除非使用更加猛烈的弹药，否则并不起什么作用。”[5]从该报告中能够看出，催泪瓦斯弹的效果发挥得并不充分。

---

1 《雾社事件相关陆军大臣官房公文文件》，《台湾雾社事件军事相关资料》，第226页。以下据此。

2 陆普第4690号《投放炸弹特别支取文件》，1930年10月29日，《大日记乙辑》，1930年收录。陆密第292号《催泪弹药特别支取文件》，1930年10月30日，《密大日记》，1930年第3册，防卫研究所图书馆藏。

3 《台湾雾社事件军事相关资料》，第145、151页。

4 同上，第165页。因为有山炮绿弹15发未使用，因而实际使用了185发。参考：陆军科学研究所建言：《子弹交付文件》，陆普第3960号，1931年9月21日，《大日记乙辑》，1931年收录。

5 山边健太郎：《现代史资料22 台湾2》，美铃书房，1971年，第631页。

氰化氢空投弹的使用

由于向中央政府请求配送糜烂性毒气弹的请求遭到拒绝，台湾军方面开始计划使用其他毒气。依据台湾宪兵队队长万喜八郎发给中央宪兵司令部司令官峰幸松的电报内容，从11月8日上午7时左右开始，通过飞机空投的方式，“预计进行6发毒气弹（氰化氢和催泪弹）的效果检测实验”[1]。该批毒气弹并非由日本中央政府提供，而是根据台湾军的要求由台湾中央研究所（伪机构。——编者注）制造的。根据阵中日志的记载，6枚毒气弹于8日从飞机上被空投下去。但是，实际效果并不清楚。[2]

以上的情况可总结如下：陆军省方面批准了台湾军司令部的请求，同意在雾社事件中使用有催泪效果的炮弹，而且台湾军实际使用的炮弹在100发以上。[3]但是陆军省拒绝了台湾军方面关于使用糜烂性毒气弹的请求，陆军省也并未下达任何关于使用氰化氢毒气弹的指示。因此，台湾军擅自决定使用了氰化氢空投弹。此外，阵中日志中虽也记载使用了“甲三号”弹，但“甲三号”弹是否就是氰化氢毒气弹，尚不得而知。

如上所述，在雾社事件中，台湾军迈出了实验性地使用毒气的第一步。台湾民众得知此事后，对日军的行径提出了批评，同时日本国内也出现了要对台湾军追责的声音。这些反对的声音，以及随之而来的国际社会的谴责，是日本陆军省在使用糜烂性毒气问题上犹豫不决的重要原因。事件发生之后，无产政党全国大众党的浅原健三众议院

1　陆军大臣官房：《雾社事件相关公文文件》，1930年10月，《台湾雾社事件军事相关资料》，第247页。

2　同上，第112页，以及“解说”第14页。

3　春山的研究十分宝贵，但存在不足之处。关于山炮用的催泪弹（甲一号弹，绿弹）究竟是不是毒气弹，即便是毒气弹，又是否属于糜烂性毒气的问题，春山认为“难以明确”。（“解说”，《台湾雾社事件军事相关资料》，第16页。）但催泪弹并非糜烂性毒气弹是可以确定的。此外，催泪瓦斯也被列入了《日内瓦议定书》禁止的有毒气体之中。

议员在1931年1月的众议院会议上说明追责原因时指出，使用毒气的目的在于“利用这次实战获取通过演习无法获得的经验”。对此，宇垣一成认为，因为是在“战斗”状态，虽使用了催泪瓦斯，但其影响很快就消散了。他还称：“我们并没有使用致命性的有毒气体。”[1]

宇垣的回应刻意回避了问题的本质，即雾社事件的战斗并不是以逮捕对方为目的的单纯的警察行动，而是以歼灭为目的的镇压作战。战斗期间使用催泪瓦斯，目的在于让起义军丧失行动能力后，以常规武器将其歼灭。

然而，台湾军方面并不存在类似陆军省那样的忧虑，没有考虑使用毒气可能带给日本的恶劣的国际影响。1928年7月，芥子毒气的热带地区效果测试在台湾新竹演习场进行，而在雾社事件爆发之前的1930年7月，还进行了第二次热带地区效果测试。在雾社事件中，还进行了恙虫病生物武器的测试实验。[2]可见，台湾是生物化学战研究的据点之一，也是热带地区毒气效果检验研究的中心。可以说，台湾军希望利用雾社事件进行各种毒气武器实验，甚至在实战中使用了含有氰化氢的毒气。

1 《众议院议事速记录》，1931年1月25日，第77、79—80页。

2 服部兵次郎（台湾军参谋）：《关于雾社事件》，《偕行社记事》679号（1931年4月），戴国辉：《台湾雾社蜂起事件》，社会思想社，1981年，第553页。

第二章

九一八事变与毒气问题（1931—1936）

九一八事变与催泪瓦斯的使用问题

九一八事变的爆发与陆军

1931年9月18日，关东军（司令官本庄繁）擅自谋划，炸毁了南满铁路（满铁）一段，并将其污蔑为中方的阴谋，还以此为借口发动了有限的对外战争，短时间占领了中国东北（日方称"满洲"）。

战争期间，日本关东军曾计划使用毒气。1932年1月23日，关东军参谋长三宅光治借着"扫荡'土匪'（抗日游击队）"的名目，请求陆军省最迟到2月中旬向前线配送野战炮及山炮用催泪弹、嚏弹（呕吐性毒气弹），共计2500枚。[1]野战炮和山炮都是75毫米炮，其中野战炮的射程约为15千米。为方便山地使用，日军对山炮进行了轻量化改造，射程大约8千米。一个师团配备一门野战炮或一个山炮联队（炮的数量为36门）。但是，关于毒气弹，陆军次官杉山元在29日的回电中以"对内对外都难以解释"为由，拒绝提供。陆军省方面认为，国际上已经禁止使用这些毒气弹，纵然用"扫荡'土匪'"的名义使用，"维护正义的日本军队在帝国之外"也难免因轻视国际法而遭到非议，且使用毒气弹必然会危害到"良民"。

由此可知，即使不考虑中国方面的反应，陆军省当时也强烈地意识到应当重视与欧美社会的协调，并已经清晰地意识到，在战斗中使用包含催泪瓦斯在内的毒气是违反国际法的行为。

在1932年初的"一·二八"事变中，最初被派遣至上海的第9师团（通称"金泽师团"）和上海派遣混成旅团分别配备了3500个、1000个

1　关东军建言:《关于催泪弹及喷嚏弹支取文件》，1932年1月23日，《陆满密大日记》，1932年第14册之一，防卫研究所图书馆藏。以下据此。

防毒面具。[1]可以说，陆军应当已经预料到了爆发毒气战的可能性。但此时实际尚未使用毒气弹。

“一·二八”事变的爆发与海军

与陆军形成对比的是，日本海军陆战队率先使用了催泪瓦斯，如下两份资料证明了该事实。第一份资料来自相模海军工厂第一火药部部长鹤尾原。

鹤尾回忆称，从昭和初年开始，催泪发射筒（N剂填装携带物）就被提供给了派遣至中国的陆战队，镇压“暴徒”时用于击退敌人，且不会造成杀伤。[2]虽然此处的名目是用于“镇压‘暴徒’”，但它也表明日本海军在中国较早（或在九一八事变之前）使用了催泪瓦斯。

另一份资料，来自曾在海军舰政本部第一部任职的安井保门原。他声称：“不同程度地装备了手投式催泪弹及手投式催嚏弹等，并在上海事变之后的陆战及警备中使用。”[3]他并未明确该上海事变是指第一次（1932年）还是第二次（1937年）。综合两段回忆记录可以推定，“一·二八”事变前后，海军陆战队至少已经在警备事务中开始使用催泪瓦斯了。

陆军中央的态度转变

海军陆战队使用了催泪瓦斯后，陆军方面也开始频繁地发出要求使用催泪瓦斯弹的论调。关东军（司令官武藤信义）于1932年3月建立了傀儡国“满洲国”，9月便向参谋本部提出许可使用毒气的申请。申请指出，为了在“满洲国”内进行战争行动，有必要使用包含催泪瓦斯在内的毒气。对此，9月21日，参谋次长真崎甚三郎在发给关东军参

---

1 《临命第33号》，附录（1932年2月5日），《临命第36号》，附录（2月5日），森松俊夫：《“参谋本部”临参命、临命总集成》第1卷，MT出版社，1994年，第88、91页。

2 鹤尾原《关于化学武器的回忆》。

3 安井保门：《海军勤务回忆》，1966年3月，防卫研究所图书馆藏。

谋长小矶国昭的回电中称，不得使用“具有致死效力的催嚏弹与催泪瓦斯”。真崎列举的理由如下：①日本此前在裁军准备委员会上主张将催泪瓦斯列为“有毒气体”；②虽然使用催泪瓦斯在“国内警察行动”层面没有任何问题，但“满洲国”内的军事行动是否属于此类行为，尚存在探讨的余地；③在九一八事变本身的是非问题尚处在国联审议的当下，使用这些会导致世界舆论哗然，可能会给日军带来舆论压力。[1]需要指出，催嚏弹也被认为属于呕吐性毒气弹。

出于对该指示的不满，关东军再次提出了请求。26日，真崎再次作出指示，但反对的语气稍微缓和。真崎承认，如关东军方面所言，使用催泪瓦斯弹“从法理上而言并非无据，毋庸赘言它的效果也非常显著”；但是，从不得有损日本在国联中的立场这一点出发，他还是要求关东军“暂且慎重”[2]。由此，毒气弹已突破了原则上不得使用的立场，也就是在不影响国际关系的情况下可以使用。可以说，陆军中央的态度发生了相当大的转变。但是，许可使用的指示依然没有下达。

1933年5月13日，小矶再次对陆军中央的观点提出质疑。小矶指出，为了防止满铁委托经营的旅客列车遭到中国游击队袭击，满铁正在计划使用催泪瓦斯予以反击，请求陆军中央予以批准。小矶坚信这属于国内警察行动而不会引发争议，但同时称会听取陆军中央的意见。[3]

对此，陆军省曾一度起草了“不会引发争议”的方针。然而，19日的最终回电还是采纳了陆军次官柳川平助的建议，即当下暂缓使用。理由为，虽使用催泪瓦斯在法理上没有障碍，但一旦开始使用，在华北的中国军队则可能同样会使用毒气，因而应当等到华北局势稳定后再行决定。[4]换言之，探明中国军队的毒气战装备之前，不得使用毒气。

1　关东军:《关于在满铁使用催泪毒气的文件》，1933年5月19日，《毒气战相关资料》，第10页。

2　同上，第11页。

3　同上，第9页。

4　同上，第7—8页。

进入该阶段，甚至连陆军中央都已经抛弃了原则性反对的立场。

1936年2月，由陆军青年军官发动的叛乱——二二六事件爆发。该事件平息后，陆军军部一举确立了政治霸权。在此背景下，8月17日，关东军司令官菱刈隆以“最近‘匪’情以及他们惯用的列车袭击”为由，主张在“满洲国”铁路加强警备，同时向陆军大臣寺内寿一申请许可关东局警察、路警携带和使用“绿筒甲”（催泪瓦斯筒）。陆军省最终于26日回电表示：“可以携带并使用绿筒。”[1]

从以上的考察可以看出，日本陆军对使用毒气问题的态度与判断是非常依赖具体状况的。九一八事变爆发后不久，日本依然维持着20世纪20年代国际协调的立场，但在1932年以后在皇道派的统治下，开始逐渐偏离这一立场。1936年二二六事件爆发后，陆军统制派开始掌权，日本不再受限于国际条约及国际协调。

于是，日军在中国东北开始有限制地使用催泪瓦斯。尽管其细节至今尚未明确，但以此为开端，1937年7月中日全面战争爆发之后，日本在中国华北、华中地区开始使用催泪瓦斯。此外，在中国东北，日本以“讨‘匪’（游击队）”为名，对抵抗日本统治的民众也使用了催泪瓦斯。例如，1938年9月，独立守备队步兵第3大队大队长井上贞卫，针对驻扎在牡丹江省（现黑龙江省）横道河子附近五甲的高谷队，拟订了攻击计划，作出“利用烟幕弹、绿筒，必要时采用火攻战略”的战术指示。[2]五甲是游击队的抵抗据点，是一个有围墙的村落，为了对该村落发动攻击，可以采取完全包围策略，也可以采取预留一处逃跑路线，然后通过使用烟幕弹和催泪瓦斯及石油进行焚烧的战略。对于山上要塞的攻击也是同样的战略，即通过使用烟幕弹、催泪瓦斯、手榴弹等将游击队驱赶至户外。发生在连珠河口附近的斋藤队的战斗，便是实例。

---

1 关东军建言：《89式绿筒甲携行使用文件》，1936年8月26日，《毒气战相关资料Ⅱ》，第243页。

2 井上部队本部：《关于伪满洲国剿“匪”的一项参考》，《偕行社特报》，38号，1938年9月，第11—15页。以下据此。

日内瓦裁军会议上关于毒气问题的讨论

日本代表的禁止使用论

1932年2月至1934年末，国际联盟日内瓦裁军会议召开。1932年11月24日，在裁军会议的化学武器、细菌武器特别委员会会议上，日本代表在其发言中称："虽然催泪瓦斯的毒害程度并不明显，但其与常规攻击并用的时候，能造成甚为巨大的灾难，因而不应当将其与其他毒气区别对待，而是应当列入禁止范围之内。"[1]根据该观点，在战场上配合使用催泪瓦斯与在镇压游行时单独使用是完全不同的，催泪瓦斯与常规武器结合使用会带来巨大的灾难。

此外，日本代表还主张绝对禁止使用化学武器、细菌武器及燃烧性武器，禁止在日常军队中训练使用、在和平时期准备化学武器，禁止防御性器材和物品，禁止报复性（复仇）使用武器等。[2]但是，日军的实际行动却与这些原则性主张是相背离的。

裁军条约案的命运

对于催泪瓦斯，1930年底，英国、法国、意大利、罗马尼亚、南斯拉夫、捷克斯洛伐克、西班牙、土耳其、加拿大、苏联和日本都表达了应当禁止使用的态度，美国则因担心国内警察无法使用而表示了反对。[3]

在1932年5月化学武器特别委员会召开的会议上，西班牙、波兰、

---

1 榎本海军书记官:《化学、烧毁、细菌武器问题》，1933年7月27日，《毒气战相关资料》，第44页。

2 同上，第42—43页。

3 条约局第三课:《裁军条约草案逐条说明书》，1931年11月，第52—53页，《日本外交文书 国际联盟一般裁军会议报告书》第1卷收录。

德国、苏联、荷兰和法国都强烈驳斥了美国反对禁止使用催泪瓦斯的主张，但美国并没有改变其态度。因此，最终在禁止化学武器的原则中采纳了“包含催泪瓦斯，但烟雾类武器除外”的表述，同时明确了美国持保留态度的立场。[1]

燃烧类武器由于对城市中心及普通建筑带来的破坏，而成为市民的重大威胁，尤其是飞机轰炸的情形下，更是会造成惨烈的伤害，因此，委员会主张应当禁止使用。另外，以人体攻击为主要目标的火焰喷射器，同样被认为应当予以禁止。

1932年6月，化学武器特别委员会的报告书及陆军、海军、空军各分会的报告书，一同被提交给总会。但是，由于分会并没有对总会委托讨论的问题给出直接答复，因此总会无法针对各分会的立场达成最终的一致结论。因此，虽然禁止化学战、禁止空中轰炸的决议获得了通过，但总会未能就裁军提出成熟方案。

在此期间，随着1931年之后日本对外战争（九一八事变）的推进，1932年之后德国纳粹党的抬头，以及希特勒掌握政权（1933年1月），军备扩张的势头在世界范围内日渐强劲。1932年12月，德国获得了平等进行军备的权利。1933年3月，日本退出国际联盟。此后，日本虽继续参与裁军会议，但也公开表态说：“鉴于远东地区事态的新进展，将在帝国国防问题上有重大变化。”[2]10月，德国退出裁军会议。

由此，裁军会议由于无法取得任何成熟方案而面临解散。如果裁军会议能够达成一份全面的裁军方案，那么日本不仅不能在战争中使用毒气，战败前也可以避免受到美军燃烧弹、火焰喷射器的巨大伤害。

1 《国际联盟裁军会议相关文件 会议报告书（1932年日内瓦会议）》第1卷，第70页，第4卷，第1073—1074页，B94010-16，外交史料馆藏。

2 条约局第三课：《第68回帝国议会参考资料 条约局第三课记录》，1935年12月，第463页，外务省记录，议JY43，外交史料馆藏。

备战毒气战

火药厂曾根分厂与陆军习志野学校的创设

1933年7月19日，在日本退出国际联盟之后，根据陆函第24号令的指示，陆军兵工厂火药厂曾根分厂（负责人渡边望）在福冈县企救郡曾根村成立。[1]该分厂的主要任务是将忠海武器制造所制造的毒气填装进炮弹，以分担忠海制造所的工作。但在同年10月，该分厂便停止了活动，其正式运营一直推迟到1937年中日战争全面爆发之后。

1933年8月1日，在位于千叶县习志野市的骑兵第1旅团司令部的旧址上，建立了陆军习志野学校（9月18日转移至骑兵第16联队旧址），负责毒气战教育和训练。[2]其实，九一八事变之后，日本就在中国东北建立了对苏战争基地。考虑到将来的对苏战争，日军认为有必要创设专门的学校，开展毒气战教育，习志野学校因此应运而生。学校的首任校长为中岛今朝吾，干事为今村均，训练队长为铃木贞次。校长直属统辖所有陆军教育机关的教育总监（与陆军大臣、参谋总长相并列，为陆军最高官职）。

陆军习志野学校对来自全国师团、联队的军官、下士官、士兵进行毒气战教育、训练。最初的训练人员为215名，1937年8月增加到990名，到1941年8月更是增加到了1371名。

中日战争全面爆发之后，陆军习志野学校开始向中国各地派遣专业人员，对地面及航空部队进行化学战实战培训。此外，该校在“研究将来对苏化学战”的同时，也进行了“关于迅速实现、充实日军化学战

1 《昭和八年度陆军兵工厂历史》，防卫研究所图书馆藏。

2 陆军习志野学校史编纂委员会:《陆军习志野学校》，陆军习志野学校史编纂委员会，1987年，第58、65、184页。

准备的研究”，在中国东北进行的毒气战演习是其中的重要项目。[1]

当时日军高层对于毒气战并无普遍认识，普通军官的化学战教育也甚为缺乏。因此，面对迫在眉睫的对苏作战，陆军习志野学校上下为“日军正面应对化学战的能力深感忧虑”，这一心态在中日战争爆发之后给习志野学校上下带来了极强的焦虑感。[2]

对苏备战

自“满洲国”建立以来，陆军习志野学校、陆军科学研究所以及关东军的一些机构，在日本国内和中国东北地区反复多次进行了毒气实验、演习。早在1933年，关东军便开始了人体毒气实验。同年11月16日，在视察了关东军新设立的细菌战部队东乡部队（后来的731部队）所进行的人体毒气实验之后，关东军参谋远藤三郎在日记中写下了如下内容：“上午8时30分，与安达大佐、立花中佐一同前往交通中队内的实验场地视察。第二班的毒气、毒液实验，第一班的电气测试等分别以两名‘贼匪’为实验对象。被光气照射5分钟，实验对象虽患上了严重的肺炎，但至昨日以来依然存活着。被注射15毫升氰化氢的实验对象，约20分钟后便失去了意识……晚上，与冢田大佐卧谈至午夜11时半，尚不能入眠。”[3]

上述记录表明，关东军已经开始针对光气和氰化氢效力测试进行相关人体实验。这一年的“北满极寒地带实验”即将结束的时候，关东军在销毁剩余的赛洛姆的过程中，发生了因少量氰化氢气体溢出地面而导致鸽子死亡的轻微事故。[4]一战的经验表明，氰化氢在室外会迅速

1 铃木重康（陆军习志野学校校长）：《陆军习志野学校状况报告》，1938年3月，防卫研究所图书馆藏。

2 陆军习志野学校：《在军队及学校进行化学战教育状况及其因应现状应急改善意见》，1938年3月，同上附录。

3 《远藤三郎日记》，1933年11月16日，狭山市立博物馆藏。此外，宫城的著述中亦有相关论述，但存在若干错误。参考：宫城刚：《将军的遗言》，每日新闻社，1976年，第77—78页。

4 《本国科学武器技术史》，第299页。

扩散，立刻致死的效果并不明显，但是冷却后会污染地面。意识到这一点后，陆军方面正式将其作为强大的毒气，并开始针对氰化氢推动相关研究。

1934年5月，由今村干事担任演习指挥官，陆军习志野学校在群马县相马原演习场的芥子毒气和路易氏剂污染地带进行了通过演习与毒气散播演习。对于没有实战经验的日本军队来说，体验“国产糜烂性毒气的效果及其相应的应对防护措施是否得当”是很有必要的。[1]

第一次进行牵引式装甲撒毒车散播毒气演习时，由于车辆出现故障，演习部队分队长以下全员参与了修理工作。因出汗严重，所有人都摘下了防毒面具。其间，太阳升起，芥子毒气在酷热中开始蒸发，以气态毒气流动。结果，上等兵村田荣吉中毒，后在医院治疗过程中死亡，小队长和田盛哉和分队长进藤进则是进入病危状态。在第二次通过撒毒场地的演习过程中，士兵们被分为全面防护、半防护（穿着薄橡胶制防毒服）和轻防护（仅戴防毒面具和防毒手套）3个小组，通过200～300米的撒毒地带。演习结束后，士兵本来在撒毒场地的上风向休息，但是由于风向改变，多人中毒，眼睑、眼皮出现浮肿，视力衰退。负责指挥演习的今村，也因轻度防护而中毒住院。

这是陆军进行毒气战演习初期的重大事故，由于缺乏毒气战的实战经验，因此日军只能“被迫”开展此类演习。

1934年9月，在天龙川下游的中州，陆军习志野学校、陆军科学研究所和下志津陆军飞行学校进行了撒播糜烂性毒气的模拟实验和仿真实验。结果，士兵和军马都中了毒。对于此次实验，日军得出撒播毒气“远比其他持久性使用毒气的方式更加有效”的结论。[2]

从1935年1月开始，日本便计划在中国东北北部的北安镇进行极

---

1 《陆军习志野学校》，第114页。同下，同书第114—116页，小柳津：《化学战研究史》，第39—43页。

2 陆军科学研究所等：《昭和九年九月撒播毒气联合研究演习概况报告》，《毒气战相关资料Ⅱ》，第53页。

寒地带的毒气演习，包括射击毒气弹、放射毒烟、撒播黄剂（糜烂性毒气）和消毒、强行通过撒毒地等。[1]参照该实验，同年冬，日军在孙吴附近进行了大规模使用红筒的基础研究。研究人员在幅面300米的区域内，每隔1米放置一个红筒，同时点火。结果显示，毒烟越过黑龙江，飘到了对岸苏联的布拉戈维申斯克（海兰泡）附近。苏联方面向关东军提出了抗议："虽然是轻微的，但感受到了毒性（打喷嚏）。"[2]该研究为日军大规模使用红筒提供了经验。

如上所述，以中国东北为中心，以苏联为假想敌，日军进行了光气、氰化氢、芥子毒气、路易氏剂、二苯氰胂的实验和使用训练。另外，据称在1935年初，日军用20多名"圆木"（用于人体实验的活人）作实验对象，制订了"通过撒毒地为主的，限于必须用'圆木'"的人体实验计划，却因"某情况"而被迫中止。[3]所谓的某情况，可能是指8月12日陆军省军务局长永田铁山被暗杀的事件。

1　教育总监部建言:《陆军习志野学校在伪满洲国内冬季演习实施文件》，1934年11月，《密大日记》，1934年第3册，防卫研究所图书馆藏。

2　明石泰二郎（原少将）:《关于化学战研究史的意见》，起草年份不明，防卫研究所图书馆藏。此外，常石敬一认为孙吴与布拉戈维申斯克（海兰泡）之间相距约100千米，且又是冬季，因而值得怀疑（参考:《化学武器犯罪》，讲谈社，现代新书，2003年，第232页）。但市野信治则认为，1937年1月同样在孙吴发射了中红筒100枚，由于气温低至—25℃，毒气很好地潜入底流，其刺激效果故能波及下风方向数十千米（《本国化学武器技术史》，第95页）。

3　A（原少将）:《化学战研究回忆》，厚生省归国援护局史料室，1956年10月复印，防卫研究所图书馆藏。该少将承担了该实验细节的策划工作。

二二六事件

关于使用毒气的讨论

1936年2月26日，近卫师团和第1师团的部分青年军官率领众多士兵发动政变，袭击了首相官邸等机关，侍从长铃木贯太郎重伤，大藏大臣高桥是清等人死亡。这次政变即二二六事件。27日凌晨2时，政府宣告实施戒严。陆军首脑中出现了同情叛乱军官的人。但是陆军统制派和海军并不赞成叛乱，加之昭和天皇也表达了应予以讨伐的意思，最终日本军方决定进行镇压。28日下午4时，同情叛乱军的戒严司令官香椎浩平，不得已对叛乱部队使用武力，命令第1师团师团长堀丈夫准备进攻。[1]攻击拟从29日早上开始。

28日下午5时，香椎对陆军步兵学校、陆军野战炮兵学校、陆军习志野学校等下达了其统归自己指挥的命令。[2]下午6时，陆军习志野学校本部联络军官古林和一郎提出了使用毒气的建议。听闻该建议，参谋本部第二课参谋公平匡武向习志野学校练习队咨询，如果进行化学战，会带来什么样的后果。对此，古林汇报称，为避免在市区街道交战甚至造成流血惨案，使用催泪瓦斯、呕吐性毒气等不会造成永久性伤害的毒气实施压制，是适当的；若叛乱军龟缩在参谋本部及陆军省内进行抵抗的话，此类毒气也不会残留在建筑物及其内部设施上。但同时他也指出，毒气的使用应当慎重，并在专业指导下进行，以防毒气流入皇宫，或在风向不佳时出现无法预料的情况。

1　松本清张:《二二六事件 研究资料Ⅰ》,《文艺春秋》，1976年，第178页。

2　陆军习志野学校本部:《二二六事件 战时警备日志》，1936年7月25日呈递陆军大臣,《密大日记》，1936年，第4册，防卫研究所图书馆藏。以下若无特别说明则据此。

该建议很大程度上影响了参谋本部第二课的作战计划。晚上7时，公平向习志野学校本部发出指示，要求其判断次日清晨攻击时的气象，并拟订毒气使用计划。习志野学校根据戒严司令部从中央气象台调来的最新天气图，判断“适合使用烟雾及不会造成永久性伤害的毒气”，并呈报了从集町南端、平河町五、六丁目南端、弁庆桥附近开始释放烟雾的方案。[1]

晚上8时30分，为做好毒气战的准备，习志野学校本部的明石泰二郎提议将必要的兵力、资材运至东京。该提议获得了批准。晚上10时，古林针对戒严司令部石原莞尔的询问进行了同样的说明。于是，石原同意在竹桥附近储备红剂（呕吐性毒气）、绿剂（催泪瓦斯）等化学战资材。

晚上11时，香椎命令习志野学校本部和练习队汇报有关使用化学武器的意见及所需要做的准备。根据相关报告，这次准备的化学战资材为试制93式红筒300支、89式绿筒甲900支、发烟筒818支。

29日0时过后，戒严司令官的命令——在竹桥附近集结正式传达给了习志野学校练习队。尽管如此，当时戒严司令部也只下达了准备发烟筒的命令，并未下达使用的命令。因为戒严司令部方面的主流意见，是在进攻遭受重大损失的情形下，才能开始使用毒气。

使用毒气命令的下达与中止

次日凌晨1时40分左右，习志野学校干事西原贯治到达戒严司令部，详细陈述了他的意见：①单纯使用烟雾攻击的话，可能会严重损毁房屋；②因为叛军携带防毒面具，所以不能指望使用绿剂会有明显的效果；③虽然就避免火灾、损害最小化以及避免流血惨案角度而言，使用红剂是极其有利的，但另一方面也会给公众留下“不人道”的印象，还有必要考虑其对国际关系带来的影响。最后，西原认为，是否

1 戒严司令部参谋部：《二二六事件 机密战事日志》，《陆军习志野学校》，第151页。

使用毒气应从大局出发。

凌晨3时过后，习志野学校本部的一部分队员（33名）和习志野学校练习队的队员（队长小林忠雄，人员213人），在九段偕行社西北完成了集结。凌晨5时10分，香椎发出命令："习志野学校练习队归第1师团统辖，允许使用的毒气限于红筒及绿筒。无论哪种毒气，在使用的时候应极力限定在局部地区范围内。"[1]

叛乱军大约有150个老式防毒面具，但对呕吐性毒气和催泪瓦斯并没有什么防护作用。上午6时，练习队被纳入第1师团指挥之下，进行攻击准备，计划用轻型装甲车突破障碍物后进行发烟。

6时30分，香椎命令第1师团和近卫师团从上午9时开始发动攻击，并迅速向前推进。[2]此时，一些下级士官、士兵已经开始投降。上午10时30分，占领首相官邸的下级士官及大部分士兵缴械投降。

然而，占据山王宾馆和首相官邸的部分叛乱军仍在抵抗。上午11时至12时，公平计划对其使用毒气。下午1时10分，抵抗到最后的安藤辉三在山王宾馆自杀未遂。截至下午3时30分，叛乱军全员投降。原本制订的毒气攻击计划，实际上并未使用。[3]

二二六事件中使用毒气的计划充分表明，陆军在危急的时候，是不惜使用毒气的。在使用毒气的决策过程中，习志野学校西原贯治和古林和一郎的建言，以及戒严司令部的石原莞尔、公平匡武的决定，起到了至关重要的作用。但是，在二二六事件中，面对同样是日军的叛乱部队，戒严司令部使用毒气的意图仅仅在于让叛乱军吸入毒气后丧失战斗力，并趁其痛苦不堪的时候将其制服，而并不打算趁机歼灭。这与雾社事件及九一八事变有着根本性的差异。

---

1 《二二六事件 战时警备日志》。且，在"《二二六事件 研究资料Ⅰ》"有同样的命令（参考第184页），但是命令发布的时间是29日上午8时。

2 《二二六事件 研究资料Ⅰ》，第185页。

3 且，值得关注的是叛乱军同样拥有催泪筒。依据陆军省副官通牒（陆军普第2507号），第1师团的叛乱军携有"89式绿筒甲"，其中两件去向不明（《事件耗费弹药填补文件》，1936年5月1日，《大日记乙辑》，1936年，防卫研究所图书馆藏）。

第三章

中日战争全面爆发与正式开始使用毒气（1937—1938）

中日战争全面爆发与毒气战

派遣毒气战部队

以1937年7月7日卢沟桥事变的爆发为标志，日本发动了全面侵华战争。8月14日、15日，近卫内阁决定向上海增派两个师团，并发布了坚决严惩中华民国政府的声明。而颇具历史讽刺意味的是，8年后的同一天（14日、15日），日本宣布无条件投降。历史女神克利俄总是在人们意料之外现身。

卢沟桥事变后不久，日本许多部队被派遣至中国，其中便包括毒气战部队。部队派遣与发动大型战役的命令，皆是依照天皇的“御意”施行的。被派遣至中国的主要毒气战部队包括野战瓦斯第1、第2、第5、第6、第13中队，迫击炮第1、第3、第4、第5大队，第1军野战瓦斯队本部，第1、第2、第3、第4野战化学实验部，第1、第2野战瓦斯厂等。[1]其中，迫击炮部队指的是同时装备常规炮弹和毒气炮弹的部队。

这样的部队派遣方式表明，中日战争爆发之初，日本陆军就有了对中国军队发动毒气战的打算。日军的目的就是将中国战场作为毒气战的实验场，为即将到来的“现代战争”，即对苏战争积累实战经验。

催泪瓦斯的使用

1937年7月28日，参谋总长闲院宫载仁向中国驻屯军司令官香月清司下达了许可使用催泪瓦斯的指示。该指示是依据由天皇下达的严惩平津地区（北平、天津地区）的中国国民党军队且实现这些地区稳定

1　参考:《“参谋本部”临参命、临命、“大本营陆军部”大陆命、大陆指总集成》第2卷及“战斗序列”。

的命令（临参命第64号）而制定的，其中的具体指示（临命第421号）明确载明“在适当时机可以使用催泪筒”[1]。

就在该指示发出前不久，中国驻屯军便已经收到了3000支催泪筒，但是暂无直接证据借以弄清这些催泪筒是否被使用过。此外，8月26日新编成的华北方面军（司令官寺内寿一，负责华北一带）应该也接到了同样的指示，证据之一就是华北方面军的各级部队都有使用毒气装备的情况出现。

1937年10月中旬到翌年5月末，隶属华北方面军第2军下的第10师团（通称“姬路师团”，师团长神头胜弥）使用了1619支绿筒。1938年5月1日至31日，第5师团（通称“广岛师团”，师团长板垣征四郎）使用了450支。[2]

派至华中地区的上海派遣军（司令官松井石根），应该也很早就收到了使用毒气的指示。隶属上海派遣军指挥下的第3师团（通称“名古屋师团”，师团长藤田进），在1937年8月31日的吴淞“敌军阵前登陆”战斗中曾计划使用催泪筒。根据当时任职于海军军令部第四部（通信部）的高松宫宣仁的记录，在海军第3舰队（司令官长谷川清）“最好放弃”的急切劝阻，以及海军中央方面电告“希望停止”的压力之下，陆军打消了使用催泪筒的企图。[3]另外，原陆军中将白银义方（时任第3师团参谋）也回忆称，为了给在抵近攻击中仍然顽强抵抗的中国国民党军队以重挫，“决心在截至登陆实施次日期间使用绿筒”，然而却因收到以海军次官名义发来的“中止此行为”的电文而被迫中止使用。[4]

能够确定的最早在华中地区使用毒气的情况，是第3师团步兵第6联队（联队长川并密）第2大队于1937年10月16日之后在大场镇附近

---

1 《毒气战相关资料Ⅱ》，第244页。

2 陆军大学校制定：《华北方面军 中日战争初期华北战事史要》第3卷附表，1941年，防卫研究所图书馆藏。

3 高松宫宣仁：《高松宫日记》，1937年8月31日，第2卷，中央公论社，1995年，第572页。

4 白银义方：《关于化学战研究史的意见》，防卫研究所图书馆藏。

的战斗中使用了20支催泪筒。[1]其后，为了增援陷入苦战的上海派遣军，新派遣的第10军（司令官柳川平助）配备了7000支催泪筒。[2]11月5日，第10军在杭州湾北岸发动突袭登陆。在此之前的10月25日，第10军参谋长田边盛武发布指示称："绿筒并非毒气。绿筒储备量不足，各部队应根据需要高效地予以利用。故应注意，唯有万分紧要的时候方可使用。"[3]由此可知，第10军并没有将催泪瓦斯视为毒气，而是登陆后立即开始使用。

攻占南京战役与糜烂性毒气的突袭使用计划

1937年11月7日，华中方面军（司令官松井石根）编成，上海派遣军与第10军编入。在此前后，使用糜烂性毒气的计划也得以拟订完成。30日，进攻南京的战役发动前夕，第10军司令部制定了《关于攻占南京的意见》，整理汇编后上报陆军中央。其中包含了迅速突袭攻占的第一方案（南京突袭方案）和无法实现突袭的第二方案（彻底空中轰炸方案）。

备受争议的是第二方案。该方案并没有采取常见的正面进攻的方法，而是主张对城市街道进行彻底的空中轰炸，尤其是主张实施连续一周左右的"'芥子毒气'及燃烧弹轰炸""将南京变成一片废墟"[4]。大量使用毒气是该方案的重点。该方案强调对毒气的使用不应犹豫不决，否则此次袭击会重蹈上海战役的覆辙，带来巨大的伤亡。

为攻陷上海这一座城市，日军共计耗时达84日之久，发射了大量炮弹，以致国内弹药存量消耗殆尽，日军死伤人数更是高达4万人。中

1 步兵第6联队第2大队：《战斗详报》，第6号，1937年10月16—27日，防卫研究所图书馆藏。松野诚也：《帝国陆军化学战略研究》，立正大学毕业论文，1996年。

2 且，此时陆军为上海方面的三十二三万名人员配备了25万个防毒面具，并为8万匹马配备了七八千个马用防毒面具，防毒面具明显不足（田中新一：《中日战争记录》其四，1937年11月12日，防卫研究所图书馆藏）。11月17日，田中新一陆军省军务局军事课长的记载称，上海方面的防毒面具的使用"已然迫在眉睫"。

3 第10军参谋长：《军参谋长注意事项》，1937年10月25日，《毒气战相关资料Ⅱ》，第274页。

4 《毒气战相关资料Ⅱ》，第278页。

国国民党军队的抗战能力，大大超出了日军预想。为尽量减少己方的损失，日军才制定了使用毒气进行彻底空中轰炸的激进攻击方案。

其实早在11月19日，第10军便无视陆军中央制定的限制战斗行动范围的命令，擅自决定向南京进发。上海派遣军也随之而动。第10军之所以无视陆军中央的命令擅自行动，主要是因为从参谋本部派遣至华中方面军的作战课长武藤章对第10军司令部的“游说”。第10军司令部多次擅自下达了毒气战指导意见书。由此可见，在华中战场上的第10军司令部内部，对于大规模使用毒气，甚至是糜烂性毒气的抵触情绪早已荡然无存。

在前线部队的强烈要求下，12月1日，日本天皇下达了攻占南京的《大陆令第8号》。原本计划使用毒气攻击南京并将之彻底污染，但因为该方案可能会招致国际社会的谴责，便没有得到批准。同一日，闲院宫向华中方面军司令官松井发布指示，要求“关于毒气和催泪筒的使用，另行候命”[1]，驳回了使用毒气的方案。

野战化学实验部的调查报告

在中国的野战化学实验部的任务是“开展关于敌方化学武器的紧急实验”，借此收集应对化学战的相关资料。[2]中日战争全面爆发后，野战化学实验部相关人员被紧急派遣至各个地区：第1野战化学实验部（部长白仓司马太）被派至天津，第2野战化学实验部（部长风早清）被派至上海，第3野战化学实验部（部长黑濑平一）被派至华北，第4野战化学实验部（部长西照辎重）被派至“满洲国”的齐齐哈尔。

1938年2月、1939年3月，各实验部相继回国，并将其在华期间从各地收集的诸多情报、资料、资材进行整理，汇编后形成了多份报告。这些报告汇总了国民党军队毒气战装备的实际情况，便于日军确认开展毒气战后是否有遭受反击的可能性。当时中国国民党军队得到了来

1 《毒气战相关资料Ⅱ》，第249页。
2 《野战化学实验部勤务令》，《毒气战相关资料Ⅱ》，第166页。

自德国方面的“军事指导”，因而日军担心德国的“军事指导”中有包含化学战的相关科目。日军若不事先确认中国国民党军队对化学战的防护和进攻能力，就无法使用比催泪瓦斯“威力”更大的毒气。

早在1937年9月，第1野战化学实验部就指出：“对中国军队使用红剂非常有效。”[1]他们针对中国国民党军队的4种防毒面具进行了实验。实验结果表明，中国国民党军队的防毒面具对红剂的“烟雾过滤能力”并不充分。11月的报告则指出，中国国民党军队的防毒面具样式落后，且数量有限；此外，用于野外筑城的防毒设施也十分有限，因而“使用红剂及黄剂极其有效”[2]。另一份报告则称，尚未有迹象表明中国国民党军队曾使用过毒气，即便今后有使用毒气的可能，也不过是“小规模的且非常分散的”[3]。

第3野战化学实验部于1938年2月提交的报告，也做出了大致相同的判断。其中特别值得关注的是，该报告指出，从日本军队在上海、南口、娘子关等地的艰难战斗来看，对于依靠常规武器难以突破的坚固阵地，毒气能够发挥极大的优势。[4]此外，该报告还进一步提出建议称，从化学战的角度来说，当前的日本军队在作战中暴露了“相当大的缺陷”，若以此等状态贸然开展“对某国战争”，即对苏战争的话，“恐将招致可怕的后果”，因而有必要对全军开展化学战相关教育及训练。

第3野战化学实验部针对糜烂性毒气的使用提出了建议。建议中指出，华北地区的国民党军队在冬季皆身着厚厚的冬衣，即便使用糜烂性毒气也难以充分浸透，恐无法充分发挥毒气的效力。相关实验结果表明，华北南部地区气温相对较高，中国国民党军队的军服相对较薄，

1　第一野战化学实验部：《俘获防毒面具检定成绩概要·其一》，1937年9月21日，《毒气战相关资料Ⅱ》，第189页。

2　同《中国军化学战备概况及对应策》，1937年11月8日，《毒气战相关资料Ⅱ》，第192—193页。

3　同《关于中国军化学战的观察》，1937年11月16日，《毒气战相关资料Ⅱ》，第194页。

4　第3野战化学实验部：《关于化学战的调查报告》，1938年2月25日，《毒气战相关资料Ⅱ》，第222页。以下据此。

“因而并不影响毒气渗透效力的发挥”[1]。此外，该报告还得出结论称，从呼吸器官、面部、手等没有被衣服覆盖部分的毒气吸收、来自被服的二次污染，以及使用糜烂性毒气对中国国民党军队的打击效果来看，使用糜烂性毒气的效力应当是“巨大的”。

在上述缜密详尽的调查报告的基础上，从1938年春始，陆军中央开始考虑使用比催泪瓦斯更加强大的呕吐性毒气及红剂。

徐州会战、安庆战役中使用呕吐性毒气的指示

无论是日本政府还是日本军队，他们都曾乐观地认为，若中国首都南京沦陷，则国民政府必将承认战败，战争也将随之结束。然而，事实是南京沦陷后，中国国民政府将首都迁至了重庆，并将武汉作为临时首都继续抗战。1938年1月，近卫内阁拒绝了德国驻华大使陶德曼的调停，并发声明称“不以国民政府为谈判对手”。由此，中日战争开始转入持久战阶段。日本军队判断，可以用武力迫使中国国民政府屈服，因而在华北、华中、华南地区推行积极的进攻战略。

4月7日，开展徐州战役的敕令（天皇的命令）《大陆令第84号》下达给了华北方面军以及华中派遣军（司令官畑俊六）。由此，4月下旬至6月，中日双方军队的会战以江苏省徐州为中心展开，即徐州会战。日本军队调动华北方面军从北部行动，华中派遣军从南部推进，企图围歼约50个师的中国国民党军队，但最终以失败结束。然而，日军却占领了山东省南部、安徽省、江苏省、河南省东部的重要地区。

5月29日，依照《大陆令第111号》，华中派遣军发动了攻占安徽省安庆的战役。此次战役中，以台湾步兵（日本人组建，兵源主要是地道的日本人。——编者注）第1、第2联队为主力的波田支队（支队长波田重一）在海军的协同下，于6月12—13日占领了安庆城，即安庆战役。

徐州战役命令下达后的4月11日，参谋总长闲院宫向华北方面军

1　第3野战化学实验部:《糜烂气体对冬季中国军被服渗透效力实验报告》，1938年2月25日，《毒气战相关资料Ⅱ》，第202页。

司令官寺内与驻蒙兵团司令官莲沼蕃下达了允许使用呕吐性毒气（红剂）的《大陆指第110号》，命令内容如下：

> 下列情况应使用红筒、轻型迫击炮用的红弹：
>
> （一）使用目的：开展针对盘踞在山区地带的“敌匪”的“扫荡”战斗
>
> （二）使用地域：山西省及与之相邻的山地地区
>
> （三）使用方法：须尽量混之于烟雾，严格隐匿使用毒气的事实，不得留下任何痕迹[1]

该命令使用了“应使用”的用词，只因这一命令并不是因华北方面军的请求而下达的，而是参谋本部命令华北方面军在实战中使用毒气。另外，值得关注的是，其中包含了“隐匿使用毒气的事实”“不得留下任何痕迹”这些在使用催泪瓦斯的情形下并没有的注意事项。这也表明，参谋本部依然存在因使用呕吐性毒气而违反国际法的顾虑。因此，呕吐性毒气的使用限于欧美国家难以察知的以山西省为中心的中国内陆地区。被配发的毒气武器分别为：华北方面军，轻型迫击炮用红弹1.5万发，红筒4万支；驻蒙兵团，红筒1万支。

据推测，同年5月参谋本部也对华中派遣军下达了许可在小范围内集中使用红弹、红筒的大陆指。做出这一推测的依据，主要是华中派遣军司令部的记录。与徐州会战和安庆战役中一般性化学武器的使用方针不同，该记录称“重点放在局部地区使用，以推进局部地区战斗朝着有利方向发展”，表明华中派遣军已经做出了突击式集中使用毒气的新的战斗方针。[2]

---

1 《毒气战相关资料Ⅱ》，第253页。

2 《徐州会战及安庆战役中特殊烟雾使用战例及成果》，1938年7月，《毒气战相关资料Ⅱ》，第309页。

徐州会战与安庆战役中的毒气使用

徐州会战与安庆战役由于是在容易被欧美各国所察知的地区发动的，所以日本无法大规模使用毒气。因此，从战役一开始，日军对毒气并没有抱有太大的期待。然而在实战中，毒气的效果却显然超出了日军的预期。

在徐州会战中，1938年5月3日，允许使用毒气的命令下达至了各级部队。第9师团（师团长吉住良辅）的《机密战事日志》（按时间顺序记录战斗行动的部队机密正式记录）记载："次日，得以决定在此次会战中可以使用特殊发烟筒。"[1]"特殊发烟筒"指的是呕吐性毒气筒（红筒）。第9师团作战主任参谋川久保镇马曾抱怨："不使用毒气却还让士兵携带沉重的防毒面具行军的做法，是非常不明智的。"他曾多次进言放弃携带防毒面具行军。但是，听到允许使用毒气的命令后，他顿感"此问题由此得以解决"[2]。

在此次会战中，最早使用毒气的例子是5月17日上午6时开始的以攻占萧县县城西门为目的的行动。[3]此时，第9师团步兵第7联队（联队长伊佐一男）准备了45支红筒，然而由于风向不佳，因此只用了两支。

同日下午6时始，在距萧县县城东南4千米处，第9师团步兵第36联队（联队长胁坂次郎）两次使用了少量红筒，却因使用了毒气而导致无法立即发动突击。其后的18日，在对北部张二庄的攻击中，第36联队使用了30支红筒，并确认中国国民党军队内因中毒而产生了"大量的患者"。中国国民党军队的士兵因吸入毒气而倒下，在用担架被送至后方的途中，遭到了日军的"全部射杀"[4]。该记录中，日军用常规武器杀死因吸入毒气而丧失战斗力的敌军士兵的情况，应予以重视。

参加此次战斗的士兵反应如何呢？山本武隶属第36联队第2大队

1　第9师团：《机密战事日志》（徐州会战），5月3日，防卫研究所图书馆藏。

2　川久保镇马：《机密战事日志》（徐州会战），1938年5月3日付笺，防卫研究所图书馆藏。

3　《毒气战相关资料Ⅱ》，第322页。

4　同上，第322页。

第5中队，他第一次听说使用毒气这件事后，极为震惊。他在日记中写道，尽管对张二庄的攻击甚为激烈，但在最后突击的时候，并未遭到敌人的抵抗与反击，究其原因，很大程度上是使用了毒气，虽不知道红筒中究竟填装了何种气体。“但我想，这也许是为了将我方牺牲降至最低而不得已进行的作战吧。”[1]由此可见，对于大部分士兵来说，使用毒气能降低己方损失，也有利于攻陷敌阵，因而对使用毒气并没有什么抵触情绪。

5月19日下午12点30分，步兵第36联队在战斗中再次使用了45支红筒。顽强抵抗的四五百名中国国民党军队的士兵闻到异味后立即开始撤退，第36联队因此得以轻松推进。[2]但是此次作战也暴露了日军准备上的不足，约有10名日本士兵因佩戴防毒面具方法不正确而吸入了毒气，短暂丧失战斗力，约30分钟后方才恢复。

攻占固镇的第3师团森田支队（支队长森田丰秋）有500人，以第2野战毒气队为核心而组建，而第2野战毒气队专门从事化学战。5月19日下午1时55分始，森田支队首先使用了50支发烟筒，接着将119支红筒同时点燃。

> 朦胧的化学烟雾笼罩了固镇一带，敌方的射击突然停止。前线部队借着烟雾掩护突击攻入敌阵，与敌人展开近身格斗，给予敌人以打击，并攻入房屋，“扫荡”了痛苦呻吟的残敌。下午2时30分，占领了整个固镇。[3]

毒气缓缓飘向中国国民党军队的阵地，日军紧随其后展开了突击进攻，仅仅用了30分钟便攻陷了坚固的阵地。在此次战役中，受到毒气伤害的中国国民党军队的士兵遭到杀害。

1　山本武:《一名士兵的从军记录》，私家版，1985年，第141页。
2《毒气战相关资料Ⅱ》，第322页。
3　同上，第325页。

参加了此次攻击的野战毒气第5中队的士兵石田义一，也记录了毒气战部队的作用。他在记录中称，从上午10时开始便受阻于固镇，无法前进一步，到了下午2时，自1937年10月登陆以来首次使用了毒气。“敌人似乎颇受其扰，开始全部撤退。”[1]

6月2日，毒气战又一次取得了显著效果。第3师团的步兵第6联队（联队长川并密）攻占上窑以西1千米处的无名村落时，前线步兵部队遭到了猛烈的射击，伤亡重大。日军在距中国国民党军队仅200米处，无法继续向前推进，于是第6联队使用了25支红筒、30支绿筒、15支发烟筒。在确认毒气完全渗透对方阵地后，第6联队展开了突击。中国国民党军队“完全陷入了混乱状态，丢弃阵地与武器装备的溃逃者，因中毒而痛苦呻吟者，数量众多”。下午3时15分，第6联队成功地攻占了对方的前线阵地。[2]

以上皆是在徐州会战中使用毒气的例子。在安庆战役中使用毒气的也有4例。6月26日，在香口附近的战斗中，隶属台湾步兵第2联队第3大队的野战毒气第13中队第1小队，使用了43支红筒、82支绿筒、200支发烟筒。立时，中国国民党军队陷入了“喧嚷躁动”“一弹未发，甚至来不及携带武器弹药”便匆忙退却。[3]

毒气战也带来了一些混乱。例如，约有10%的红筒在点火的一瞬间让日军成为反击的标靶，导致毒气战部队遭到中国国民党军队的直接攻击。此外，半数的发烟筒因质量不合格而无法点燃，故障发生率高。战前日本基础工业生产能力的这一缺陷在战场上凸显，让前线的士兵陷入了困境。

7月3日，在徐村附近的战斗中，台湾步兵第1联队第2大队使用了64支红筒、324支绿筒、69支发烟筒。据称，使用红筒的15分钟后，日军突击攻入对方阵地，发现了饱受痛苦折磨的约150名敌方士兵。虽

1　石田义一:《战线实录》，私家版，1977年，第74页。
2《毒气战相关资料Ⅱ》，第315—317页。
3　同上，第328—329页。以下据此。

未明确记载日军最终如何处置了这些士兵，但想必应该是将其刺死了。此外，在之后的战斗中，一旦日军使用发烟筒，将其误认为是毒气的中国国民党军队士兵便会撤退。日军总结经验后指出，在使用红筒之后接着使用发烟筒的话，就会迫使对方长时间佩戴防毒面具，也能够达到削弱对方战力的目的。

同日，在流斯桥附近进行的战斗中，毫无战斗力的后方部队（辎重部队）陷入了中国国民党军队的包围之中。该部队在出其不意地使用了4支红筒、120支发烟筒之后，中国国民党军队甚至来不及发出一弹。该部队利用其混乱状态，顺利完成了突围。从中也能看出，毒气对于后方部队的防御也是有效的。

华中派遣军司令部指出，因中国国民党军队的毒气防护装备薄弱，日军在徐州会战与安庆战役中即便是小规模使用毒气，也取得了超出预期的战斗效果，尤其明显的是使对方丧失了战斗意志。[1]针对战役下一阶段的毒气部署，华中派遣军司令部给出如下建议：

第一，即便是在局部地区，也有必要集中使用毒气，以便增强效果。华中派遣军建议使用40支以上毒气筒。

第二，由于呕吐性毒气是速效性的，因而被称为“决胜毒气”；但呕吐性毒气的效力是短暂的，因而必须在使用后立即发动突击。司令部的结论称，对方吸入毒气约30分钟内，毒性效果就会消失，会恢复战斗能力。

第三，需要对局部地区进行详细的气象测量和估计。在徐州会战中，也存在因气象预测或估计不充分导致贻误战机或误伤己方的情形。毒气战有着受气象因素左右的天然劣势。

第四，在徐州会战与安庆战役中，毒气作战的主体主要是野战毒气队，在今后的作战中，要以前线步兵部队自行使用毒气为基本作战原则。为此，有必要对以中队为单位的全体作战人员进行训练。

1 《毒气战相关资料Ⅱ》，第309—310页。

第五，红筒应该与催泪筒、发烟筒混合使用。特别是在使用红筒之后，再立即使用催泪筒和发烟筒的效果更佳。催泪筒和发烟筒比红筒更加轻便，利于步兵携带。

第六，在师团级单位应时刻保存一定数量的毒气战物资，同时也应在战前将必要的毒气武器配备给作战部队。毒气武器应以背负袋或皮带绑缚的方式携带，以便作战部队能够随时使用。

第七，一定要注意保密。由此也能判断，华中派遣军内也存在因使用红筒而违反国际法的顾虑。

晋南整肃战斗（山西省南部的战斗）中的毒气使用

1938年4月11日，驻蒙兵团收到了来自参谋总长关于使用毒气的指示（《大陆指第110号》）；6月，第26师团（师团长后宫淳）在绥远省（国民政府所设的省级行政区）东南地区（清水河、和林格尔附近）发动的战斗中拟订了使用呕吐性毒气筒（红筒）的计划，但因“情况不适宜”而中止。[1]

4月21日，华北方面军司令官寺内向驻扎在石家庄的第1军（司令官香月清司）传达了《大陆指第110号》，指示其在5月中旬之前为开展毒气战做好所需的必要训练和准备。[2]为此，华北方面军派遣了参谋渡边雅夫前往第1军进行指导。

5月3日，第1军司令部将华北方面军的命令传达给了其下属各级部队，并发布了“关于使用特殊资材的保密指示”：为掩盖使用“特殊资材”（毒气）的事实，要事先抹掉毒气筒、收纳箱上的标记；使用后将毒气筒回收带走；毒气战资材的出纳应有明确记录，以防丢失；在毒气战的教育训练过程中，不分发印刷品；不得外泄教育内容；为了

1　驻蒙兵团参谋长:《关于发烟筒使用的报告提出文件》，1938年7月14日，《陆支密大日记》1938年39号，防卫研究所图书馆藏。

2　《方军作命甲第293号》，第1军参谋部:《机密战事日志》第13卷，《毒气战相关资料Ⅱ》，第283页。

在使用毒气后不留下证据，“须尽可能地歼灭毒气区域内的敌人”；不得用当地居民、雇工及车马运输资材；对于中国方面发布的日军使用毒气的宣传，应宣称使用的是烟幕弹而非毒气，予以反驳。[1]该保密指示尤其强调部队要意识到因使用毒气武器而违反国际法的问题，特别要注意掩盖使用毒气的事实。日本战败后，为防止因违反国际法而被追究责任，甚至为了掩盖使用呕吐性气体的事实，第1军以深埋等方式对毒气筒予以遗弃、销毁。

6月4日，第1军新任司令官梅津美治郎到任；15日，梅津向第20师团师团长牛岛实常下达了许可使用红筒的命令。作为徐州战役的一部分，晋南整肃作战中主要是第20师团使用毒气。关于山西省南部曲沃附近的毒气战状况，被派至当地的第1军参谋渡边所发的电报记述如下：

> 从7月6日拂晓（黎明）发动攻击开始，第20师团向其部队正前方的仪门村及北乐村的南方高地沿线一带（横跨4～5千米）使用了六七千支特殊发烟筒。当时风向为东北偏北，风速1.7米/秒，烟雾缓慢飘动。敌人发现发射烟雾的信号弹之后，立即发动了猛烈射击。然而几乎就在烟雾到达敌方阵地的同时，射击便完全停止了。[2]

7月6日清晨，第20师团对国民党军队在横跨4～5千米的范围内摆放了六七千支呕吐性毒气筒，发射信号弹升空的同时将其全部点燃。在弥漫的毒气到达后，中国国民党军队便停止了射击，并全部撤退。

此次战役同样收录于陆军习志野学校编撰的《中日战争中的化学战例证集》（以下简称《例证集》。参考战例十一）。

---

1 《毒气战相关资料Ⅱ》，第287—288页。

2 同上，第297—298页。

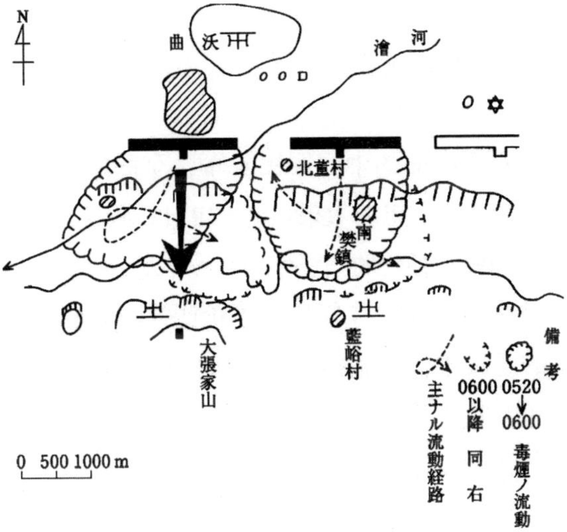

▲图1　曲沃附近战斗经过概要图（1938年7月6日拂晓）

从左上至右下，依次为：曲沃、浍河、北董村、南樊镇、大张家山、蓝峪村。

资料来源：粟屋、吉见编：《毒气战相关资料》，第444页。

卅是野战炮兵置列处，✡代表旅团司令部。

据此报告，毒气完全覆盖了中国国民党军队的前线阵地，第20师团一举向前推进了3千米。[1]但由于风向的变化，部分毒气反流至第20师团一侧，延缓了附近部队的推进速度。此外，毒气滞留在了山侧一带，并没有到达中国国民党军队的后方阵地。此次战斗，日军意识到必须事先调查气象，以准确把握发射毒气的时机；如果是对中国国民党军队的后方阵地展开攻击，以使用毒气炮弹为宜，而不是发射毒气。7日，第20师团再次使用了毒气。

在曲沃南部地区，7日拂晓，从东韩村至南吉村横跨约3千米的范围内，使用了约3000支特殊发烟筒。烟雾沿着浍河

1 《毒气战相关资料》，第444页。

向西飘去，其后由于风向的变化，向东飘过曲沃西部高地底部的部分烟雾也飘到了浍河北岸。[1]

结果，位于曲沃南面的中国国民党军队全面撤退，实验性地大规模使用毒气产生了超乎预想的效果。7月19日，梅津以“警惕乱用”的名义命令第20师团停止使用毒气。[2]

日本军方对这场大规模毒气战的评价颇高。在华中派遣军从华北方面军处获得的通报中，明确描述了毒气的使用效果：“即便是仅遭受少量毒气的敌军，也都倒地，痛苦不堪地四处翻滚，甚至出现大便失禁等现象。”使用毒气前，第20师团攻占一个村落时，伤亡往往多达三四十人甚至百人，而在7月6日使用毒气后，左翼部队攻占约10个村落时伤亡不到10人。[3]

那么，为什么从参谋总长发布第110号命令到实际使用毒气隔了足足两个半月的时间呢？这主要是因为，第1军司令部及其指挥下的各级部队对于毒气的使用仍持犹豫不决的态度。

进入6月以来，从第1军派至前线的作战参谋森赳和渡边多次提出建议，在即将到来的战斗中，应当让第20师团通过使用毒气来迎战占据人数优势的中国国民党军队。其他参谋也赞成该意见。但是第1军参谋长饭田祥二郎坚决反对。饭田对毒气战“能取得充分的效果”有所怀疑，且担心“各级部队对毒气过度依赖，反而会导致其作战不够勇敢”。他同时也强调了“被发现后的责任”问题。[4]

7月6日，第1军接连收到了在垣曲以东陷入苦战，战斗损伤达500人的第108师团（弘前师团）中野支队（支队长中野直三）请求允许使用毒气的电报。但第1军以“战况不利之时就使用毒气为恶劣风气”“给

---

1 《毒气战相关资料Ⅱ》，第298页。

2 同上，第300页。

3 华中派遣军：《徐州会战及安庆战役中特殊烟雾使用战例及成果》，同上，第332页。

4 《机密战事日志》，6月12日，《毒气战相关资料Ⅱ》，第291—292页。

敌军在国际上提供宣传战的资料”为由，拒绝了其请求。[1]

在陆军部队于危急时刻“独断专行”的背景下，中野支队为何没有擅自使用（毒气）呢？对此，第1军参谋部记录如下：

> 是否使用毒气（红弹）由各部队首长独立决断，部队首长也会因此承担责任。所以对于支队正式提出的申请，第1军只能予以拒绝。这样，首长就无须承担批准使用的责任。从108师团的立场来看，军部（第1军）承担了批准使用毒气的责任，则是对师团下级的体谅。这个态度是根据7月11日第108师团村田参谋的话推测而来的。[2]

师团方面也意识到会违反国际法的问题，因而极力避免出现未经许可便擅自使用毒气的情形。这表明，就前线部队而言，即便有参谋总长的指示，未经许可便擅自发动毒气战，其后果也是极为严重的。但是，若上级机关明确下达了同意使用毒气的命令，那么前线部队几乎不会有什么犹豫，便使用毒气。毕竟实战经验已经证明，毒气武器有巨大的战斗效果，还可以有效减少己方的伤亡人数。

如上所述，1938年7月，在华北方面军方面，第1军就呕吐性毒气进行了大规模实战的实验，且取得了“成功”。第1军的毒气战并非依据前线部队的请求而进行的，而是在参谋本部的积极指导之下开展的。第1军取得的“成功”令华北方面军信心大增，自8月以后他们便开始全面性使用呕吐性毒气（红弹、红筒）。

走向全面使用

1938年6月18日，为了实现在当年初秋就攻占汉口的目标，日本陆军大本营下达了《大陆指第119号》，命令华中派遣军司令官巩固前

1 《机密战事日志》，7月5日，第296页。
2 同上，第297页。

方阵地，指示华北方面军司令官继续执行稳定占领地区的现有任务。据此，8月6日，参谋总长下达了允许使用呕吐性毒气、催泪瓦斯等毒气武器进行全面毒气战的《大陆指第225号》，批准华北方面军和华中派遣军"使用红筒及红弹"。此外，该命令还重点提到："任何毒气都尽量与烟雾混用，但不得在市区街道及第三国国民的居住地域使用。严格注意掩盖使用毒气的事实，以防留下痕迹。"[1]

收到该命令之后，8月19日，华北方面军司令官寺内发出命令，"为确保占领地区的稳定"，在必要的时候应当随时使用红弹、红筒。[2]8月22日，攻占武汉的《大陆指第188号》下达至华中派遣军。武汉战役，是日军全面毒气战之肇始。

攻占武汉战役

发动毒气战

1938年8月22日，天皇攻占汉口的命令(《大陆令第188号》《大海令第135号》)正式下达给了华中派遣军司令官畑俊六和在中国的舰队司令官及川古志郎。9月19日，攻占广东（广州）的命令(《大陆令第201号》《大海令第139号》)下达给了第21军司令官古庄干郎和在中国的舰队司令官及川。日本政府和大本营认为，如果攻陷中国的临时首都武汉和中国华南的中心城市广州，中国国民政府必将屈服。

收到该命令之后，华中派遣军司令官畑俊六同日便命令第2军（司令官东久迩宫稔彦）从8月下旬开始，经光州、商城沿线，向信阳和汉口北部进发。又命令第11军（司令官冈村宁次）进攻长江北岸，之后从南岸出发，经瑞昌、德安，占领永修，同时向武汉三镇及粤汉铁路南

1 《毒气战相关资料Ⅱ》，第254页。
2 《方军作命甲第441号》，同上，第301页。

段沿线进发。

第2军下辖第3师团、第10师团、第13师团（仙台师团）、第16师团（京都师团）。第11军除了第6师团（熊本师团）、第9师团、第18师团（久留米师团，9月19日转隶第21军）及波田支队这些精锐部队之外，还包括第27师团（由中国驻屯军步兵第1、第2、第3联队构成）、第101师团（以东京师团留守部队为基干编成）、第106师团（以熊本师团留守部队为基干编成），以及石原支队、高品支队、铃木支队。两军合计近40万人。

华中派遣军的《攻占武汉战役中的化学战实施报告》（以下简称《实施报告》），记录了武汉毒气战的实际情况。8月中旬，华中派遣军下达了使用呕吐性毒气（红弹、红筒）和催泪瓦斯（绿筒）的命令。8月16日，接到命令的第2军司令官东久迩宫对下辖各师团长发布了“本次战役期间各师团长应适时使用特殊烟雾”的命令，并要求他们在使用后提交详细的报告。[1]此外，第11军司令官冈村宁次也在8月21日下达了使用“特殊烟雾”的命令。[2]此处所说的“特殊烟雾”，就是呕吐性毒气和催泪瓦斯。

华中派遣军针对毒气使用的基本原则是“不限地域，小规模”，但在必要的时候应大规模集中使用，以“迅速扭转战局”[3]。为此，华中派遣军总结了如下4种毒气战方法：①步兵大队内设立使用毒气的发烟小队；②由野战毒气队负责发烟；③为实施突击，让前线部队发烟；④让炮兵（迫击炮、山炮、野战炮）部队发射毒气弹。

从8月21日到11月21日的3个月内，华中派遣军使用毒气的次数超过了375次。其中约80%的攻击被认为是成功的，剩余20%则被认

1 第2军司令官稔彦王：《2军作军第446号》，1938年8月16日，《毒气战相关资料》，第338页。

2 《吕集作命甲第33号》，《吕集团第11军作命文件》第1卷，防卫研究所图书馆藏。

3 《实施报告》，《毒气战相关资料》，第306页。所谓大规模集中使用，指的是在大队长指挥下为了“某种正面”（大队正面以内）压制而进行的小规模使用。联队及以上规模的使用，则属于大规模使用（参考：同第309—310页）。

为是不理想的。[1]这也就是说，毒气战整体上几乎是成功的。战斗中使用的毒气情况为：第2军使用了5295发红弹、12057支红筒、607支绿筒，第11军则使用了4372发红弹、20105支红筒、6060支绿筒。[2]二者合计使用9667发红弹、32162支红筒、6667支绿筒，平均每次使用呕吐性毒气（红剂）达112发（支）。由此可知，毒气武器的使用次数较为频繁，且多为小规模使用。其中第11军使用毒气武器的次数比较多。

武汉地区因酷暑而闻名，因此攻占武汉的战役中，华中派遣军近40万的总兵力中疟疾患者高达15万人之多。[3]从第2军的情况来看，驻屯地到集结地艰难行军带来的疲劳、战役初期的酷暑、战役过程中的长时间急行军、粮食补给不足，以及霍乱、疟疾等，导致掉队人员和疟疾患者众多。由此，在约17万的总兵力中，超过2.5万人住进了野战医院，至于患病者则超过了总兵力的半数。大量的减员导致前线战斗力显著下降，严重影响了战役计划的执行。[4]可以合理推测，第11军的情况也大致如此，他们在战斗中也付出了巨大的代价。因此，为对抗顽强作战的中国国民党军队，日军在很多情况下就只能依赖毒气武器。

第2军的战斗

第2军奉命沿着险峻山脉从北部南下，向各级部队分配毒气战物资，并指导各部自行开展毒气战。第2军司令部指定第10师团为化学战的主力部队，不仅将毒气战物资优先配发给了第10师团，还为第10师团配备了第2野战毒气队。此外，第16师团配备了迫击炮第5大队，并装备了毒气弹；第13师团配备了迫击炮第3大队，并装备了榴弹（爆炸威力巨大的炮弹）。第2军各级部队的毒气战主力，都是以大队编制为主的部队。

---

1 《毒气战相关资料》，第307页。

2 同上，第319页。

3 第11军司令官：《军状报告（口头）》，1939年8月30日，臼井胜美，稻叶正夫：《现代史资料》第9卷，美铃书房，1964年，第411页。

4 第2军司令官：《第2军战事经过概要（补遗）》，1938年11月，同上，第293页。

奉命占领光州并向信阳方向进发的第10师团（师团长筱冢义男），于8月27日（明治天皇即位纪念日）出发。然而由于自29日开始持续出现43.3℃以上的高温，众多士兵出现中暑症状。加之道路艰险，第10师团从一开始就遇到行军困难的问题。

早在28日晚8时20分的行军途中，步兵第39联队第3大队在六安附近的西关村就使用了9支红筒，当时两军阵地相距60米。[1]这是武汉战役中第一次使用毒气。此次战斗中，日军为压制中国国民党军队从房屋的射击孔发动的机枪攻击而使用了毒气，但由于风力太小，流入射击孔的毒气速度缓慢，效果并不十分理想。然而，中国国民党军队的攻击最终还是被压制住了。

30日，第3大队在对面河岸使用了110支红筒。待毒气到达敌方阵地后，立即发动突击。两军阵地纵向延伸500米，横向延伸300米。此次毒气战完全压制了配备大量机枪的中国国民党军队。

此时，由于患病人数众多，第10师团的战力大幅减弱。例如，步兵第39联队从庐州出发时共有战斗人员2800余人，至9月末时已经不足800人。一个中队的标准编制约为200人，而此时各中队的人数已经平均降至30人（最少的中队只有11人）。[2]面对如此困境，第10师团愈发依赖毒气武器。红筒的使用次数在3个月内达41次，总计达2162支。每次最少使用两支，最多使用225支，平均每次约53支。第10师团的例子充分体现了毒气武器的使用"频繁且规模小"的特点。

9月6日，步兵第39联队第3大队在使用了两支红筒后立即发动突击，压制了中国国民党军队配置在城门上的捷克造机枪阵地；8日，第3大队使了3支红筒后立即发动突击，压制了中国国民党军队在桥上的机枪堡。上述战例说明，日军在遇到配置在城墙、丘陵地带、村落等处的机枪堡等坚固阵地，且以常规武器无法摧毁时，即便是使用少量毒气武器，也能取得明显的效果。

---

1 《实施报告》附表第三，《毒气战相关资料Ⅱ》。以下第10师团的使用案例据此。

2 《第2军战事经过概要（补遗）》，《现代史资料》第9卷，第289页。

在大多数情况下，第10师团都是在发起进攻时使用毒气武器的，但10月2日，步兵第40联队第3大队在发现中国国民党军队的攻击行动后，趁其不备从侧面使用了10支红筒，成功阻断了中国国民党军队的进攻。

第10师团的毒气战战果“辉煌”，但同样有失败的情况出现。9月15—16日，步兵第10联队第1大队在光州东面3次使用红筒，共计达540支，其中两次均未取得任何效果。其原因一方面在于释放的范围过窄，另一方面则是未预料到气温差和风力，导致毒气上升，快速飘散。此外，9月20日，步兵第39联队第3大队在八里庙附近使用了8支红筒，但中国国民党军队配备了装备齐全的防毒面具，导致攻击失效。

9月2日，奉命经商城向汉口北进发的第13师团（师团长荻州立兵），在富金山八〇〇高地等处遭遇阻击。对方由宋希濂率领中国国民党嫡系部队的数个团组成。第13师团“用尽各种手段全力进攻”，也未能攻陷阵地，很快伤亡人数就超过千人，其中就有副联队长及大队长数名。[1]加之疟疾蔓延，第13师团的步兵中队的平均人数一度降至40人，甚至有的联队长也因此倒下。

为攻陷宋希濂的阵地，日军调集了独立机枪中队、独立装甲车队、野战炮部队，同时也使用了毒气武器。9月6日，步兵第58联队第2大队借助上升气流，对富金山东南面的高地使用了60支红筒，对叶家集西面高地使用了50支红筒，其后发动白刃战，突击占领了阵地。对于这次进攻，中国国民党军队36师的一名被俘士兵称：“我们不知道那是什么烟雾。烟雾飘过来后，我们退到背风处趴下，用帽子掩住口鼻，但根本无法避免吸入烟雾，大家流泪，打喷嚏，然后开始痛苦地呕吐……只能退出战壕。我们的部队也没守住山顶的阵地。”[2]

11日，日军对富金山及八〇〇高地顶峰发动了攻击。日军迫击炮第3大队第3中队对富金山发射了49发红弹，压制住了山脊上的对方阵

1 《现代史资料》，第287页。

2 《实施报告》附表第四，《毒气战相关资料Ⅱ》。

地。[1]傍晚5时20分以及6时整，山炮第19大队第9中队向八〇〇高地发射了100发红弹，之后步兵开始冲锋，于次日凌晨6时20分占领了山顶。

第2军在总结此次战役的经验时称："连续数日的持续攻击，因敌方侧翼火力而无法按计划向前推进。发射特殊发烟弹之后，一日之内便占领了八〇〇高地，这正是毒气效果的体现。"[2]正是因为使用了毒气武器，屡攻不破的两大阵地相继陷落，第13师团也才得以继续向前推进。

中国国民党方面，军事委员长蒋介石称赞了参与此次战斗的嫡系36师："(36师)固守阵地，肉搏逆袭，苦撑危局，始终如一坚守着富金山的'八〇〇高地'阵线。"他谴责日军"通过空军及化学部队协同作战的方式，肆意虐杀"[3]。

之后奉命突破大别山山区的第13师团和第16师团(师团长藤江惠辅)，再一次陷入苦战。9月18日开始，持续降雨，道路泥泞不堪，车辆完全无法前进。从10月6日开始的战役也因降雨而备受煎熬，最终第13师团与第16师团付出了相当代价后，才艰难地突破了大别山山区。到10月中旬，第16师团严重减员，其中步兵第33联队的一个中队，包括中队长在内，仅剩13人。9月6—11日，第16师团在沙窝南方(大别山山脉)使用了10次红筒，攻击位于山顶掩体内的射击点和散兵。其中有9次立即发动了突击，成功了6次；而失败的4次是由于突击兵力过少，或遭受侧翼攻击，或遭到逆风。[4]

在9月22日至10月23日的战斗中，隶属第16师团的迫击炮第5大队使用了39次红弹，发射炮弹1405发(平均每次36发)，其中17次是为了压制山顶上对方的坚固阵地和射击点。[5]例如，在6日对岩山的攻击

1 《实施报告》附表第七，同上。

2 《实施报告》附表第八，同上。

3 蒋介石给程潜等的书信，1938年9月14日，丁秋洁，宋平:《蒋介石书简集》下卷，美铃书房，2001年，第887页。

4 《实施报告》附表第五，《毒气战相关资料Ⅱ》。

5 《实施报告》附表第七，同上。

中，对山顶掩体内的射击点发射了115发红弹；在22日对白云山的攻击中，对山顶掩体内的射击点和散兵阵地发射了155发红弹，基本上实现了压制。

隶属第10师团的第2野战毒气队，是第2军中极为罕见的大规模集中使用红筒的部队。9月17日，在第10师团攻打光州南城的战斗中，第2野战毒气队使用了835支红筒，极具代表性。大量的红筒上阵，使守城的中国国民党军队短暂地中断了射击。后来的报告称："（国民党军）在掩体内苦闷不堪者甚多。"[1]对于这一次战斗，《例证集》"战例五十二"记载了惨烈的战斗场景："步兵在毒气抵达敌方阵地之时，立即从东门发动突击，发起白刃战，杀死了位于城墙内侧掩护战壕及屋内困苦不堪的约200名敌人。"[2]该记录表明，日军并没有俘虏因吸入毒气而失去战力的中国士兵，而是用刺刀将其全部刺死。

9月23—24日，第2野战毒气队在罗山西面地区进行的4次战斗，即洪砦及东湾附近、东湾及南方台地附近、洪砦西部台地附近、刘台附近的战斗，共计使用了2990支红筒，其中3次取得了胜利。

洪砦及东湾附近的战斗中，使用的红筒数量最多，共计1250支。毒气刚一释放，中国国民党军队便开始撤退。步兵第8旅团的冈田支队右大队、步兵第39联队第2大队借毒气掩护发动突击，向前推进了6千米。看到这一战果，支队长冈田称："此次战果足以扫除迄今为止所有有关毒气效力的负面言辞。"[3]

此处登场的冈田，正是大冈升平的纪实小说《漫长的旅途》里的主人公冈田资的原型。日本战败后，冈田被指控在战争末期处决美军机组人员，所以他在横滨美军进行的乙丙级战犯审判中遭到起诉。在法庭上，冈田独自承担了所有部下所犯的罪行，同时指责美军对日本本

1 《实施报告》附表第六，同上。
2 《毒气战相关资料》，第490页。
3 上述《实施报告》附表第六。

土发动的无差别轰炸违反了国际法。[1]

通过《实施报告》《例证集》可知，武汉战役中冈田支队发动毒气战的例子并不鲜见。在战后美军的法庭上，冈田曾"慷慨陈词"，以国际法为"准绳"，谴责美军的无差别轰炸，但是他对自己在中国指挥的毒气战之事，却因没有被法庭指控而只字不提。不只是冈田，那些以陆军参谋总长为首的著名将领在下达使用毒气的命令或指挥毒气战之时，难道就因为对手是中国人，就意识不到毒气战是违反国际法的罪行吗？对于冈田，也应该考虑他在侵华战争中对毒气武器的态度，以及他对日本军队在重庆等地展开无差别轰炸的态度。

第11军的战斗

武汉战役的主力部队是第11军，其麾下的第6师团从九江出发，经广济、田家镇、新洲，向长江以北进发，于1938年10月25日攻入汉口。第27师团、第101师团、第106师团则控制住了长江南岸地区。10月26日，波田支队攻入武昌，次日占领汉阳。至此，武汉战役结束。

在武汉战役中，最大规模使用毒气武器的情况出现在8月29日。当日上午7时开始，一向被称为第11军"负担"的第106师团（师团长松浦淳六郎）进攻庐山西北范家山西部高地时，同时使用了1200支红筒（呕吐性毒气筒）、300支绿筒、400支发烟筒、300发迫击炮用红弹。[2]由于该师团是特设师团，战斗力较弱，因此此次战斗的攻击时间持续数十日之久。该师团使用常规武器难以攻克中国军队的坚固阵地，才尝试通过大规模使用毒气武器来完成任务。所谓特设师团，并非以20岁左右斗志旺盛的现役士兵为主而成立的师团，而是由年龄在30岁左右的预备役士兵及后备役士兵组成的师团，由于士兵训练生疏，大多已婚并有妻室子女，所以战斗意愿不强，战力远不及常规师团。

第106师团使用的毒气弥漫在宽两千米、纵深两千米的范围内，持

---

1 大冈升平：《漫长的旅途》，新潮社，1982年。此处受到了粟屋宪太郎的指教。

2 《毒气战相关资料》，第370页。

续了约40分钟。中国国民党军队放弃阵地，选择撤退。尽管出现了绝佳的进攻机会，第106师团却未能发起突击。2～3个小时后，中国国民党军队重新回到阵地，进攻失败。

同为特设师团的第101师团（师团长伊东政喜）也是第11军中使用较多毒气的部队，共计使用了3805支红筒、895发红弹。第101师团之所以使用大量毒气武器，也是为了弥补常规战力的不足。虽然该师团使用毒气的次数少，但其一次性使用的量特别巨大，其中有两次一次性分别使用了超过900支红筒。

实际上，即使被誉为“精锐部队”，第6师团（师团长稻叶四郎）、第27师团（师团长本间雅晴）及波田支队（支队长波田重一）所使用的毒气量也与特设师团非常接近，分别为红筒3335支、红筒3250支、红筒3255支。相较而言，第9师团使用的红筒数量较少，为2100支，但其使用的催泪筒却多达1620支。[1]上述部队虽然是多频次、小规模地使用毒气武器，但其取得的战果“令人瞩目”。

第11军的《实施报告》特别强调了毒气武器给防护装备不足的中国国民党军队带去的恐惧。《实施报告》称，尽管一部分中国国民党部队装备了防毒面具，但“大多数人没有任何防护装备”；此外，由于中国国民党军队普遍缺乏毒气防护训练，因此第11军的毒气战能取得超出预期的效果，尤其是“精神性效果极为明显”[2]。《实施报告》还列举了以下例子：

1. 由于事先已知晓日军会使用毒气，因此中国国民党军队误将日军释放的烟雾当作毒气，选择撤退。于是，日军仅用一支发烟筒便攻陷了一度顽强抵抗的中国国民党军队的山顶阵地。

2. 用3支红筒击溃了发动反攻的中国国民党军队的200名

---

1 《毒气战相关资料》，第381页。

2 同上，第364页。

士兵。

3. 由于遭遇毒气突袭，中国国民党军队的有些士兵虽配备了防毒面具，却因慌乱而未能正确佩戴，甚至忘记拔出吸收罐栓，窒息而死。

4. 中国国民党军队中有些没有防毒面具的士兵，将鼻、口埋于泥土，窒息而亡。此外，即便有的士兵拥有防毒面具，但其没有接受过佩戴训练，因防毒面具密闭性欠佳而吸入毒气，失去战力。[1]

上述记录再一次证明，日军即便使用少量毒气，也能占据巨大的优势。尤其值得关注的是，日军刺杀因遭受毒气攻击而失去战斗能力的中国士兵的记录。第11军司令官冈村指出，“针对实施特殊烟雾攻击的区域内的所有敌人，应尽量予以全部歼灭，以防止其逃逸”。因而，出于保密起见，便命令杀死所有遭受毒气攻击的中国国民党军队的士兵。[2]该命令得到了忠实的执行。以下仅举其中两例：

1.8月22日清晨，波田支队的台湾步兵第2联队第3大队在赤湖北方城子镇附近的战斗中使用了420支红筒。根据《实施报告》的记录，虽然中国国民党军队选择撤退，“但因吸入毒气而失去战力的被刺杀者不下300人”[3]。

2.9月26日上午7时40分，第27师团的中国驻屯军步兵第1联队在白水街附近使用了565支红筒，纵深1千米范围内的地域全被毒气覆盖。此时，因毒气导致“吐血及被我军刺死者有数十名”。[4]

1 《毒气战相关资料》，第364、368页。
2 《吕集作命甲第33号》附录，《吕集团第11军作命文件》第1卷。
3 《毒气战相关资料》，第370页。
4 同上，第371页。

《实施报告》中关于毒气案例的描述大多十分简短，尤其缺少使用毒气武器后进行突击作战的描述。但是，在武汉战役时，第2军司令部曾向下属部队发布指示称，在使用毒气的情形下，“勿贻误战机，当利用毒气带来的效果，迅速歼敌，并应竭力不留下任何使用痕迹”[1]。由此可以推测，出于保密需要而采取的歼灭战在第2军和第11军中是极为普遍的。因吸入呕吐性毒气而失去战力的中国国民党军队的士兵，被刺死的人数应该是相当多的。

攻占武汉战役的教训

根据第2军、第11军两军司令部的《实施报告》，华中派遣军司令部对毒气战的效果做出了如下评价：

> 在此次战役期间，受到战斗的性质、天气及地形的影响，使用特殊烟雾变得相当困难。但是，由于敌人的防护装备粗劣，防护训练不足，因此即使使用少量特殊烟雾，其效果依然十分明显。它可以很好地压制正面的敌人，以较小的己方损伤夺取敌方阵地，抑或打破双方僵持的战局。此外，特殊烟雾在击退敌人的反击时也发挥了超出预期的作用，推动了战局朝向有利于我方的方向发展。[2]

正是由于毒气战装备落后，中国国民党军队才受到日军的压制，丢失阵地，被打破战斗僵局，甚至反击失败。华中派遣军司令部认为，正是对毒气武器的信任，才使得部分日本部队取得了巨大战果。因此，毒气武器在以后广泛的战斗中，也能取得明显的效果。

在此基础上，司令部对陆军中央提出了三点建议。第一，在将来面对毒气防护装备优良的敌人，即苏联军队的时候，单纯发射红筒难

1　第2军司令部:《化学战教育计划》(1938年8月)附录《关于保密事项》，同上，第335页。
2　同上，第308页。

以取得同样的效果，因而有必要进行红筒和红弹的发射训练，以有效发动突袭。第二，研究并改进少量能快速致死的毒气战武器，“对我国军队来说是绝对必要的”。第三，在中国占领地区内的讨伐、警备等方面，必要时应适当使用红筒、红弹。[1]

正是因为上述建议，日军才开始针对苏联军队研发氰化氢（茶剂）。此外，在广东战役之际，也就是1938年9月19日，参谋总长闲院宫对第21军司令官古庄下达的《大陆指第285号》称：“为辅助第21军的战斗，应使用红筒、红弹及绿筒。”[2]但第21军是否曾实际使用过毒气，尚难以确认。

武汉战役、广东战役以10月末日军占领武汉、广州而告终，但战争并没有就此结束。近卫内阁因看不到结束战争的希望而全体辞职。此后，受限于国力，日军不得不放弃积极进攻的战略，转而集中精力确保占领地区的稳定，中、日两国陷入了持久战。

1 《毒气战相关资料》，第309、318页。

2 《毒气战相关资料Ⅱ》，第255页。

第四章

常态化的毒气战（1938—1941）

讨伐战和警备战中的常态化使用

截至1938年底日军结束对中国的积极攻势之时，日本已动员总计129万的兵力，其中陆军113万、海军16万；而被派遣至中国的兵力，包含关东军在内，达到了96万。此时日军的实际控制区域是华北一带、长江中下游流域及广东省中部。华中地区，占领了山西省东部的一半，河南省东部的一部分，长江地区则仅能推进至武汉。尽管在1939年以后发动的进攻中，日军在华北地区进攻到黄河东岸，长江流域进攻到宜昌，江西省进攻到南昌，华南地区进攻到海南岛、南宁、龙州，以及汕头地区，但日军已经后继乏力，渐露疲态。日本军队所占据的地区主要限于城市和以铁路沿线为中心的地域，而在华北统治的农村地区内，中国共产党领导的八路军解放区在不断扩大。1939年以后，华中地区由中国共产党领导的新四军解放区也在不断扩大。

在此背景下，被派遣至中国的日本陆军（关东军除外）为了确保占领地区的稳定，开始常态化地使用呕吐性毒气（红弹、红筒）和催泪瓦斯（绿筒）。1938年12月2日，天皇下达了以长期围攻策略竭力压制、消灭日本占领区抗日势力的《大陆令第241号》。该命令下达同日，闲院宫参谋总长向华北方面军司令官杉山元（北京）、华中派遣军司令官畑俊六（南京）、第21军司令官安藤利吉（广州）下达指示（《大陆指第345号》）称，为了确保占领地区的稳定，准许使用“特殊烟雾（红筒、红弹、绿筒）”[1]。该命令是极具标志性的。在该命令的注意事项中明确提到:“无论使用何种（毒气），应当极力避开市区街道，尤其是第三国国民居住地区，且应尽量与烟雾混合使用，严格掩盖使用毒气的事实，

1 《毒气战相关资料Ⅱ》，第256页。

不得留下使用痕迹。”从注意事项可知，日军尽量不让欧美国家得知其使用毒气的事实，且除了市区街道之外，在任何地方都可以使用毒气。

对于该指示，第一军司令部认为，使用毒气的恶习将蔓延到在中国的全体日本陆军（关东军除外）。那么，这一恶习究竟是如何蔓延开的呢？

华中讨伐战、警备战、进攻战中的常态化使用

首先，我们考察毒气战专门部队的使用方法。第116师团野战毒气5中队的上等兵石田义一在武汉会战结束后，被派往安徽省大通镇附近执行警备任务。1938年12月，他所在的中队被编入步兵第133联队；12月11日，该中队接到行动命令后出动，在折头万村至宝家村之间使用了呕吐性毒气（红筒）。

> 下午1时30分至5时之间，第3大队因陷入苦战而无法继续推进。由此，我方化学部队开始出动，本多分队担任执行任务。各分队长也随同出动。风向、风速极为理想，地形、地貌也状况良好，几乎皆是依照演习动作进行操作，给敌人造成的伤害也是巨大的。[1]

根据石田的另一份记录，1939年7月6日，在湖北省黄梅附近的战斗中，“在中队正要进入油铺街时，遭到了来自前方山岩处的猛烈射击。总部希望我部能够尽快进入村子，且最好不要出现人员伤亡状况。因此，下午4时，在别无选择的情况下，通过使用大量○○○（红筒）实现了完全占领”[2]。

如上所述，在陷入苦战之时，野战毒气队小队或分队便会出动，通过使用呕吐性毒气（红筒）加步兵突击的方式突破敌方阵地。石田本

1　石田义一：《战线实录》，1938年12月11日，第120页。
2　同上，1939年7月6日，第171页。

人也认同毒气战的这种模式，即在普通的战斗中，毒气战部队并不参与行动，而只有在前线步兵部队陷入苦战之时，毒气战部队才作为“幕后杀手锏”，依据命令投入战斗。[1]

战例集中记录了使用呕吐性毒气的典型战例。[2]1939年12月，中国第3战区的14个师在长江沿岸发起了冬季攻势。16日，负责安庆附近警备任务的第116师的步兵第120联队第9中队，遭遇了中国国民党军队的40名士兵。在此次战斗中，作为中队主力的第3小队（尾崎队）在突进至距中方阵地50米处，出其不意地发射了45支中型红筒。中国国民党军队遭受攻击，慌忙撤退。尾崎队发动攻击，阻断了中国士兵的退路。最终，40名中方士兵被突击上来的尾崎队全部刺杀。周围的中国国民党军队也撤退了。可以说，日军实现了以少数兵力（小队的人数通常约为40名）击退“敌人”的“壮举”。

指挥此次战斗的尾崎信明少尉留下了详细的回忆记录。据他回忆称，由于当时处于无风状态，士兵们在佩戴好防毒面具之后便点燃了红筒，投向对方阵地后实现了完全覆盖，此后，他们刺杀了所有动弹不得的中国国民党军队的士兵。其情形如下：

> 由此，（敌方阵地）完全被烟雾所笼罩。45支红筒也用尽了。伴随着“突击”的呐喊，我们拔出军刀，安上刺刀……冲到壕沟时，我发现中方士兵耷拉着脑袋，横七竖八地躺倒在地。那一瞬间我有些困惑，觉得已经没有必要费力去攻击了。但我马上又反应过来。“对了，他们只是被烟雾熏倒了，必须尽快了结。”于是我便举起右手的军刀，朝着对方的心脏部位刺去……对方穿着厚厚的棉衣，只听“咕”的一声，仿佛整把刀都插进去了似的。有人不断喊着“刺死所有的人！”……终

---

1 《战线实录》，1938年8月31日，第99页。

2 清水中佐：《化学战例集》，1941年12月2日，内藤裕史：《化学战教育相关资料》，不二出版，1996年，第259—302页。以下据此。

于，我们“成全”了所有“敌人”。[1]

这份记录生动传递出日军刺杀时的感触。被毒气放倒的中国国民党军队的士兵，并没有被当作俘虏对待，而是予以全歼。同年12月21日，负责南昌附近警备任务的第34师团步兵第216联队第3中队的小队和分队，在棠溪附近大塘李村被占据人数优势的中国国民党军队包围。为了实施营救，22日，中队长下令向中国国民党军队的阵地发射了51支中型红筒。看到似在地面爬行的毒气和戴着防毒面具冲过来的士兵，中国国民党军队选择撤退，日军的营救行动取得了成功。

1940年5月，为执行宜昌战役的任务，第3师团从河南省信阳地带向湖北襄阳发动进攻，5月4日攻陷了泌阳。在此战中，第3师团步兵第18联队第2大队与兵力占据优势的中国汤恩伯军队对峙。5日，第2大队开始撤退。对于已经突进至阵前50米的中国国民党军队，第2大队在正面宽约200米的范围内使用了38支中型红筒，发射了两支红筒、10支发烟筒，成功阻击了中国军队的进攻，安全撤离了战场。使用红筒是为了阻止中国军队的进攻，而使用发烟筒则是为了隐藏日军的撤退方向。

其后，为渡过汉水，计划从枣阳附近撤退的第3师团，被拥有兵力优势的中国国民党军队包围。19日，第11军集中兵力对中国国民党军队实施反包围作战。在此期间，第3师团的步兵第34联队第2大队向在七房村以工事围困日军的中国国民党军队发起连续冲锋，但均告失败。19日清晨，化学兵小队前行至距中方阵地100米处先后发射了23支红筒，用毒气笼罩了整个村落。中国国民党军队全员撤退。第2大队借助毒气武器，突破了中国国民党军队构筑的坚固工事。

1　尾崎信明:《迎击敌人的冬季攻势》，岚兵团步兵第120联队史编纂委员会:《岚兵团步兵第120联队史 血泪记录》上卷，岚120友之会，第700页。

华北警备战、讨伐战中的常态化使用

自1939年初开始，华北方面军就一直对中高级军官进行化学战集中培训。1月15日，华北方面军参谋部制定了“发烟训练实施暂行规定”，进一步明确了红筒（呕吐性毒气）的相关战法。其中，对于各类训练、战斗原则、点火方法甚至突击方法，共列举了多达164项注意事项。[1]对于毒气战部队的编制，该规定指出，基本单位是小队，但根据情况也可分成更小的分队。对于毒气的使用方法，该规定指出，应以支援前线部队突击、强制逼迫敌人撤退、压制坚固据点为目的，建议以“出其不意且同时发射”的方式发动奇袭攻击。该规定及相关训练，主要针对占领区的讨伐战以及警备战。

1940年1月，负责山东省西部单县附近警备任务的第32师团的步兵第212联队第2大队，对中国国民党军队发动了攻击。1月9日，第2大队包围了退至某村落之中的中国国民党军队。为了压制中国国民党军队从炮楼发动的攻击，第2大队使用了19支红筒、5支发烟筒。[2]几分钟之后，中国国民党军队几乎陷入了沉寂。在毒气相对稀薄的村子东南角，仍有射击声。于是第2大队遵照训练要求，在发射毒气之后立即进行了“突击扫荡”。此次对战，中国国民党军队的士兵阵亡多达80人，且负伤者众多，而日方仅两人阵亡，6人负伤。根据相关记录，此次使用过的毒气筒收集后被集中掩埋。

1939年底到1940年初，第36师团和山炮第36联队在山西省发动了高平战役。山炮第36联队通过此次战役，总结了攻击中国国民党军队的分散阵地的方法：“在多数情况下，使用特殊弹药，尤其是红弹是非常有利的。”[3]这主要是因为，中国国民党军队采取了巧妙的分散部署方式，常规炮击需要发射大量的炮弹，而使用少量毒气弹就能取得明显

1　内藤裕史：《毒气战教育相关资料II》，不二出版，2002年，第13—74页。

2　步兵第212联队第2大队：《单县王塞附近战斗特殊发烟筒使用详报》第1号，1940年1月9日，《毒气战相关资料Ⅱ》，第206页。

3　山炮第36联队：《高平战斗中得到的教训》，1940年，《毒气战相关资料Ⅱ》，第352页。

的攻击效果；如果中国国民党军队的部署情况不明，“可以用特殊弹药使中方军队暴露，并由此得知中方阵地的部署情况”[1]。从第36联队的上述报告可知，由于中国国民党军队的战法得当，且战斗意愿强烈，因而使用呕吐性毒气弹被广泛认为是必要的。由此可知，在山西省的日本军队已经相当熟练地掌握了使用红弹、红筒的技巧。

对于与中国八路军之间进行的战斗，1940年9月，在山西省的山区地带发生了晋中战役。9月11日，在山西省和顺县万山附近，迫击炮第5大队第2中队遭遇了八路军第129师约200人的部队。第2中队向八路军后方的村落发射红弹，切断了八路军的退路，并最终将其击败。其具体情况如下：

> 11日16时……分，前哨部队……抵达至万山高地脚下之时，突然听到激烈的枪声，方知遭遇了中国军队。……（迫击炮小队长）提出，发射毒气弹，搅乱中国军队后方，以争取有利态势……由此，部署了“一六”“五〇”两门迫击炮（向虎子沟村落），发射了毒气弹（红弹）。第一颗炮弹就收到了效果。西北方向的微风与底温气流（原文如此。——译者按），使中国士兵有些动摇。中国军队对我方的炮击与果敢进攻抵抗不利，于是利用山地裂隙地形向后方谷地撤退。……对毒气缺乏了解且没有反毒气装备的中国士兵在撤退时，进入了我方制造的毒气地带，被步兵部队趁机包围，并予以击败。[2]

基于此，该迫击炮部队指出，只需要向村落内发射少量的红弹，便能在短时间内维持一个有效的毒气地带，“对中国共产党军队使用化学武器，应当承认其作战效果非常明显”。如上所述，在华北的讨伐战、警备战中，使用呕吐性毒气（红筒、红弹）已经常态化。

---

1 舞部队（第36师团）本部：《高平战斗的教训》，1940年3月，防卫研究所图书馆藏。
2 第36师团：《小战例集》第1辑，1942年12月，防卫研究所图书馆藏。

修水河渡河战斗

罕见的战斗计划

以下是日军在 1938年末以后的持久战时期大规模使用呕吐性毒气（红剂）的两个例子，其一是1939年3月的修水河渡河战斗，其二是1939年9月的新墙河渡河战斗。

在武汉战役中，最大规模地使用毒气的战斗是使用了1250支红筒的洪砦及东湾附近的战斗和使用了1200支红筒、300发红弹的庐山西北方向的战斗。占领武汉之后，第11军（第2军的部分兵力此时编入第11军）司令部（司令官冈村宁次）1939年3月指挥攻占南昌，出现了超过武汉战役中毒气使用规模的情况。

从江西省德安方向进攻南昌，必须渡过3条河流，其中第一条便是河宽300米且极深的修水河。中国国民党军队在河南岸构筑了绵延约8千米的坚固阵地。而日军阵地的左侧是湖泊，右侧则是险峻的山峰，进攻地势极为不利。

相比于作为现役部队主力的第1师团（东京师团）和第6师团，作为特设师团的第101师团和第106师团的战斗力明显不足，武汉战役中伤亡惨重，士气极其低落。因此，第11军司令官冈村和作战主任参谋宫崎周一决定通过集中使用坦克、飞机及毒气等现代武器，以及步兵、炮兵协同作战的方式，为这两个师团“挽回弱旅的污名”（冈村语），给其“一次战胜的感觉”（宫崎语）[1]。毋庸赘言，这也是为了将来日军在对苏战争中开展大规模协同作战积累经验。

1　稻叶正夫:《冈村宁次大将资料》上卷，原书房，1970年，第326、329页。

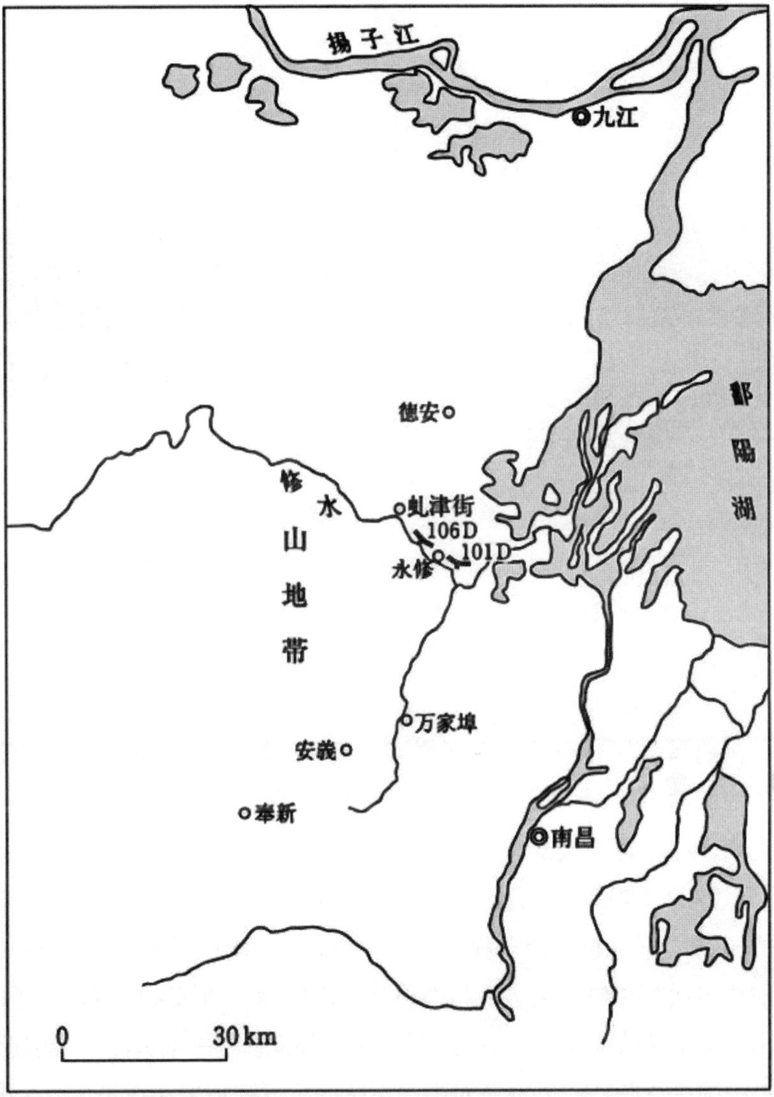

▲图2 攻占南昌战役要图

从左上至右下，依次为：长江、九江、德安、鄱阳湖、修水、虬津街、山区地带、永修、安义、万家埠、奉新、南昌。

资料来源：防卫厅战史部:《中日战争陆军战事2》，朝云新闻社，1976年，第383页。

▲照片3　修水河渡河战斗前进行毒气筒实地训练的第106师团（1939/3/8）
资料来源：每日新闻社编：《一亿人的昭和史》别卷《日本的战史》第5卷，1979年，第112页。

在南昌会战首役的修水河渡河作战中，被集中起来支援步兵渡河战斗的部队有第11军炮兵队，独立山炮兵下辖的第2联队、第3联队、坦克队，还有化学战部队下辖的第2野战毒气队和迫击炮第1大队、第3大队、第5大队等。2月23日，第11军命令："X日下午，在炮火及毒气的压制之下，趁着薄暮掩护，两个师团（第101师团、第106师团）的前线步兵渡过修水河，直接夺取河对岸阵地，当天夜晚夺取太子岭、梁山东南部棱线、黄庄、青竹港朱（原文如此。——编者注）、鹄湖蔡、南岸山的中方阵地，并准备对中国军队的后方阵地发动攻击。"[1]

"X日"指的是发动进攻的日期。但进攻日期因降雨而不断推迟，最终确定为3月20日。进攻的顺序为：炮火准备从当日下午4时30分

1 《吕集作命第241号其一》附录《修水南岸敌军阵地攻击计划》，1939年2月23日，《毒气战相关资料Ⅱ》，第344页。

开始，持续两小时，下午6时30分航空部队进行30分钟的空中轰炸，下午7时再次进行炮火准备，7时25分开始进行3分钟的毒气弹突袭发射，如果风向良好则使用发烟红筒，7时30分前线部队开始渡河（日本时间，减去两个小时就是当地时间。）（实际上，减去1个小时是当地时间。——编者注）。[1]

大规模毒气战的各种记录

依据第11军司令部《吕集团军状况概要》的记录，3月20日傍晚开始进攻的3小时内，第11军各部队的200余门大炮、迫击炮发射了毒气弹。当步兵从正面发动全面进攻时，炮兵又发射了“特殊烟雾”。在毒气弹的掩护下，前线步兵部队在夜幕下渡过了修水河。[2]

此外，依据第11军司令部《修水河渡河战斗中特殊烟雾使用概况》的记载，炮兵发射红弹之后，从晚上7时20分开始的10分钟内，第106师团喷射了毒气；20分钟之后，第101师团也开始喷射毒气。[3]过了约5分钟，毒气便飘到了对岸，极大程度地覆盖了中方阵地。7时30分，第106师团开始渡河，并未遭到中国国民党军队的射击；19分钟之后，先头部队占领了中方的滩头阵地。

8时整，第101师团开始渡河，5分钟后先头部队抵达对岸。次日破晓之前，两个师团一鼓作气，攻陷了中国国民党军队的前线阵地，并利用毒气和常规武器击溃了抵抗的中国国民党部队。

《例证集》“战例五十”也有相同的记录。毒气喷射从下午7时20分开始，持续了约10分钟。[4]在小雨中，右师团（第106师团等）使用了

1 《吕集作命第265号》同上，第346号。

2 第11军司令部：《吕集团军状况概要》，1940年3月，防卫研究所图书馆藏。

3 吕集团（第11）司令部：《修水河渡河战斗中特殊烟雾使用概况》，1939年7月，同上馆藏。最初介绍该资料的是明石岩雄（《日军对中国中南部的侵略》《奈良史学》12号，1994年12月）。且，明石推定被使用的“特殊烟”“特殊筒”系催泪性武器（参考第11页），这是不正确的，应该是红剂、红筒（呕吐性毒气筒）。此外，将水上发烟筒当作催泪瓦斯筒也是错误的，这是烟。

4 《毒气战相关资料》，第488页。

2000发红弹、1万支中型红筒、3000支发烟筒，左师团（第101师团等）使用了1000发红弹、5000支中型红筒、2000支发烟筒。毒气完全覆盖正面宽约12千米、纵深2千米内的地域，一线部队顷刻间夺取了中方的前线阵地。

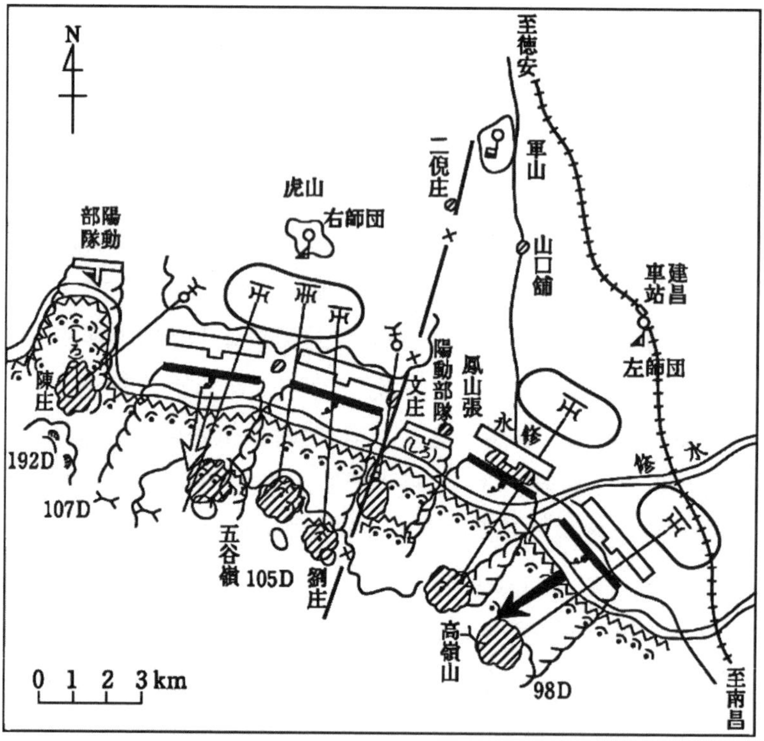

▲图3　修水河河畔战斗经过要图（1939年3月21日薄暮）

从左上至右下，依次为：至德安、阳动部队、虎山、右师团、二倪庄、军山、山口铺、建昌车站、陈庄、文庄、阳动部队、凤山张、左师团、永修、修水河、五谷岭、刘庄、高岭山、至南昌。

资料来源：粟屋、吉见编：《毒气战相关资料》，第488页。

是军司令部，是师团司令部，是野战重炮兵（15厘米榴弹炮）的队列，是野炮兵的队列，是迫击炮，是毒气部队，是毒烟、毒云，是铁丝网，是机枪座，D表示师团。

参谋本部第一（演习）课长兼大本营参谋远藤三郎，就如何使用“现代武器”进行了指导和训练。针对此次作战，他有如下记录：

下午2时30分出发，抵达南山的第101师团前线指挥所。虽然雨并未停止，但依然可以望见敌方阵地。此时正刮东北风，尤其适于使用毒气。下午4时30分，按计划开始炮击。但由于云层低，飞机无法起飞执行轰炸任务。炮兵首先炮击了中方阵地后方的村落，其后破坏了河对岸掩体内的射击点。100余门炮炮火齐射，彻底压制了修水河的中方阵地。8时许，红筒点燃，白色烟雾覆盖了中方阵地。前线各部队开始渡河。目睹炮弹如火箭一般曳光而过，心情颇为激动。不久，传来了渡河成功的消息。之后的进攻态势不甚了了。雨水频仍，前方将士之辛苦，感同身受。[1]

从该记录可知，毒气让日军很容易就渡河成功了。由教育总监部派来视察的化学兵军官白木真澄，也有如下记录：

在第106师团正面约5千米范围内，除了使用了1万支红筒之外，还使用了包括催泪筒、发烟筒、15厘米榴弹炮用红弹（300发）、野炮用红弹（700～800发）、迫击炮用红弹（700发）在内的各类弹药。7时20分开始发射烟雾，27分开始发射红筒。第101师的右翼部队正面1500米与左翼部队正面2500米范围内，除了使用了6000支红筒之外，还使用了包括催泪筒、发烟筒、15厘米榴弹炮用红弹（1000发）、野炮用红弹（360发）、迫击炮用红弹（700发）在内的各类弹药。7时40

1 《远藤三郎日记》，1939年3月20日，狭山市立博物馆藏。

分开始发射烟雾，45分开始发射红筒。[1]

此外，白木更进一步记录道："由于极佳的气象条件，此次特殊烟雾仅仅在数分钟内便覆盖了中国军队的大部分阵地。白色烟雾低矮浓密，遮蔽了距河岸三四百米的中方前沿阵地，蔓延至四五千米开外，将中方的纵深阵地全部包裹于其下，压制效果极佳。"基于此次作战，白木还在报告中建议称，就防护装备齐全的苏联军队而言，用红筒突袭未必会有效果，因而，为了发射红筒和使用红弹，以及使用即效性致死毒气，应当强化化学战车的开发和光气、氰化氢的使用训练。

从上述记录可知，在修水河渡河战斗中，大规模使用呕吐性毒气的事实是毋庸置疑的。由于连日降雨，渡河战斗被迫在此种环境下进行。尽管不能使用飞机，但日军还是通过重炮、野炮、山炮、迫击炮发射了毒气弹，同时大规模使用了毒气筒。日军根据截获的中国国民党军队第79军军长夏楚中的电报发现，中国国民党军队第76师遭到日军的毒气攻击，前线将士接连出现中毒者，医院中的死者几乎都是中毒患者。[2]日军部队渡河不久，便于27日占领了南昌。

另外，以《晚春》《麦秋》《东京物语》等作品享有盛誉的著名电影导演小津安二郎，曾作为野战毒气第2中队（隶属第106师团）的中士，参加了此次战斗。[3]小津在日记中记录了修水河毒气战的情况：

> 雨。今日是油菜花、紫云英、盛放的杏花都沐浴在雨中的日子，也是修水河总攻的日子，X日。……然而云层低垂，又有降雨，飞机也无法起飞。……风速在1.3～1.5米/秒。傍晚7时25分，我接到了发射特殊筒的命令；30分，渡河开始；

1　陆军步兵中佐白木真澄：《仁号战斗（修水河畔的战斗）视察报告摘录　化学战》，中央大学图书馆藏。以下据此。

2　同上以及吕集团司令部：《修水河渡河战斗中特殊烟雾使用概况》。

3　山口猛烈：《小津所见的战争地狱》，《电影旬报》，1314号，2000年8月下旬；田中真澄：《小津安二郎周游》第9章，《文艺春秋》，2003年。

48分，蓝色吊玉（信号弹）在对岸升空。实现这一历史性的敌前渡河仅用了18分钟，对此部队中倒也没有谁表现出惊讶来。我随军从第三渡口开始渡河。对岸的碉堡里似乎还有残敌，频繁有子弹飞至。渡至对岸的部队在黑暗中挖掘壕沟。眼前有铁丝网，前进方向的碉堡里还有中方士兵。我想，我军必须趁着茫茫夜色，一鼓作气攻入敌方的碉堡。若天光大亮，就没有机会了。雨依然未停。我披着雨衣伏于壕沟之中，腿已开始痉挛了。因为用手在沙地上挖壕沟，指甲都被泡软了，指尖剧痛。[1]

从该记述中能够清晰地了解到日军渡河突击的真实状况。虽然小津身为中士，但他必须戴着防毒面具穿过毒气，参与突击，并且要在抵达对岸之后，以手掘砂，隐藏于战壕中，等待黎明的到来。拂晓时分，又开始了泥泞中的行军。在日记中，小津根本无暇顾及那些受到毒气攻击的中国士兵的感受。谁能想到，战后一直关注脆弱家庭生活的电影导演，竟然有过这样充斥着杀戮的战场经历。

站在日本高级军官的立场来说，攻占南昌战役是一场充分使用了现代化武器并轻松达到目的的战役。第11军的作战主任参谋宫崎回忆称，这次战斗是他的“整个战争经历中最为得意的佳作”[2]。纵观中日战争及太平洋战争的整段历史，被誉为“最为得意的佳作”的修水河渡河战斗，是日本军队所进行的最大规模的毒气战。

1　田中真澄：《全日记　小津安二郎》，影视艺术社，1993年，第248—249页。

2　《冈村宁次大将资料》上卷，第328页。

新墙河渡河战斗

是否使用了毒气？

攻占南昌后，第11军与中国第9战区约50个师的兵力展开对峙。其中，蒋介石嫡系部队30多个整编师部署在粤汉（广州—汉口）铁路沿线地区。1939年9月，第11军以歼灭蒋介石嫡系部队为目的，在赣湘北部边境地区发动了战役，史称“赣湘会战”。作为首战的新墙河渡河战斗，便是一场毒气战。

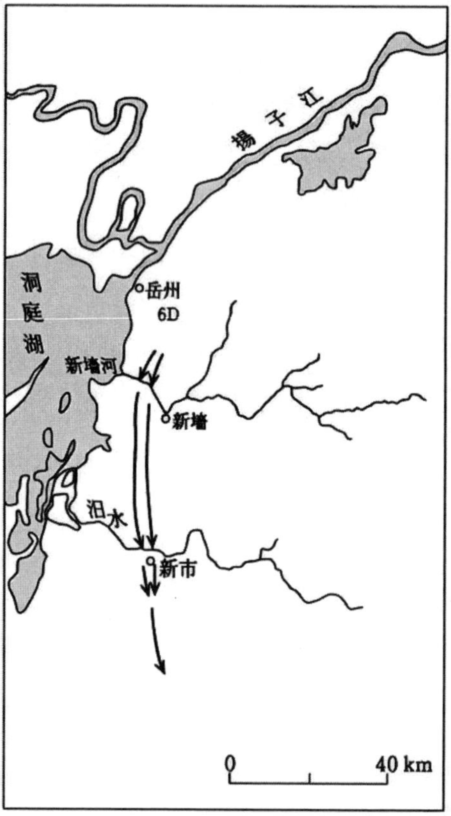

◀图4　赣湘会战要图

从左上至右下，依次为：长江、洞庭湖、岳阳、新墙河、新墙、汨罗江、新市。

资料来源：防卫厅战史部:《中日战争陆军战事2》，第383页。

此次战斗因《朝日新闻》误用照片的事件而引发了关注。所谓误用，指的是《朝日新闻》（1984年10月31日）刊登了一张烟雾腾空缭绕的照片，并称该照片是修水河渡河毒气战的照片。

▲照片4 《朝日新闻》（1984/10/31）上刊载的照片

资料来源：斋藤（弥）部队:《中日战争纪念照片集》第2辑，同该部队，1940年。

对此，《产经新闻》（1984年11月11日、13日）发文称，该照片并非修水河渡河战斗时的照片，而是1939年9月新墙河渡河战斗时的照片，且该照片中的场景并非毒气，“只是发烟筒的烟雾”。并大肆引用原军方人员的证言，声称红剂不是毒气。曾任第6师团通信队小队长并参加过南昌战役与赣湘会战的鹈饲敏定也声称，无论是在修水河还是在新墙河，日军皆未使用过毒气。[1]

对此，《朝日新闻》（1984年11月14日）核实调查后，认可了《产

1 鹈饲敏定:《朝日新闻“毒气照片”误用事件》，《文艺春秋》，1985年2月号，第185、187页。

经新闻》的说法，明确了该照片是新墙河渡河战斗时的照片。[1]该张照片是由《每日新闻》的摄影师山上元太郎所拍摄的。《周末每日》（1939年10月15日）也配以“华中江南战线，在新墙河释放烟雾并向对岸的敌军阵地发动猛攻的我军”的说明文字，明确了登载的事实。遗憾的是，对于“日军在新墙河渡河战斗中未使用毒气”“照片呈现的是日军在新墙河释放烟雾”等言论，以上并未做进一步的批驳。那么，事实真相又是什么呢?

首先，正如前文所谈到的，诸如“呕吐性毒气（红剂）不是毒气”“使用红剂并不违反国际法”等言论，是错误的。其次，在修水河并未使用红剂的说法更是十足的谎言。那么接下来的问题就是：①在新墙河渡河战斗中是否使用了毒气（呕吐性毒气）；②该照片中的“烟雾”究竟是单纯的烟雾，还是毒气。陷入《产经新闻》结论正确与否的窠臼其实并无意义[2]，远不如重新验证一下事实真相来得直接[3]。

此次战斗中，第11军同样以第6师团（师团长稻叶四郎）为中心使用了毒气。9月23日，随着天光放亮，第11军司令部便命令炮兵进行约1个小时的炮火准备和炮火覆盖，紧随其后，以发射信号弹为号，又发出了“发射特殊烟幕弹”的命令。[4]其后，第11军开展了包括使用毒气武器在内的攻击行动。相关情况如下：

19日，集中在岳州东南地区的第6师团向新墙河右岸推

1　该照片载于斋藤（弥）部队《中日战争纪念照片集》第2辑（同该部队，1940年）。参加过修水河渡河战斗的军官想起了这是在修水河使用毒气的照片，因而将其提供给了《朝日新闻》。在河岸边发射毒气的场景，无论是在修水河还是在新墙河都非常类似。然而，《产经新闻》认为，该照片并非“南昌攻略”，而是载于“赣湘会战”部分，仔细辨认写真集便能发现，这并非修水河渡河战斗时的照片。

2　例如，小林善范在谈到该照片时，引用新闻记者的话称：“笨蛋！毒气会浓烟滚滚地上升吗！”断定这并非毒气战照片（《新傲慢主义宣言特别战争论》，幻冬舍，1998年，第160—161页）。这是典型的一知半解及现炒热卖式理解。

3　拙稿曾对该问题进行过部分探讨（《化学战备忘录》，《中央大学论集》第9号，1988年3月）。

4　独立山炮兵第2联队：《新墙河南方地区战斗详报》，1939年9月23日至10月6日，防卫研究所图书馆藏。

进。23日拂晓，在炮击、释放毒气之后，第6师团先是攻占了位于新墙河西的中方河岸阵地，其后又击溃了位于南面高地主阵地上的中国国民党军队第2师，并于夜间继续展开追击，多次击溃利用临时阵地抵抗的中国军人。25日傍晚，第6师团分兵左、右两个纵队，攻占了新市及长乐街附近的汨罗江南岸。[1]

如上所述，在新墙河渡河战斗中，第11军的主力——第6师团使用毒气的事实是显而易见的。

第6师团士兵的毒气战经验记录

在此次战斗中，参加毒气战的第6师团士兵们的亲身经验，大量收录在町尻部队编写的《第6师团转战实话·赣湘篇》(1940年)之中。通过相关记录，可以进一步了解此次日军毒气战的经过。首先，工兵第6联队第1中队的平山宫荣的笔记记录如下：

昭和十四年(1939年)9月23日上午凌晨早些时候，终于迎来了在新墙河的敌前渡河行动。工兵中队准备了无数的冲锋舟。……上午8时，正式打响了袭击的第一枪。火力天崩地裂一般，极为壮观。不久，开始使用红筒。这是我首次见到的化学战。起初是顺风，非常有利于释放毒气，但风向变了之后，毒气逆向飘向了我方。依照命令，我们都预先戴上了防毒面具。可怜的是那些苦力，大声呼呼喘气，痛苦不堪。

---

1 上述第11军司令部:《吕集团军状况概要》。且另有关于使用毒气的资料记载，称“23日拂晓，在炮击及发射特殊烟之后，在新墙河西渡过了河。该河南岸及其南方高地前线现有坚固阵地作为障碍物，据此阵地对敌发动攻击。另外以一部分兵力在新墙附近，反击了侧方敌人，持续至夜间；24日拂晓之后，转移出击……”(吕集团参谋部:《吕集团赣湘会战战事经过概要》,《吕集团战时月报》甲第1号别册，1939年10月，防卫研究所图书馆藏)

他们将脸扎进了前面的小河里，但并没有什么效果。[1]

从该记录中可以确定，在新墙河渡河战斗中的确使用了红筒。由于部分毒气逆向飘回，被征用来搬运物资的中国当地民众（“苦力”）也遭受了毒害。日本士兵都配发了防毒面具，但并没有为被征用来的当地民众准备。

下面的记录是步兵第13联队直属炮兵中队的府本良一留下的：

（23日清晨）进攻终于开始了，野战毒气队开始频繁地点燃特殊发烟筒。瞬间，天地之间尽是滚滚的黑烟，汹涌着吹向敌阵。想着真是绝佳时机的时候，风向瞬间发生了变化，毒气开始覆盖我军阵地。我们得益于防毒面具的保护，而当地“土民”则没有那么幸运，他们被毒气驱赶着四处逃窜，扑簌簌地流下了眼泪。[2]

从该记录中可以清楚地得知，毒气很快变成黑烟并开始弥漫。在日军阵地附近遭受毒气之害的“土民”，应当指的是当地民众。

下面的记录是步兵第13联队第7中队的桑原信二留下的，从中能够清晰地看到突击的场景。虽然篇幅较长，但还是有必要完整引用：

有命令称：“9月23日上午8时30分，同时进行渡河，视情况决定是否使用毒气。”使用毒气的战斗，这是第一次。虽

---

1 平山宫营：《初遇气体惊慌失措》，町尻部队：《第6师团转战实话·赣湘篇》，1940年，誊写版印刷，第179—180页。该书系为“庆祝纪元2600年”在华中驻屯地刊发，但并没有在部队外发行。且，拙稿《化学战备忘录》首次对这些手记进行了介绍，纪学仁主编的《日本侵华战争的化学战》（军事谊文出版社，1995年）完全是照抄拙稿。村田忠禧教授将之翻译为《日军的化学战》（《日军的化学战》，大月书店，1996年），在其日译本补注中对该情况进行了说明。

2 府本良一：《与晨雾消散同步轰鸣的炮声交响曲》，同上，第127—128页。

然平日行军也必定随身携带防毒面具，但我还是感到前所未有的紧张。……终于到了上午8时。野战炮、山炮开始轰击。持续不断的发射声打破了清晨的寂静，当地“土民”听见炮声想躲避战祸，但是因为四处皆是士兵与军队而无处可逃，只能毫无目的地四处游荡。如此大规模的大炮协同作战，亦属首次。只要炮火稍微沉默片刻，中国国民党军队的捷克（机枪）就跟发疯似的发出高亢的声音。后方的联队本部正上方发射了白三星（信号弹）。随着中队长唰的一声举起右手，我们便一起开始渡河。野炮向着正面的中方阵地集中轰击。我们戴着防毒面具，只能看到中国士兵的子弹扬起的沙尘，却完全听不到声音。对岸阵地近在眼前。在艰难的呼吸之中，我装上刺刀，冲了上去。布满血丝的眼睛四处环视，却只看到2～3具被遗弃的尸体。中国军队已经撤退了。野战炮随心所欲地泼洒着榴霰弹。毒气似雾气一般，尚有残留，因而并没有下达脱去防毒面具的命令。我的脑袋一阵阵地发疼，然而这种感觉渐渐变得麻木了。不久，像雾一样的毒气散去，允许脱下防毒面具了。不知道前面的对方二线阵地现在是什么状况，那里看上去一片死寂。[1]

很快桑原又接到命令进行攻击。他所在的小队正面，中国士兵因为退路被切断，不得已分散撤退。洼地里尽是“近乎半昏迷状态”的中方士兵，桑原像打靶一样对其射击。从桑原的记录来看，防毒面具非常严密，戴上后甚至连子弹的声音都听不见，但紧箍在头上会头痛。桑原突入中方阵地后，阵地上依然飘荡着雾状毒气。吸入毒气后，中国国民党军队的士兵陷入半昏迷状态。

以下是步兵第13联队第1大队本部的一等兵田里有德关于部队后

1　桑原信二：《盼望已久的痛快的新墙河渡河战斗》，町尻部队：《第6师团转战实话·赣湘篇》，第122—123页。

方情况的记录。他当时是负责搬运辎重的新兵，没有配发防毒面具。从他的记录里，我们可以知道一旦吸入呕吐性毒气会发生什么。

> 过了一会儿，前方变得雾蒙蒙的。不知是谁喊了一声“毒气”，几乎与此同时，我的眼睛和鼻子开始疼痛，老兵们立即戴上了防毒面具。可是我们5名新兵没有防毒面具，只有无尽的痛苦。我立即用一杯水打湿毛巾，遮住口鼻，然而痛苦越来越严重。虽然想尽快去安全的地方，但睁不开眼睛，嘴角也不听使唤。……在生死一线之间，我可真是拼了命了。我挣扎着往前爬，腿撞在石头上，头和脸在地上摩擦。毛巾与衣服上全是泥土。毛巾中的水分从鼻子流到嘴里，每次舌头碰到毛巾，都能感到浓重的咸辣味和苦味。当时我想我可能会死掉吧。[1]

田里详细记载了因吸入毒气而导致眼不视物、嘴也张不开的痛苦情形，生动地描述了呕吐性毒气的效果。

从以上记录中可以清晰地得出结论：在新墙河渡河战斗中，第11军释放的毒气覆盖了对岸阵地之后，由配备防毒面具的一线部队渡河。此外，重要的是，渡河行动是以第6师团为中心进行的。所以，鹈饲所说的“无论是在修水河还是在新墙河，都没有使用过毒气（呕吐性毒气），且在新墙河使用的不过是发烟筒”，完全是谎言。

照片中的只是烟雾吗?

接下来的问题就是：烟雾升起的存疑照片能否可以说是毒气战的照片？对此，《产经新闻》曾指出，1939年9月日军在新墙河河畔释放了烟雾，但并没有明确该烟雾是否是第6师团渡河时释放的。而稍微换

---

1 田里有德:《因烟雾急袭顷刻间似按摩的队列》，町尻部队:《第6师团转战实话·赣湘篇》，第188—189页。

了个角度拍摄的几乎完全一样的照片，刊登在了《朝日画报》（1939年10月18日）上。此外，每日新闻社也将其收藏的类似的照片刊登在了《一亿人的昭和史》别卷之中。[1]从田间小道的弯曲程度可以判断，这些照片拍摄的是同一个场景。

▲照片5《朝日画报》中刊载的新墙河渡河战斗的照片

资料来源：《朝日画报》33—36，1939年10月18日，第18—19页。

照片5上配的说明文字指出："向着烈焰炎炎的新墙河对岸发动猛攻中前进的皇军勇士（9月23日 森田特派员拍摄）。"[2]但烟雾并不是从对岸升起来的。所谓的火灾也是谎言，显然是为了顺利通过军方的检查，为掩盖使用毒气事实的权宜之计罢了。但是，由此可以确认照片4也是9月23日的新墙河渡河战斗时拍摄的照片。

1 每日新闻社：《一亿人的昭和史》别卷《日本的战史》第5卷，每日新闻社，1979年，第196—197页。且该社编撰的《决定版昭和史》（第9卷，1984年）中有焚烧开始后的照片（第116页）。该事实在《产经新闻》（1984年11月13日）中有介绍。

2 《朝日画报》第33卷16号，1939年10月18日，第18—19页。

在《一亿人的昭和史》中刊载的照片6说明文字指出："第6师团于9月23日对新墙河南岸发动渡河攻击，炮火正猛烈地攻击对岸中国军队的阵地。"[1]炮击的表述虽然有误导之嫌，但明确指出第6师团的进攻。咨询每日新闻社后，因底片影印出的印文中标有"S14・9・23遭受来自新墙河对岸敌人的猛烈攻击6D（第6师团）岳州南方 摄影山上"，而获得答复称，该照片是9月23日第6师团在新墙河发动渡河攻击时的照片无疑。[2]

▲照片6　摄影师山上拍摄的新墙河渡河战斗的照片

资料来源：每日新闻社编：《一亿人的昭和史》别卷《日本的战史》第5卷，第196—197页。

相应地，与照片5、照片6一样，也能确认照片4是第6师团在新墙河渡河战斗中进行毒气战的照片。当然，在实际情况下，为隐藏使用毒气的事实，为避免发烟位置遭受敌人攻击和隐藏渡河部队的所在

1 《一亿人的昭和史》别卷《日本的战史》第5卷，第196页。

2 每日新闻社出版局西井一夫氏给吉见的信，1989年2月17日。

位置，毒气和烟雾并用（发烟筒稍早点火）是常规操作，所以照片中的烟雾可能部分来自发烟筒。但是，这些照片中的烟雾肯定也包含了从红筒中释放出的毒气（呕吐性毒气）。由于两者混用，因而哪部分是呕吐性毒气、哪部分是烟雾难以区分，但毫无疑问这是毒气战的照片。[1]由于记录日军实战中使用毒气的照片极为罕见，因而这些照片是极为珍贵的。

此外，在1941年9月的第一次长沙战役中，日军于18日拂晓再次渡过新墙河，并使用了呕吐性毒气。

> 上述战斗（第一次长沙战役中新墙河河畔的战斗）中，在进行突破的正面并排列置了约3000支中型红筒，中国派遣军化学战教育队……指导之下进行了大规模的发射、突击。突破期间，仅有某大队的一个中队和机枪中队进行了约20分钟的射击，其他的战斗则属于不需要开火就能向前推进的特例。在姜家坞附近，气象状况同样良好，黑濑部队在做好准备之后，通过使用红筒，极其迅速地突破了敌阵。[2]

在此次战斗中，通过使用毒气，步兵6个中队在一个半小时内便实现了突破，纵深推进约3千米。

如上所述，在1938年末开始的讨伐战、警备战、进攻战中，呕吐性毒气被频繁使用。由此，在战斗局势艰难危急的时候，在使用常规武器难以突破困局或渡河和撤退等情形下，毒气成了减少己方损失不可或缺的常用武器。

1　也许是因为呕吐性气体经常沉底，上升的烟是烟幕，其下方才是呕吐性气体。

2　步兵第130旅团：《浙赣战役战斗详报·其四》，1942年4月30日至9月30日，防卫研究所图书馆藏。其中，作为《长沙战役新墙河河畔（1941年9月）》被引用。

第五章

逐步升级的战事（1939—1941）

实验性地使用芥子毒气、路易氏剂

在华北地区的使用情况

进入1939年，大本营不仅使用催泪瓦斯（绿剂）、呕吐性毒气（红剂），还开始尝试使用新的糜烂性毒气（黄剂，如芥子毒气、路易氏剂）等。最初的使用是实验性的，使用地区依旧是在山西省。参谋总长发布的有关使用黄剂的指示在战败后被销毁了，但例外地留下了2份。

其一为5月13日发布的《大陆指第452号》。闲院宫指示称："华北方面军司令官杉山元在现有占领地区内的战斗中，应使用黄剂等特殊资材，并研究其在战斗中的价值。"[1]该命令的原件已经销毁，只是勉强在缩微胶卷中得以存留。它明确地指示实验性地使用糜烂性毒气等。这里的"等"字应当也包含了光气、氰化氢。此外，为掩盖使用毒气的事实，该命令极为谨慎地强调了使用细节，即必须采取"万全措施"，尤其是不得对第三国国民造成伤害及泄露情报，且"应当极力减少"对军人以外的普通中国人的伤害。实施地域为山西省的"偏僻地区"，且限定为"方便掩盖事实的特定地区"。原则上"以实验研究为目的，最小限度使用"。大本营陆军部在极其谨慎地做了布置安排后，开始了所谓致死性毒气的实验性实战。

1 《毒气战相关资料Ⅱ》，第258页。"大陆命""大陆指"的原文装订本战后被陆军军官隐匿于自家宅邸等处，并未提交给同盟国军。剔除不恰当的内容并改写一部分之后的复制版取而代之。占领终结后，原文装订本由服部卓四郎保管。1959年9月，防卫厅战史室借阅之后制成了缩微胶卷。此时，尚存在大陆指第452号。但是，随着服部的离世，原文装订本在服部宅邸"寄赠"给防卫研究所之时，该资料遗失（《朝日新闻》1994年8月13日）。因此，现存有缩微胶卷，没有原文。

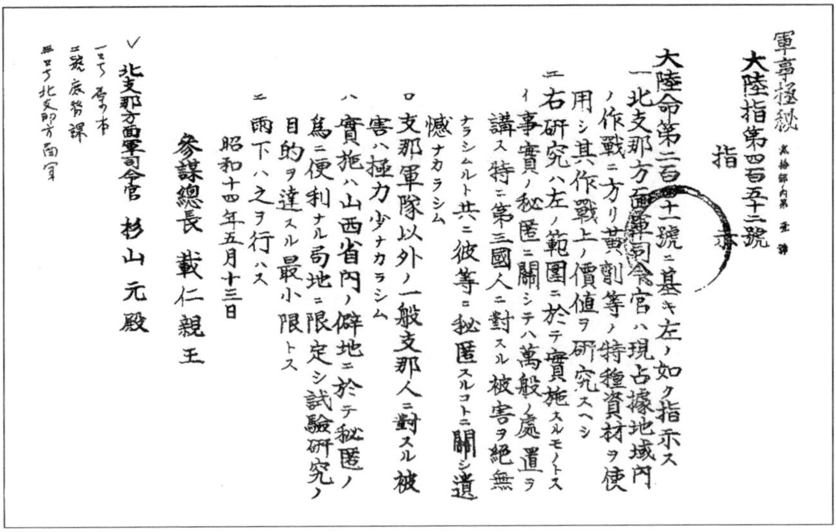
軍事極秘
大陸指第四百五十二號
指示
大陸命第二百四十一號ニ基キ左ノ如ク指示ス
一 北支那方面軍司令官ハ現占據地域内ノ作戰ニ方リ黄劑等ノ特種資材ヲ使用シ其作戰上ノ價値ヲ研究スヘシ
二 右研究ハ左ノ範圍ニ於テ實施スルモノトス
イ 事實ノ秘匿ニ關シテハ萬般ノ處置ヲ講ス特ニ第三國人ニ對スル被害ヲ絶無ナラシムルト共ニ彼等ニ秘匿スルコトニ關シ遺憾ナカラシム
ロ 支那軍隊以外ノ一般支那人ニ對スル被害ハ極力少ナカラシム
ハ 實施ハ山西省内ノ僻地ニ於テ秘匿ノ爲ニ便利ナル局地ニ限定シ試驗研究ノ目的ヲ達スル最小限トス
ニ 雨下ハ之ヲ行ハス
昭和十四年五月十三日
參謀總長 載仁親王
北支那方面軍司令官 杉山元殿

▲图5 《大陆指第452号》指示（1939年5月13日）

资料来源：吉见，松野编：《毒气战相关资料Ⅱ》，第258页。

尽管该指示提到要减少对中国普通民众的伤害，但大本营的立场是如有必要，也并无不可。对于第三国国民（此处指的是欧美人）的伤害则是要绝对避免的，从中能够看出日军的种族歧视（民族歧视）态度。此外，该指示特别注明“不宜撒播”。所以，尽管前线部队想通过飞机撒播毒气，但实际上也没有实施。这主要是因为，在中国东北进行的包括人体毒气实验在内的“特殊实验”已经证明，直接撒播毒气在短时间内是“无法起效”的。[1]因此，毒气的使用方式为释放毒气炸弹，发射毒气炮弹，以及在地上喷洒芥子毒气。虽难以确定此指示中要求的实验性使用在多大程度上得到了贯彻，但至少以下事项是可以确定的。

1939年7月，陆军第3飞行集团（集团长木下敏）在华北空投了66

1 近藤治三郎军医中佐（陆军科学研究所）在陆军省的报告，金原节三（陆军省医务局医事课员）：《陆军省业务日志摘录·前编》，其一中的“イ”部，1939年4月21日，防卫研究所图书馆藏。

发50千克级的黄弹，9月又空投了12发。[1]这是在山西省腹地使用毒气的例子。

1939年11—12月，陆军航空部队在山西省夏县附近进行了毒气空袭。当时空投的毒气弹大部分是哑弹，并没有给当地居民造成伤害，其中数发被缴获。1发被送到了位于马里兰州的美国陆军埃奇伍德兵工厂。检查的结果显示，容积比层面，40%是路易氏剂，剩余部分是芥子毒气，也可能还含有少量的溶剂。[2]尽管日军极力避免被欧美各国知晓其使用毒气，但由于炸弹的性能差，出现了哑弹，因此使用糜烂性毒气的事还是早早地被美军确认了。[3]

1940年日军使用毒气武器的例子如下：

> 从4月持续到5月的晋南作战中，第36师团司令部命令山炮第36联队对中国第27军“混合使用临时性毒气和持久性毒气”。由于第27军防毒装备过差，报告中称毒气产生了“极好”的效果，在精神层面也效果明显。[4]考虑到第36联队是炮兵，上述所谓持久性毒气，只能是糜烂性毒气弹（黄弹）。
>
> 6月3日，步兵第224联队第9中队的记录指出，在二十里铺（附近是泽州）附近的吕管够南方凹地，“在敌人的撤退路线上散毒，取得了相当不错的效果”。附图上标有“用迫击炮散毒”。因在吕管够附近有标记持久性毒气散毒地的标志，由

1　第三飞行集团司令部：《华北航空弹药消耗调查表》，1939年11月最后一日调查，《毒气战相关资料Ⅱ》，第401页。松野诚也发现的资料。

2　化学兵部队指挥官办公室：《化学战情报概要》，第3号－日本，1941年12月12日，RG165，Box 2142，美国国家档案馆。

3　此外，依据陆军航空总厂编写的《陆军航空本厂军需动员实施状况书》（1939年11月10日，防卫研究所图书馆藏）。1939年4月至9月，陆军在中国华北和东北配备了用于空投的蓝白弹（光气加三氯化砷）。其中，50千克的空投弹在华北配备了600发，同样的15千克空投弹在华北配备了1800发，在“满洲”配备了100发。这些被认为是用于实验目的而配备的。

4　舞部队本部（第36师团司令部）：《春季晋南战斗的教训》，1940年6月，《毒气战相关资料Ⅱ》，第354页。松野诚也发现的资料。

此可知日军使用了迫击炮用黄弹。[1]这是正式记录实际战斗的“战斗详报”的记述，因而可以确定在实战中实际使用过毒气。此外，依据其武器弹药损耗表的记载，消耗（使用）的迫击炮弹除了榴弹以外，仅有25发糜烂性毒气弹。

在华南地区的使用情况

在山西省腹地秘密地使用了毒气后不久，日军又开始在华南地区使用糜烂性毒气。从1939年底开始，日军在翁英战斗中使用了黄弹。

1939年夏，在中国第12集团军（总司令余汉谋）的夏季攻势下曾一度败退的日军第21军，计划在广州北部的翁源附近包围并击溃第12集团军。大本营对于第21军的作战计划给予了大力支援，提供了大量的后勤资材，并从日本国内派遣了近卫混成旅团助战。[2]该战役中便计划使用糜烂性毒气。然而，进攻前夕，也就是12月20日，作为广西省要冲的南宁陷入危机，因而日军匆匆结束了战斗，主力转调至南宁。

在此次战役中，12月20日到翌年1月5日，隶属近卫混成旅团（旅团长樱田武）的独立山炮兵第2联队（联队长原田鹤吉）在转战太平场、南阳围、望到底、佛冈的过程中，使用了山炮用“黄B弹”294发及“红B弹”10发。[3]“黄B弹”是芥子毒气和路易氏剂的混合弹，“红B弹”是呕吐性毒气弹。根据联队长原田战后的回忆描述，在12月25日望到底的战斗中，“炮兵使用了催泪瓦斯，制作该催泪瓦斯的某中佐也来到了现场”[4]。然而，在该部队的“战斗详报”武器弹药损耗表中，并没有使用催泪瓦斯弹的记载。但是有一种据称用于“演习专用”的非催泪毒气弹

1　步兵第224联队第9中队：《第9中队好地窊村北侧高地附近战斗详报》，1940年6月3日，《毒气战相关资料Ⅱ》，第355—356页。松野诚也发现的资料。

2　防卫厅防卫研修所战史部：《战史丛书　中日战争陆军战事3》，朝云新闻社，1975年，第80—82页。

3　独立山炮兵第2联队：《翁英战役战斗详报》第21号，1939年12月18日至1940年1月5日，《毒气战相关资料Ⅱ》，第349页。“B弹”可能是山炮炮弹。

4　原田鹤吉：《原田部队战记》，原田部队战记刊行准备会，1959年3月，第29页。

当时已经研制成功，可能正是为了试验其发射效果，研制者“某中佐”才风尘仆仆地来到了华南地区吧！所以原田所说的“催泪瓦斯”，可能就是糜烂性毒气弹。

当时日军的炮兵阵地位于山上，距中国国民党军队的阵地只有1000米左右，甚至连隐蔽的国民党军队士兵如何操作枪支都看得一清二楚，常规炮弹本身已经能够取得显著的作战效果。[1]在这样的情况下，还要在翁英作战中使用糜烂性毒气，不正说明这是为了检验糜烂性毒气弹的效果才进行的紧急实验吗？

氰化氢毒气和芥子毒气、路易氏剂的人体实验

当日军在中国华北、华南地区的实战中试验芥子毒气、路易氏剂的效力时，关东军也在中国东北开展了以活人为对象的人体毒气实验。1939年5月4日，陆军省命令陆军兵工厂总厂为关东军“化学战特别教育”和“特殊演习”提供25吨黄一号（芥子毒气）、3吨黄二号（路易氏剂）、3400发黄弹、3吨茶一号（氰化氢）、36.7千克蓝一号（光气）等物资。[2]其后，17日，陆军省又给陆军科学研究所所长和陆军军医学校校长下达命令，让其相关人员参加1939年度的关东军化学战研究[3]，检验实战情况下的毒气效果，以对毒气战所能达成的目标形成一个大致的预期。陆军习志野学校也参与了该研究。5月24日，陆军省决定向陆军科学研究所和齐齐哈尔关东军化学部分别提供1吨茶一号，用于“特殊实验研究”[4]。

该“特殊实验研究”是什么呢？担任实验队长的原少将A回忆称，

1　独立山炮兵第2联队:《翁英战役战斗详报》第21号，防卫研究所图书馆藏。

2　陆满密第247号:《关东军化学战武器特别支取文件》，1939年第11号，防卫研究所图书馆藏。

3　陆密第772号:《关于陆军科学研究所及陆军军医学校的部分人员参加关东军的研究文件》，《陆满密大日记》，1939年第11号，防卫研究所图书馆藏。

4　陆满密第322号:《化学武器交付文件》，5月24日，《大日记乙辑》，1939年武器其一，防卫研究所图书馆藏。此外，还有用于发射性试验的12吨氰化氢，也于6月6日中止提供。

1939年8月，根据关东军司令部的指示，由陆军习志野学校校长西原贯治担任演习统监，陆军习志野学校、陆军科学研究所、关东军化学部、迫击炮第2联队和陆军军医学校等部分机构参与了氰化氢毒气的人体实验。详细内容记载如下。[1]

在位于中国东北北部的小兴安岭山麓某四站的中国军队兵营旧址，关东军化学部紧急赶制了新的宿营和实验设备。虽然在准备途中爆发了诺门坎事件，但在关东军的指示下，研究依然按计划实施。约1个月内，从华北派送过来的60多名“圆木”成了实验对象。

检测氰化氢浓度效果的“基础实验”，主要是在毒气室内进行的。该实验针对佩戴防毒面具和不佩戴防毒面具两种情形，分别进行了测试。结果显示，无论是哪种情况，氰化氢“几乎都能够发挥强大的作用”。即使将防毒面具的吸收管放置在毒气室外，如果氰化氢浓度够高的话，由于皮肤沾染毒气，实验对象也会“在几分钟之内就出现症状，直至死亡”。毒气室由玻璃制作，因而可以从各个角度对实验对象进行观察，实验过程同时也收录进纪录影片中。此外，还针对佩戴完整的防毒装备、轻型防毒装备及防毒面具等不同情形，进行了氰化氢毒气的喷射效果实验。结果显示，无论在哪种情形下，氰化氢“短时间发挥致死作用”的毒性都得到了确认。这为此后开展氰化氢毒气研究提供了动力。

为检验黄剂散毒地的毒性，进行了“野外实验”。翌日早上，安排实验对象用大概20分钟时间通过前一日傍晚散毒的区域，纵深300米。实验结果显示，在未佩戴防毒面具的情况下，黄剂对人体皮肤和呼吸器官的伤害症状在几个小时后就

1　A（原少将）:《化学战研究回忆》，1956年9月稿，1956年10月厚生省归国援护局史料室复印，防卫研究所图书馆藏。

开始出现，实验对象在24小时至数日之内死亡；在仅佩戴防毒面具的情况下，实验对象出现了严重的皮肤伤害，在相当长的时间内丧失战斗能力；在装备了轻型防毒装备的情况下，毒气对实验对象的伤害较轻，但也会对其战斗能力带来不同程度的影响。由此，关东军得以掌握黄剂散毒地的毒性。

基于以上人体毒气实验的结果，原少将A称："我们有充分的证据能够证明毒气的效果。"他在回忆中还提到，关东军化学部此后还进行了多次小规模的实验，如对碉堡和坦克喷射氰化氢，投掷氰化氢手投弹。这些实验很大程度上也将"圆木"当成实验对象。

10月16日，陆军科学研究所的军医近藤治三郎在陆军省发表了《对化学战的基础性研究成果》。其中提到，5万浓度（5万毫克每立方米）的茶一号能令实验对象在5分钟内"不省人事"，1万浓度要在16分钟内才能发挥相同的功效，且都对人体皮肤的影响很大。这也应当是上述实验（佩戴防毒面具的情况下）得出的结论。[1]

在黄一号丙的散毒地，散毒两小时后，实验对象在无防护条件下进入，"3～5小时丧失战斗能力后死亡"；轻度防护条件下进入，"15个小时后丧失战斗能力，需要接受1个月以上的治疗"（轻症的情况下，只是达到妨碍战斗的程度）。散毒6小时后，无防护条件下进入，5个小时后"丧失战斗能力"；在轻度防护条件下进入，10～15小时后"丧失战斗能力"，需要接受1个月的治疗。显然这次实验也是人体毒气实验。

1939年5月12日，诺门坎事件（哈拉哈河战役）爆发的时候，关东军司令官植田谦吉预想会爆发毒气战，因而于8月9日命令关东军野战兵工厂厂长、野战铁路司令官在海拉尔向第23师团（师团长小松原道

1　金原节三：《陆军省业务日志摘录·前编》，其一中的"八"部，1939年10月16日。以下据此。

太郎）交付了5000发“黄A弹”、2000发“黄E弹”及1万支红筒。[1]但是这些毒气武器似乎并未投入实际使用。

“新体制”下毒气战的升级

正式使用糜烂性毒气等

以上黄剂等毒气的使用都是实验性的。在这些实验结果的基础上，1940年7月，大本营正式决定使用黄剂等毒气进行作战，标志着毒气战的升级。大本营之所以做出这个决定，是因为1940年后世界局势出现了重大变化。

1940年5月10日，纳粹德国的机械化部队突袭攻入比利时、荷兰、卢森堡，其后又攻入了法国。6月22日，法国投降。受到上述欧洲局势变动的巨大影响，气势高涨的日本加强了对中国重庆的全面轰炸。9月23日，日军进驻了法属印支北部（北部法印）地区，企图以此迫使中国国民政府屈服。9月27日，日、德、意3国缔结了同盟。

7月22日，倡导建设“东亚新秩序”并推动“新体制运动”的近卫内阁第二次成立；翌日，大本营正式批准使用包含黄剂在内的毒气武器。参谋总长闲院宫下达《大陆指第699号》：“中国派遣军总司令官（西尾寿造）及中国南部方面军司令官（安藤利吉）应依据原则使用特殊烟雾和特殊弹药。”[2]

该指示也有“不宜撒播”的用语。从中可以推测，“特殊烟雾和特殊弹药”包含黄剂等。呕吐性毒气（红一号）和催泪瓦斯（绿一号）是

1 《关作命丙第197号 关东军命令》，1939年8月9日，《陆满密大日记》，1939年第15号，防卫研究所图书馆藏。
2 《毒气战相关资料Ⅱ》，第260页。

固体，需要点火、加热，故而无法撒播使用，而能用于撒播的只有呈液体状的糜烂性毒气（黄剂）。这种毒气只要通过散播，就会转化成气体。强调这一点是为了让前线的日军明白，尽管可以使用黄弹、茶弹（氰化氢）、蓝弹（窒息性毒气、光气）及在地面上散布黄剂，但不能使用飞机撒播。[1]此外，该指示也重点强调了“对使用计划要严格保密，掩盖使用事实”“其对外影响，在第三国国民居住地区附近不得使用，且注意不得留下痕迹”等。这从一个侧面反映该指示所称的“特殊烟雾和特殊弹药”，不仅仅包含呕吐性毒气和催泪瓦斯，也包含了会引起国际重大舆论的致死性毒气武器。另外值得注意的是，该指示与之前的同类指示相比，不再强调减少对普通中国人的伤害这一使用原则。

“三光战”的开始

根据以上指示，加之侵华战争的新形势，黄剂逐渐成为日军作战必不可少的重要毒气武器。使用黄剂的情况，最早出现在1940年8月。此时，轴心国不断扩大侵略规模，在世界各个战场上都显现出压倒性优势。在中国战场上，日军通过不断对重庆展开轰炸，向国民政府施加了巨大压力，国民政府内部也出现了向日投降的论调。

为了扭转不利局面，中国共产党领导的八路军（第18集团军）在朱德总司令的指挥下，集结了约40万正规军，从8月20日开始在华北一带向日本军队的交通线和矿山等据点同时发起突然进攻，中国方面称为“百团大战”。在此之前，八路军只是进行游击战，使日军部署在华北地区的兵力极为分散。对于这样的突然袭击，“我军（华北方面军）完全始料未及”[2]。日军在华北各地都受到沉重打击，不得不在铁路、矿山等方面投入大量的时间和资金。由于八路军在华北方面取得了重大

1　该问题最先由松野诚也指出（参考：“解说”，《毒气战相关资料Ⅱ》，第29页；《从日军资料看到的山西省化学战》，粟屋宪太郎：《中国山西省的日军毒气战》，大月书店，2002年，第39页）。且，松野虽只提及了路易氏剂，但应当认为氰化氢、光气的使用都在许可之列。

2　防卫厅防卫研修所战史室：《战史丛书 华北的治安战1》，朝云新闻社，1968年，第338页。

战果，笼罩在中国国民政府头上的投降阴云也被一扫而光。

为了报复，日军采用了与以往完全不同的战法，开始大肆进攻八路军的根据地，即“三光战”（日方称“烬灭战”）。8月底，第1军在山西省中部发动了晋中战。

29日，第36师团独立混成第4旅团旅团长片山省太郎，下达了名为“讨伐部队注意事项”的指示。

> 本次作战目标如下：为了根除敌人的生存可能，此次“扫荡”敌人根据地，务必彻底杀光、烧光、抢光。在作战中，虽应避免给无辜居民带去伤害，但对于敌焰旺盛且明显是敌人根据地的村落，当不惜彻底烧光。但是，即便在此等情形下，亦当严厉禁止虐杀掠夺之类行为。[1]

该指示表明，日军要彻底铲除八路军，因而对被认为是八路军根据地的所有村落，都要进行彻底的“烬灭”。“烬”是烧尽的意思，“灭”则是灭尽的意思。虽指示泛泛地称不得虐杀、掠夺，实际施行的却是将村落悉数焚毁。

9月6日，片山下达了更加激进的指示，即晋中作战第一期战斗（8月末至9月18日）“报复行动实施纲要”（独立混成第4旅团命令附录）。该指示要求，在进攻行动结束，返回驻地的途中，部队应分成小纵队前行，开展地毯式搜索，找出“敌人或有敌意的居民，以及隐匿的武器等”。该指示还明确指出了“‘烬灭’目标及方法”。

1　独立混成第4旅团：《第一期晋中战事战斗详报》，1940年9月1—18日，《毒气战相关资料Ⅱ》，第365页。

<table>
<tr><td>1. 敌人及假扮当地居民的敌人
2. 被认为有敌意的居民中十五岁至六十岁的男子</td><td>杀戮</td></tr>
<tr><td>3. 敌人隐藏的武器弹药、器具、爆炸物等
4. 被认为是敌人囤积的粮食
5. 敌人使用的文件</td><td>没收带回，
不得已时焚毁</td></tr>
<tr><td>6. 有敌意的村落</td><td>焚烧破坏[1]</td></tr>
</table>

依据该指示，遭到杀害的不仅是被俘的八路军士兵，还有被日本军队认定是伪装成居民的士兵。不仅如此，在15～60岁的男性中，被认定为“有敌意”的也会遭到杀害。遇害的对象不限于俘虏，往往还有不经过军事审判的普通居民，这无疑是违反战争法的虐杀。此外，不单是武器弹药会被没收，就连粮食也会遭到没收，而村落则要焚坏。

实际上，日军在实际执行该指示时更加激进。在10—11月晋中第二期战斗中，独立混成第4旅团继续开展“三光战”。10月12日，旅团发出指示：“对于有敌人军事设施的村落，务必要彻底杀光、烧光、抢光。”第4旅团所属部队完全贯彻了这一指示。依据该旅团的“战斗详报”记录，八路军司令部和第129师（师长刘伯承）主力部队的根据地遭到了毁灭性的打击。另外，八路军根据地中的主要村落也遭到焚毁，兵工厂、火药库、粮食仓库等遭到破坏。为了给将来的战争提供情报，记录中的注意事项还指出：“在实施杀光、烧光、抢光作战中，应当尽力没收重要文件，并生擒有利于调查敌情的男女。”[2]

为了实施“烬灭”，无论男女，统统杀害，这在战争中是非常过激

---

1 《毒气战相关资料Ⅱ》，第367页。最先介绍该资料的是拙稿《日军的毒气战——中国、马来半岛、新加坡、缅甸中的毒气使用情况管窥》，《中央评论》（中央大学）174号，1985年12月。再次收录于：洞富雄，等：《思考南京大屠杀》，大月书店，1987年。

2 独立混成第4旅团：《第二期晋中战事战斗详报》，1940年10月19日至11月14日，防卫研究所图书馆藏。

的行为。特别强调不杀害能够提供情报的男女，这实际上是承认了无差别屠杀行为的存在。

如上所述，8月底开始的晋中战斗，事实上是实施“杀光、烧光、抢光”的“烬灭战”（在中国称为“三光政策”“三光战”）。在作战过程中，芥子毒气、路易氏剂发挥了新的作用。日军不但使用毒气武器进攻，而且撤退时用毒气武器对居民居住的村落实施了彻底“毒化”。

8月30日至9月15日，永野支队（以第36师团步兵第224联队第2大队为主力的部队，支队长永野千秋）的山炮兵第36联队第9中队，使用了47发山炮用黄弹和62发红弹。[1]当时该支队在进攻行动中，在双峰镇附近遭遇了兵力（2000余人）占据优势的八路军的抵抗，双方陷入激战。第11中队中队长战死，支队也做好了全军覆没的准备，甚至开始烧毁密码本。在如此危急的情况下，9月6—7日，山炮兵第9中队发动了炮击。在显示战争结果的地图上，双峰镇被涂上了表示投毒地的阴影标志，由此可以判定日军使用了黄弹。[2]

永野支队的士兵来自日本东北地区，“历来以节省弹药而自豪”，但在此次战斗中，面对兵力占据优势的八路军，永野支队只能不惜火力地拼命射击，就连计划用于反击的弹药也“消耗殆尽”。使用糜烂性毒气弹，成了决定战斗胜败的关键因素。

此外，9月9日开始撤退后，永野支队对沿途的各个村落进行了烧杀抢掠。13日，在辉教附近的战斗中，根据永野支队发布的命令（永支作命第29号），“约100名敌人被我军炮击歼灭”“支队完成了对辉教的炮击、毒化，按照预定计划向黑峰挺进”[3]。由此可知，辉教村遭到了“毒化”。此处所说的“毒化”，可以推测就是用糜烂性毒气弹集中炮击（散布芥子毒气），从而使其遭受毒气污染。截至13日晚11时，辉教附

1　步兵第224联队第2大队：《第一期晋中战事战斗详报》，1940年8月22日至9月15日，《毒气战相关资料Ⅱ》，第364页。

2　步兵第224联队第1大队：《第一期晋中战事战斗详报》（该部分在《毒气战相关资料Ⅱ》中并未收录），防卫研究所图书馆藏。以下据此。

3　《毒气战相关资料Ⅱ》，第363页。

近的“三光战”才结束。

同年，11月19—21日进行的白羊泉河战斗、柳树口战斗中，步兵第224联队的堀江集成大队发射了8发山炮用特殊弹、6发迫击炮用红弹，以及18发迫击炮用黄弹。[1]

由上可知，1940年8月之后，日军为了摆脱困境，对被认为是八路军据点的村落进行“三光战”和“毒化”，频繁地使用了糜烂性毒气。

对苏战争准备过程中的毒气实验

芥子毒气、路易氏剂的人体实验

很早以前，陆军中央就制定了对苏作战计划，企图凭借大量使用毒气击败驻扎在远东的苏联红军，突破苏联的国境线。例如，1939年11月，参谋本部作战课长稻田正纯作为陆军习志野学校的代表，曾前往中国东北推进该计划。此外，1940年4月26日，在给大本营参谋竹田宫恒德大的“进讲”中，负责航空毒气战的滨松陆军飞行学校的远藤三郎，对中央统帅部的立场进行说明时指出：“毒气的使用应当以奇袭方式为主，且务必要彻底。为此，平日便需要整顿毒气装备，以便在战争爆发的时候大量使用。而报复性地使用毒气之类的做法，是不恰当的。”[2]

第二次近卫内阁推进的“新秩序”建设政策，使得对苏开战这一陆军的夙愿越来越接近现实。为了提高胜算，1940年下半年，日本陆军开始进行更大规模的人体毒气实验。在稻田正纯对关东军领导层的积

1　步兵第224联队堀江集成大队:《白羊泉河及柳树口附近的战斗详报》，1940年11月19—21日，同上，第368页。

2　远藤少将:《武力战视角下中央部的统帅》，1940年4月26日，狭山市立博物馆藏。作为《为竹田宫进讲概要》（同日）提交给竹田宫侍从武官的副本。

极游说下，由关东军炮兵队进行的糜烂性毒气弹的“发射效果实验”和由关东军化学部负责的“氰化氢大量发射基础试验”，得以付诸实施。[1]

在关东军司令官梅津美治郎以下的首脑部、内地相关人员的视察下，糜烂性毒气弹的“发射效果实验”于9月在牡丹江北部地区开展起来。该实验由第3军的野战炮、山炮各一个大队和一五榴弹炮一个大队负责实施，关东军炮兵队司令官内山英太郎为演习统监，全体炮兵队长参与其中。[2]

庆应大学的松村教授团队在旧书店发现了加茂部队（731部队）编的《黄弹射击引发的皮肤伤害及一般临床性症状观察》，其中有关于该实验的详情记录。[3]

据此资料，9月7—10日的4天时间里，关东军炮兵队用4门75毫米炮、8门10厘米榴弹炮对3个地区分别发射了600发黄弹（芥子毒气弹、路易氏剂弹），共计1800发，由此制造了3个糜烂性毒气污染区。在这些区域，事先一共安置了16名活人。

9月7日，在第一区域，按照射击15分钟、休息15分钟、射击10分钟的顺序，对每1万平方米土地平均发射100发野战炮用炮弹（75毫米口径），共计发射1800发，污染了18万平方米。在此区域事先安置了5名只穿中式服装、内衣和拖鞋而不戴帽子和防毒面具的人。

9月9日，在第二区域，依据每1万平方米200发的发射量估算，共发射了野战炮用炮弹3200发。在此区域事先安置了6名身着夏季军服、裤子和拖鞋的人，其中3人佩戴了防毒面具，3人未佩戴。

9月10日，在第三区域，依据每1万平方米300发的最高发射量估算，共发射了野战炮用炮弹4800发。在此区域事先安置了5名身着夏季军服、裤子的人，其中3人佩戴了防毒面具，2人未佩戴。

1　上述《化学战研究史》，第77页。

2　同上，第78页。

3　田中明，松村高夫：《731部队制作资料》，不二出版，1991年，第1—42页。以下据此。且，参考：松村高夫：《731部队的实验报告书》，《历史学研究》538号，1985年2月。

在质疑此次人体实验的诸多论调中，有的认为没有必要用多达1800枚炮弹去杀死16个人。但是，这种质疑完全没有切中要害。这16名活人被分散在预先设置的广袤的污染区域中，分别被安排在伪装的野战炮掩体、壕沟、简易栖息所、观测所、机枪碉堡监视所及特殊建筑物内等。实验的目的是通过发射毒气炮弹，制造一个广泛的染毒区域，以获取不同条件下毒气的相关数据。在此之后立即进行的“毒气持久效果测试”新投入了3名实验人员，“原浆攻击”（被强制喝下黄剂溶解后的溶液）中又增加了1名试验人员，用于人体毒气实验的人数达到20名。

在发射后4小时、12小时、24小时、两天、3天及5天等各个时间段，对被暴露在糜烂性毒气环境中的实验对象进行观察，记录其一般性症状及毒气对他们的皮肤、眼睛、呼吸器官、消化器官、神经系统的影响。第一区域被置于掩体伪装网下的296号“圆木”的症状最典型。他没有佩戴防毒面具，在4个小时后全身倦怠，下颚开始泛红，脖颈出现小水疱，结膜充血，有流鼻涕及呕吐的症状。12个小时后，面部变得憔悴。24个小时后，睁不开眼睛。两天后，憔悴更加显著，面部和颈部出现黄色水疱，龟头也出现了水疱，胸部有啰音（湿啰音，支气管、肺中分泌物等停滞而产生的异响）。3天后剧烈悸动，全身疼痛，进而出现恶心、呕吐、腹痛等症状。

浓度更高的污染区域——第二区域的513号没有佩戴防毒面具，被置于有简易掩体的观测所内。4个小时后，他的脸、肩部早早变红，四肢瘙痒，眼球外鼓、充血，开始流泪，流鼻涕。6个小时后，出现发热症状，脸、颈背、肩胛部出现水疱。第2天，额头、面部、耳侧、口周出现水疱，并蔓延至背部，胸部则出现了大豆至麻雀卵大小的水疱。第3天，水疱开始破裂，尿道口周围糜烂，并伴随灼热般疼痛感。角膜混浊，鼻涕不止。第4天，以上症状进一步恶化，面部呈暗黑色，呼吸困难。这是第二区域中最严重的症状。

第三区域是浓度最高的污染区域。485号被置于有射击孔但房门关闭的特殊建筑物内，且由于佩戴了防毒面具，因而初期症状较轻。但从第2天开始，症状便缓慢出现。第4天，皮肤和阴囊糜烂，身体出现白痂，并伴随灼热般疼痛感。该实验对象在第2天的早上8时，被强制喝下300毫升黄剂水溶液。

486号在没有佩戴防毒面具的情况下，被置于机枪碉堡掩体内。4个小时后，开始出现针刺般头痛感，全身变红，眼部充血，开始流泪。其后，出现流鼻涕、呕吐、咳嗽症状，右臂衔接部、左大腿部出现大豆至核桃般大小的水疱，角膜变得浑浊，体温上升至38℃。不久，水疱开始在背部蔓延。

紧接着，10日晚上10时至11日上午4时30分的六个半小时内，在黄弹射击结束后的第三区域内安置了4名实验对象，进行毒气对人体影响的“持久效果观察实验”。其中的265号已经在第二区域被施毒，另外3名是新加的。359号在没有佩戴防毒面具的情况下被暴露在地面上，四个半小时后全身开始发红，流泪，角膜变得浑浊。1天后，脸部、胳膊、关节、背部、手等部位出现了豌豆甚至鸡蛋大小程度不等的水疱。两天后，阴茎、阴囊出现疼痛感，眼睛疼痛，出现视力障碍，角膜持续浑浊。449号佩戴着防毒面具被暴露于地面上，4个小时后臀部、大腿部及阴茎发红，出现浮肿。1天后，臀部出现豌豆甚至手掌大小不等的水疱，并伴随疼痛感。

此外，在被称为“原浆攻击”的实验中，5名实验对象被强制喝下黄剂（芥子毒气、路易氏剂混合液）水溶液，同时又将其滴入眼睛。对遭受黄剂原液毒害部位也进行了滴液实验。用注射器将水疱中的积液吸出来，然后注射进胳膊和角膜上。新加的479号实验对象在7日被强制喝下了原浆，10日眼睛被滴入原浆，12日水疱内的溶液被注射进右臂和左角膜。结果，被强制喝下原浆的12个小时后，出现了呕吐、腹泻（黏血便）症状，第2天持续出现该症状。“原浆”滴入眼睛后的第2天，结膜发红、充血。

第一区域的287号，9日被强制喝下用木炭除毒的300毫升“原浆”，并没有显著的变化。10日，被强制喝下用活性炭除毒的600毫升“原浆”。但是，在第2天出现了食欲不振的症状。由此确认了木炭的除毒效果。

第二区域的464号，10日被强制喝下放置1天的高浓度“原浆”。12个小时后，开始出现食欲不振、恶心、呕吐症状。同一区域的490号，10日被强制喝下用除砒剂除毒的“原浆”（放置1天），12个小时后，出现恶心、呕吐症状，其后症状持续发展，但在11日傍晚稍有恢复。由此确认，除砒剂的除毒效果并不理想。第三区域的485号，11日被强制喝下了300毫升“原浆”，次日开始泛恶心，呕吐不止，傍晚有所改善。这里所说的“改善”，指他的内脏情况。他的皮肤遭受黄剂的毒害，十分痛苦。

在人体实验中也进行了治疗实验。在初始阶段，5%的碳酸氢钠溶液对皮肤水疱有效，用0.5%～1%的碳酸氢钠溶液洗脸及用碱性眼药软膏是有效的，在起水疱的皮肤部位用亚铅华软膏、百里多软膏是有效的。对20人进行人体实验得到的结果如下：①黄剂的效果分为液滴（浸润）、蒸气和吸收3种，在第一区域确认了液滴（浸润）效果，在第二区域液滴（浸润）效果更加显著，出现了明显的蒸气效果。在第三区域，液滴（浸润）、蒸气、吸收3种效果皆得到了确认。②实验对象感受到黄剂的伤害效果是在遭受毒害后的4～5个小时。③皮肤上开始出现明显的水疱是在12个小时后。④对呼吸器官的伤害是在12～24个小时后。⑤对消化器官的伤害最早出现在4个小时后，最迟则是14个小时后，出现时间并不固定。⑥对眼睛的伤害最早出现在4个小时后，最迟则是12个小时后全部症状都出现了。⑦以上各种症状在48个小时后变得最严重。

由此，关东军的大规模糜烂性毒气实验结束了。除了极少数逃亡者之外，参与人体毒气实验的“圆木”无一生还，20名实验对象可能全部遭到杀害。战后，美军得自731部队相关人员的人体实验标本中，有

16具芥子气实验标本，从这一事实可以推测上述结果。[1]从实验中获得的糜烂性毒气（黄弹、黄剂）的效果、使用方法等，日军都计划用于对苏战争。

氰化氢毒气的发射实验和空投实验

同样在1940年，应陆军科学研究所所长的要求，在5月30日之前，30吨茶一号被提供给了关东军化学部。[2]这是用于发射实验的物资，按每罐20千克的标准填充于氯气筒中，总计1500支。9月中旬，在呼伦贝尔大草原上进行的大规模实验中，每隔1米就放置两支氯气筒，在数分钟内不间断地发射了30吨氰化氢。[3]实验的目的是在没有山谷、房屋、树木等可以遮挡空气流动、改变空气流向的环境因素下检验毒气的效果。

从实验结果来看，氯化氢的漂流能力与漂流距离都达到预期，同时在以万为单位的浓度下，放置的“实验动物”悉数死亡，取得了“令人非常满意”的效果。[4]所谓“实验动物”究竟是不是活人，无法得知。此外，据记载，在发射的前一刻，因在风向4千米处有马车通过，便将马夫撤离至安全处避难；但马被留在了现场，遭受毒害后立即死亡。

此外，11月，滨松陆军飞行学校与关东军化学部合作，在白城子附近空投了50千克的茶弹，进行了“一项重大的效果实验”。[5]

对实验的评估

那么，对于这些实验结果，陆军是如何进行评判的呢？小柳津的

1　马里兰州德特里克营基础科学主任埃德温·V. 希尔：《生物战调查总结报告》，1947年12月12日，德特里克堡。

2　陆满第159号：《化学武器交付文件》，1940年2月28日，《毒气战相关资料Ⅱ》，第71页。

3　《本国化学武器技术史》，第24页。

4　《化学战研究史》，第80页。

5　同上，第81页。

记述称，关于黄弹射击，“展示毒气效果的方法有遗憾之处”，也没有让视察的军队首脑见识到预期的毒气效果。[1]但是，为了“展示毒气效果”而使用活人做实验，这一罪责不是一句“有遗憾之处”可以轻易开脱的。

小柳津列出以下几项“毒气效果”：①雾状或气状的芥子毒气在相对较低的浓度下伤害眼黏膜。遭受毒害数小时后，眼睑变得肿胀，同时会感到眼花缭乱，眼睑自行闭上。随着时间的延长，肿胀的眼睑脂肪让眼睛无法睁开，以致失明，并完全丧失行动意志。②大量吸入雾状或气状的芥子毒气会陷入重症或丧失生命。③相比于对皮肤的伤害，这些伤害在剥夺抵抗意志和抵抗能力上的效果更大。④相比于有毒气体的刺激效果以及氰化氢的当即致死效果，芥子气的伤害效果需要更长时间才能显现。[2]

稻田在相关报告中得出“以化学战为主要手段突破满苏边界有一定把握”的结论。[3]这不仅仅是因为1940年3月陆军中央三官厅相关人员和化学战相关人员进行的国境突破战实地研究（黑龙江省东宁），更是因为上述这些人体毒气实验的结果给了他信心。

在艰难战斗中的大规模使用

宜昌攻防战

距离重庆约480千米的中国湖北宜昌市，位于长江中游三峡的最东端，是大型船舶逆长江而上的终点，东西南北交通的枢纽与战略要地。1940年6月12日，第13师团（师团长田中静一）曾一度完全占领了该市。

1 《化学战研究史》，第78页。
2 同上，第78—79页。
3 同上，第77页。

在烧毁兵营，彻底破坏交通通信线路、桥梁，并将武器、弹药、粮食、燃料焚烧殆尽或投弃江中后，第13师团按预定计划撤出了宜昌。日本在华兵力的削减是撤军的主要原因。在没有确保占领宜昌有足够兵力的情况下，昭和天皇也只好下达“暂停占领宜昌”的旨意。[1]

日军占领宜昌后，德军于6月12日占领了巴黎，因而在陆军内部又出现了反对撤退的意见，昭和天皇也委婉地表达了要占领宜昌的想法。所以，陆军又转而决定占领宜昌。[2]第13师团于6月17日凌晨1时开始从宜昌撤退，上午7时却接到再次占领宜昌的命令，于是掉转头，午后再次占领了宜昌。7月13日，天皇下达了永久占领宜昌的命令。

1941年9月18日，位于岳州的日本陆军第11军司令部（司令官阿南惟几）为了对中国第9战区（司令官薛岳）的中国国民党军队实施重大打击，计划南下长沙，发动长沙战役（日方称“第一次长沙战役”，中方则称“第二次长沙战役”）。9月28日，陆军第11军占领了长沙；10月1日，开始回撤；10月6日前后，抵达原驻地。

日军占领宜昌后，中国国民党军队也开始以重新夺回宜昌这一战略要地为目标，展开行动。在长沙战役期间，兵力薄弱的宜昌陷入了中国司令长官陈诚率领的第6战区军队的包围之中。9月28日，夺回宜昌的进攻开始。10月2日，蒋介石向陈诚下达命令：“不惜一切代价，限3日内夺回宜昌。”[3]此次战役，中方兵力规模庞大，多达15个师。

守卫宜昌的是第13师团（师团长内山英太郎）。由于兵力不足，被部署在宜昌东部东山高地的都是连射击训练经验都没有的师团司令部卫生兵、勤务兵，以及正在入院治疗的轻伤兵。[4]

中国国民党军队从10月6日开始进攻，10月10日的双十节凌晨2时30分发动了总攻。第13师团司令部做好了全军覆没的心理准备，烧

1 《中日战争陆军战事3》，第209页。
2 同上，第212页。
3 同上，第410页。
4 同上，第411页。

毁了前线联队送来的军旗，销毁了秘密文件，甚至还设置了师团长以下干部的自决场（自杀的场所），并拟好了宣告全军覆没的电报。[1]为了实施营救，8日，第3飞行团团长远藤三郎乘坐轻型轰炸机抵达宜昌。内山握住远藤的手恳求道："我已经做好了心理准备，甚至连医院的伤员都派上了前线，司令部内也接连出现伤亡，因而对士气造成了很大影响。恳请在机场瘫痪之前，尽量空运来军队，哪怕是一个分队也好。"[2]

在此等绝望的局势下，使用毒气成了第13师团发动反击战的唯一希望。从7日一直持续到11日，第19山炮联队（联队长林作二）先后发射了1500发红弹（呕吐性毒气）和1000发黄弹（糜烂性毒气），"挫败了敌人的进攻计划"，勉强摆脱了全军覆没的危机。[3]毒气战部队总结了此战的经验，认为毒气弹应与普通弹药一起使用，远距离时使用黄弹，近距离时使用红弹，方能取得巨大的效果。但是，日军使用的毒气并不限于此。

此次毒气战的发动时间，在美、日关系紧张的1941年10月。在宜昌这个重要城市大规模使用毒气，欧美社会很快便知晓了真相。在重庆的美英军事人员初期掌握的情报并不准确，甚至对日军大规模使用毒气弹表示怀疑。但随着对详细情况的了解，他们的态度发生了变化。

10月28日，重庆国防部新闻发言人发布消息称，10月8日、9日、10日的3天里，日本军队在宜昌进行了中日战争期间最激烈的毒气攻击，使用了340发毒气弹。炮弹爆炸后，流出了冒着灰色、白色、橙色烟雾的深黑色液体，并散发着花一般的香味或腐烂水果的味道。当时风速为3米/秒，温度约为20℃。约有1350人中毒，其中750人死亡。有的人很快就失去了意识，有的人则是在30分钟内死亡，还有的人的身上出现了巨大的水疱，并在几个小时后死亡。有的人流泪，打喷嚏，

1 《中日战争陆军战事3》，第411—412页。
2 《远藤三郎日记》，1941年10月8日。同上，第411页。
3 《例证集》"战例四〇"，《毒气战相关资料》，第476页。

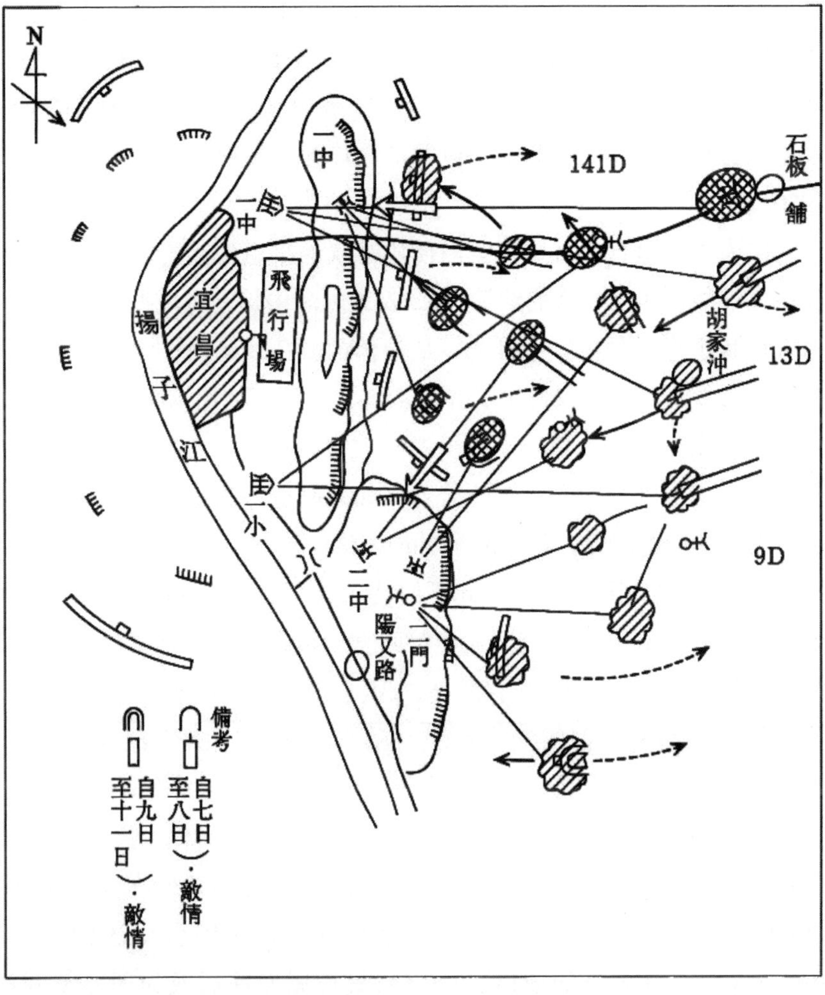

▲图6　宜昌附近战斗经过概要图（1941年10月7日至11日）

从左上至右下，依次为：石板铺、宜昌、机场、胡家冲、长江、阳右路。

资料来源：栗屋、吉见编：《毒气战相关资料》，第476页。

图标表示一览：是师团司令部，是野战重炮兵（10厘米加农炮），是山炮兵布置处，是野炮兵的布置处，是轻迫击炮，是毒烟，是散毒地域（芥子毒气、路易氏剂）。

鼻子出血，痛苦不堪。遭受毒害严重的部位变成了蓝黑色。毒气污染的区域纵向深达1800多米，横向宽达1300多米。日军使用的毒气包括催泪瓦斯、呕吐性毒气、马斯塔特毒气（芥子气）。[1]此外，翌日的后续报道内容称，日军还空投了300发毒气炸弹，发射的毒气炮弹超过了1000发。

作为重要讯息，日军在宜昌使用毒气的报道传遍了全世界。美国陆军化学战部队司令部的约翰·C.麦克阿瑟中校，对该报道中提到的中毒症状进行了分析。他推测，从液体的颜色、刺激气味及被害者的症状等来看，日军不仅使用了芥子毒气，应该还使用了路易氏剂。[2]该判断是完全正确的。相比于芥子毒气散发出的腐烂气味和辛辣味，路易氏剂发出的则是天竺葵般的芳香，如果制造方法得当，人体皮肤接触后会立即产生痛感，并在30分钟内变红。[3]

23日，在英国议会，议员罗伯特·摩根针对收到的情报提出质询。11月10日，驻重庆英国大使馆武官的报告指出，日军在10月8—9日的宜昌攻防战中使用了毒气，但这并不是大规模的，应该只是使用了类似路易氏剂的气体和催泪瓦斯。[4]该报告并不准确。其后，英、美两国从记者杰克·贝尔登获得了日军使用毒气的确凿证据。

贝尔登是美国记者，因撰写《中国震撼世界》而为人所知，该书描绘了1946年之后中国的革命。[5]他自1933年开始在中国生活，1941年时就已经精通汉语。贝尔登以前曾任美国合众社（United Press Association）的通讯员，宜昌战役爆发前后成为国际新闻社（International News Service，INS）的特派记者，经常随同中国军队进行

1 约翰·C.麦克阿瑟，陆军部化学兵部队主任办公室:《日本人在宜昌对中国人发动的毒气攻击》，1941年11月7日。RG 319，Box 836，美国国家档案馆。

2 同上。

3 暴风雨社:《首批应急人员生物化学武器手册 实践指南》，启正社，2000年，C-3-101-102页。

4 驻重庆武官给英国陆军部的电报，英国外交部371/27628，英国档案局。

5 杰克·贝尔登:《中国震撼世界》，哈珀出版社，1949年。日译本:《中国震撼世界》全2卷，筑摩书房，1952—1953年。

战地采访。在题为《关于日本军队在宜昌附近使用毒气的说明》的报告中，贝尔登展示了自己获得的大量第一手资料。[1]

10月10日，在日军使用毒气时，贝尔登正在离现场直线距离约6000米（距离宜昌约9000米）的中国第2军司令部。正午时分，贝尔登从中国国民党军队第9师师长的无线电中得知了日军使用毒气的消息。为了向英、美等国准确报道战役状况，经第2军司令部同意，他与助手伊丽莎白·格拉汉姆在第一时间前往第9师师部。

13日，贝尔登在野战医院检查了两具尸体。据传，这两人前一天从前线送来时还活着，但在抵达野战医院数分钟后就死去了。尸体通身有巨大的斑点，有的呈棕色，有的呈红色，还有的呈黑色，皮肤出现了破裂。但除此之外，并没有其他致命伤痕。

其后，贝尔登采访了包括师长、参谋长、参谋处长、化学军官在内的第9师的军官，从中获得了相关信息。毒气的持续时间为8日晚上9时30分开始后的20分钟，9日下午2时开始后的30分钟，10日凌晨4时至10时。最后1日，日军则是连续无休止发射了6个小时的毒气。不仅在蜂子岭、东山寺等郊外使用了毒气，也在城墙内的天主教堂附近使用了毒气。中国国民党军队第9师的第25、第27团，都遭受了攻击。轻度中毒者在离开战场3个小时后便睁不开眼，并出现喉咙痛和肌肉痛症状。吸入大量呕吐性毒气的中毒者，10～12个小时后出现头晕和颤抖症状，身体机能衰减；但是，20个小时后便恢复正常。路易氏剂中毒者的情况则是身体迅速糜烂，肘部和腰部通常出现网球般大小的水疱。

日军既用野战炮发射了毒气炮弹，又用飞机空投了毒气炸弹。依据中毒者的症状可以判断，日军使用了呕吐性毒气二苯氰胂、窒息性毒气光气、糜烂性毒气路易氏剂，以及具有催泪性的氯化苦和

1　杰克·贝尔登：《日本军队被指控在宜昌附近使用毒气》，1941年11月6日，陆军部208/3044，英国档案局（由R.约翰·普里查德提供）。贝尔登此时已经遗失了当时的采访笔记，系通过发送的通信及记忆写下该文。以下据此。

氯苯乙酮。

8日，被送往后方的获救者中，17人出现了瘫痪，并陷入失语状态，出现痴呆症状，30人丧失战斗能力。9日，20人瘫痪，10多人出现身体糜烂，40多人丧失战斗能力。10日，10人瘫痪，70人丧失战斗能力。据估算，第7师的死伤者中，四分之一是毒气受害者，达750人。

为了向国际社会展示遭受日军毒害的情况，第6战区军队司令长官陈诚命令将受害者（照片7、照片8是其中的两名）都送到了巴东和重庆。贝尔登在第9师见到的两名中毒的伤员，都有极严重的水疱症状。格拉汉姆用照相机拍下了照片。

贝尔登13日的观察和采访则记录如下：

> 有几个水疱有指甲般大小，其他几个则是网球般大小。有几个水疱因皮肤紧绷而膨胀并硬化，另有几个则是从身体向下耷拉着，每当身体移动的时候，某种液体便在水疱的内部来回晃动。水疱部位的皮肤非常白，边缘有泛黄的皱纹。胳膊、腿、腹部的水疱更加严重，背部的则最严重。脸上水疱破裂处，或者泛红，或者泛棕，或者泛黑。

为了让贝尔登看到他背上的大水疱，一名副队长不得不忍受着巨大的疼痛，采取背朝上的坐姿。他完全没有食欲，时常抱怨头痛和发烧。

据该伤员描述，宜昌市郊外飞机场的东山寺阵地发起进攻时，他所在的部队遭到日军猛烈的机枪射击，停滞不前。但由于接到了大队长的死守命令，因而在此停留了一夜。8日，日军发射了毒气弹，许多士兵失明，有些人开始呕吐，有些人则说不出话。他起初以为自己并无大碍，但不久眼睛便阵阵作痛。约一个半小时后，皮肤开始瘙痒。又过了15分钟后，开始出现水疱，并引发剧烈疼痛。两个小时后，出现半瘫痪状态，意识也变得模糊，但仍然还有意识。约6个小时后，手

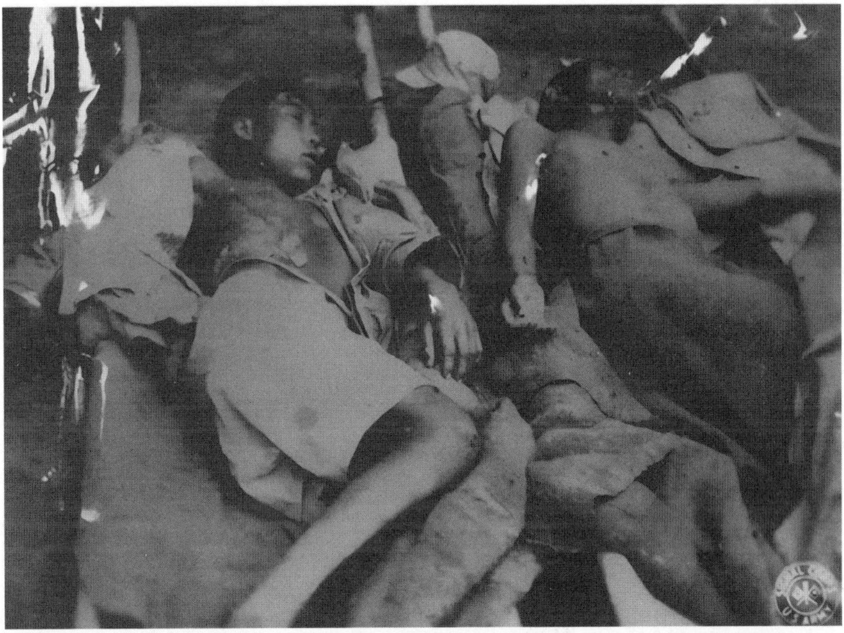

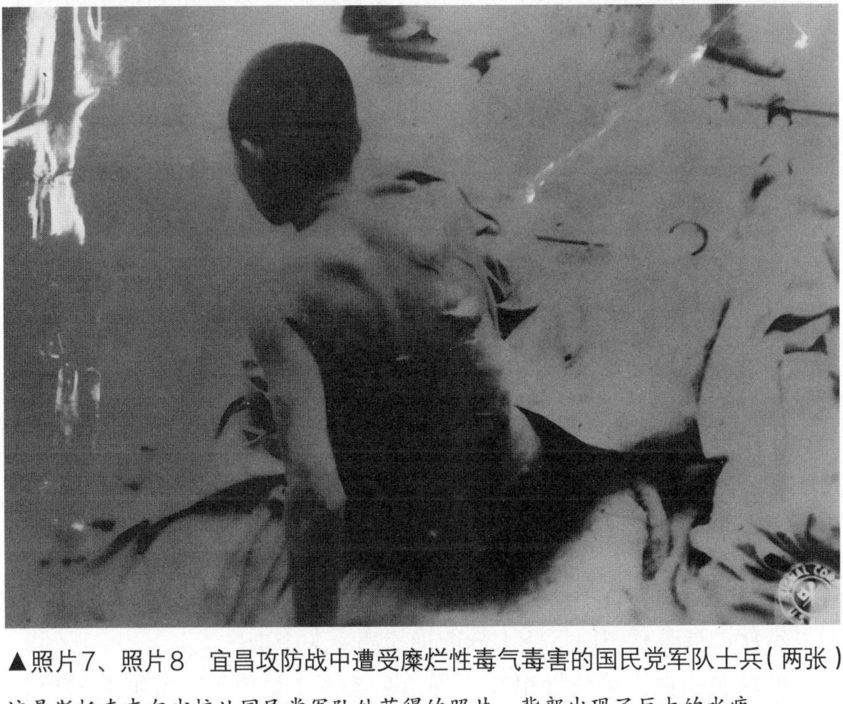

▲照片7、照片8　宜昌攻防战中遭受糜烂性毒气毒害的国民党军队士兵（两张）

这是斯托克韦尔少校从国民党军队处获得的照片。背部出现了巨大的水疱。

资料来源：W.P. 斯托克韦尔，中缅印战区美国陆军 Y 部队行动参谋部总部赴战区化学军官，1944年8月8日，RG 332，Entry IBT，Box 472，美国国家档案馆。

脚无法动弹。

贝尔登认为，中国人的时间观念与西方国家不同，是极为模糊的，所以该士兵所说的时间，应该是估摸的。另外，背部、脚、腹部的水疱之所以比裸露在外的部位糜烂得更加严重，可能是因为毒气滞留在了衣服内侧。可以说，该判断是完全正确的。

该名伤员称，水疱中的液体晃动时带来的疼痛感，最为剧烈。当贝尔登问起他在遭受毒气攻击时做了什么防护措施时，他称:“我只能留在那里等死。”

其后，贝尔登和格拉汉姆见到了来自波兰红十字会的一名医生。该名医生在中国陆军医院参与救护，他称自己接诊了约15名毒气受害者。因为水疱内的液体中还含有毒气，会进一步伤害皮肤，并侵入身体内部，所以他抽出了受害者水疱中的液体。该名医生和助手对受害者的中毒部位进行了上述处理后，发现自己的手也出现了瘙痒症状，但并没有出现水疱。他称此种毒气和一战时在伊珀尔附近使用的毒气相同，都是芥子气，它会侵害肺部，引发水疱。

中国国民党军队的士兵几乎没有携带任何防毒面具，但第9师的装备稍微要好些，配有一定数量的防毒面具。然而，对于遭到糜烂性毒气伤害的士兵，医院几乎没有提供什么治疗，卫生队所做的不过是脱下士兵的衣服，甚至也有士兵在剧烈的痛苦中自己脱掉了衣服。

此外，贝尔登和格拉汉姆从其他师的士兵口中也收集到了中毒后吐血、呕吐、恶心、瘫痪、视力丧失的证言。根据这些情况，贝尔登认为，许多士兵被遗弃在了战场上，因而无法了解使用毒气的确切详情，但伤亡人数大致在他的推测范围之内。

虽然只有相关人员才能准确掌握具体的毒气使用时间与使用情况，但贝尔登还是愿意相信这些士兵的描述离事实不远。

贝尔登的报告可信性很高，无论是美军还是英军，都据此确信日军使用了毒气。美国陆军参谋部第二部的参谋谢尔曼·迈尔斯高度赞赏了贝尔登的能力，称贝尔登是“敏锐的、能力出众的观察者”，虽在使用毒气时他不在现场，但他在事后立即进行采访，结果仍然可视为“本质上是正确的”[1]。

贝尔登的报告中值得关注的不仅是炮击记录，同时还有多达60架飞机进行的毒气弹轰炸内容。依据《远藤三郎日记》的记载，第三飞行团直到8日一直为救援内山部队而努力，从9日起在宜昌附近竭力进行歼灭中国军队的战斗，10日下午“在司侦（侦察机）的协助下，判断敌兵即将开始撤退”，准确地掌握了中国国民党军队撤退的征兆。[2]然而，该日记并没有关于空投毒气弹的记述。但从其他资料可以确认存在毒气弹空袭的事实。

听闻使用毒气的消息后，不久便赶赴现场调查宜昌攻防战（由于被日军占领而未能前往现场）的美军航空部队化学军官陈述如下：

> 据传，从8日开始使用毒气，10—12日飞机飞至，所到之处空投了“致死性”毒气弹。中国士兵要么光着脚，要么穿着草鞋，既没有防毒面具，又没有防毒服，因遭受猛烈的毒气袭击而相继受伤。此外，在后方的中国士兵也遭受着毒气侵袭，被灼伤者居多，且大部分伤势严重。前线的士兵开始撤退，但他们必须通过被毒气污染的区域。虽然难以从中国军队处获得准确的数字，但毒气弹和普通炮弹的炮击、轰炸导致2000多人受伤，从战场上得以逃离的负伤者中有29人遭到了毒害，其中12人在医院死亡，6人入院治疗，能够说明情况，仅两人得以返回队伍。“在实验室内针对毒气标本及其炮弹、炸弹碎片的测试表明，日军所使用的毒气是芥子毒气和路易氏剂的混合物。”从受伤者身上的症状出发，也能判明

1 谢尔曼·迈尔斯（美国陆军参谋部第二部的代理助理参谋）:《日本在中国的毒气使用》，1941年11月15日，RG 175，Box 136，美国国家档案馆。

2 《远藤三郎日记》，1941年10月10日。

此种毒气是“持久的致死性毒气”。[1]

此后，中国国民政府在发给欧美各国的文书中指出，在宜昌攻防战中，中国方面遭受毒害的人数为1600人，其中死亡600人。[2]

英、美两国政府确认并证实了在宜昌攻防战中日军使用糜烂性毒气的事实。此时，正是美、日关系日益紧张的时期，年初开始的日、美谈判本就碰到暗礁，日军使用毒气的消息更进一步加剧了日、美关系的紧张程度。11月11日，美军陆军部部长亨利·史汀生在谈到他建议富兰克林·罗斯福在菲律宾部署毒气弹时曾这样说：

> 我已经获悉，日军在宜昌对中国军队使用了毒气，杀死了约700名中国士兵，并导致□名士兵受伤。我不希望我们在菲律宾没有毒气弹可以使用。……我想已经不能再推了。会议结束后，我一个人再次与总统进行了平静的交谈，总统同意了我的观点。当我返回五角大楼时，马歇尔将军（陆军参谋长）不在，我去拜访了杰罗将军（参谋长联席会议作战部部长），希望他调查日军使用毒气的全部情况，并提醒他在不向报界泄漏消息的前提下，做好将毒气弹装船的准备工作。[3]

史汀生认为如果日本进攻菲律宾的话，那么从日本以往的战例来看，日军必定会发动突然袭击。所以，他出于对抗日本毒气战的考虑而进行了积极的准备。24日，按照史汀生的指示，杰罗将军提出了从

1　美军航空部队第十航空队空军后勤司令部化学参谋处：《日本人使用化学物质记录》，1942年7月31日，RG 165，Entry 77，Box 2141，美国国家档案馆。以下据此。

2　例如，驻英大使顾维钧给英国政府的信件《日本在中国发动的毒气战》，1942年6月13日，英国外交部371/32488，英国档案局。从中能看出中国国民党军队防毒装备极为低劣，因而中毒致死者的比率比第一次世界大战时期还要高。

3　亨利·刘易斯·史汀生：《史汀生日记》，1941年11月21日，耶鲁大学图书馆亨利·刘易斯·史汀生日记，卷七，1973年。

埃奇伍德兵工厂和巴拿马向菲律宾输送了1000吨芥子毒气、5000发155毫米芥子气炮弹及6000支亚当氏毒气（二苯胺氯胂）筒的计划。[1]但是，两周后，日本便对美国（夏威夷）、菲律宾、马来亚发动了攻击，因此美国方面在菲律宾可能没有及时完成毒气武器的部署。

史汀生的建议和行动，成为美国对日毒气作战计划的起点之一。在这之后的1942年6月5日，罗斯福发表声明，美国对日作战的毒气战计划“JCS 825”启动，这将给日本带来了极其深远的影响。

河南战役郑州附近的战斗

宜昌攻防战结束后不久的10月31日，日军在河南省郑州附近也使用了糜烂性毒气。为了响应第11军的长沙战役，华北方面军第35师团（师团长原田熊吉）在黄河南岸构筑了前进据点，拟在10月初渡过黄河。虽然渡河并不容易，但最终取得了成功。10月4日，第35师团占领了郑州。其后，在霸王城附近建立了据点。31日，从郑州撤退。部分兵力留在了霸王城，主力则再次渡过黄河并返回了原驻扎地（河南战役）。撤退的时候，为了封锁中国军队的追击路线，减缓追击速度，第35师团使用了芥子毒气。

据战例集“战例四十四”的记载，第35师团从下午2时开始，在郑州城以南的五里堡、后石竹刘、老赵塞等村落的地面上散布了330千克黄剂，不仅“完全阻止”了中国第一战区军队的前进，同时也让第35师团主力的撤退更加容易，还使第一战区军队遭受了巨大损失，从而狼狈地后退了。[2]

战例集针对此次战斗称，在战略要地播撒毒气，即使是少量的芥子毒气，也可产生极佳的制敌效果，逼迫敌人脱离战场。根据记录，当时散毒大概耗费1个小时，由于天气晴朗，有微风，气温高达

---

1 M.Y. 杰罗（代理助理参谋）：《用于菲律宾的化学战物资》，1941年11月24日，卷五十一，#1815，乔治·C.马歇尔图书馆。

2 《毒气战相关资料》，第481页。

27.5℃，因而芥子毒气的汽化过程缩短，最大限度地发挥了毒气作用。此次军事活动不为欧美各国所知。它还表明，日军在危急、艰难战斗的时候或回营、撤退的时候，常常会使用致死性毒气。

第六章

毒气的生产

陆海军及民间工厂的毒气生产

毒气生产、填装设施的位置

在讨论太平洋战争中的毒气战之前，有必要先考察毒气是如何生产、填装（在海军中称“填充”）的。正如第一、第二章中所述，陆军自1929年开始便在广岛县的陆军兵工厂火药厂所属的忠海武器制造所中生产毒气了（1940年改名为东京第二陆军兵工厂忠海制造所）。1933年设立的福冈县陆军兵工厂火药厂曾根分厂，在1937年更名为陆军兵工厂火药厂曾根武器制造所（所长门马启吾。1940年，该所改名为东京第二陆军兵工厂曾根制造所），负责将忠海制造所运过来的毒气填装进炮弹、空投弹中。[1]

海军方面，1934年，海军技术研究所化学研究部独立，并在平冢建造了生产催泪瓦斯（一号特药）、呕吐性毒气（二号特药）和路易氏剂（三号特药乙）的制造实验工厂。1942年，该工厂转隶相模海军工厂，成为后者的化学实验部。1943年，海军在神奈川县寒川町设立了相模海军工厂总厂（厂长金子吉忠），并在此进行芥子毒气（三号特药甲）的制造，以及各类毒气炮弹（弹药罐）、空投弹的填装。位于平冢的设施，成为其平冢分所及化学实验部。民间企业方面，日本曹达、保土谷化学向陆军提供光气，三菱化成向海军提供氰化氢。

海外方面，1940年，军方曾计划在“南满洲”陆军兵工厂辽阳办事处（后来的辽阳制造所）生产糜烂性毒气（预计月产75吨）。[2]但是，该计划仅停留于规划阶段。另依中国派遣军参谋冈野忠治的证言，在中国的南京、上海、汉口、天津和张家口都设有补给厂，一部分呕吐性

---

1 冈田清:《南京第二陆军兵工厂曾根制造所——历史与背景》，私家版，2001年。

2 樱火会:《日本陆军火药史》，樱火会，1969年，第203页。

毒气、催泪瓦斯的筒内填装工作都在这些补给厂内进行。[1]

荷属东印度（印度尼西亚）爪哇岛的万隆有荷属东印度政府经营的大型兵工厂，其中有化学武器的生产设施。1942年，日军接收了该兵工厂，并将其改为万隆兵工厂。据参谋本部第一部长（作战部长）真田穰一郎的记载，1944年，万隆兵工厂“日产芥子毒气0.5吨，成品库存达50吨”[2]。

如上所述，日军的毒气生产、填装设施有一部分是在中国与东南亚，但是，这一部分的规模可能并不大。在下文中，让我们一起看看日本国内陆海军工厂和民间工厂的实际生产状况。

忠海制造所的生产

依据陆军武器行政本部武器课的资料，1942年1月，忠海制造所的月生产能力为：芥子毒气、路易氏剂（黄剂）250吨，二苯氰胂（红一号）75吨（3月时达80吨），氰化氢（茶一号）75吨。[3]黄剂的生产能力（1944年3月）为：黄一号（芥子毒气）甲、乙、丙月产各50吨，黄二号（路易氏剂）月产100吨。1944年3月，氰化氢的生产能力中的15吨转移到了曾根制造所。

表3　忠海制造所的毒气生产（单位：吨）

种类 / 年度	芥子毒气甲	芥子毒气乙	芥子毒气丙	路易氏剂	氰化氢	二苯氰胂	氯乙酰苯	合计
1931	0	0	0	0	0	0	1	1
1932	0	0	0	0	0	0	0	0

1　化学兵指挥官太平洋办公室，驻日盟军总司令部，美国太平洋陆军部队：《大佐鹤尾定雄审问》，1946年5月3日，RG 493，Entry 53，Box 343，美国国家档案馆。

2　《真田穰一郎日志》第三〇卷，1944年5月15日，通卷第2337页，防卫研究所图书馆藏。

3　陆军武器本厂：《兵工厂现有设备能力表》，1942年1月调查，以及该本部兵工课：《昭和十九年三月设备能力表》，日本武器工业会：《武器制造设备能力表》收录，防卫研究所图书馆藏。

续表

种类／年度	芥子毒气甲	芥子毒气乙	芥子毒气丙	路易氏剂	氰化氢	二苯氰胂	氯乙酰苯	合计
1933	2	0	0	0	0	0	2	4
1934	60	0	0	4	0	6	2	72
1935	15	0	0	3	0	20	1	39
1936	10	0	0	5	0	15	2	32
1937	30	90	5	150	0	35	0	310
1938	30	160	130	210	0	310	7	847
1939	70	100	180	120	20	200	3	693
1940	120	100	160	170	5	175	0	730
1941	1138				113	306	22	1579
1942	170	100	180	150	103	433	7	1143
1943	169	102	100	194	1	246	5	817
1944	114	43	1	87	13	91	0	349
1945	0	0	0	0	0	0	0	0
合计（除1941）	790	695	756	1093	—	—	—	—
合计	4472				255	1837	52	6616

资料来源：《标的番号85：东京第二陆军兵工厂忠海制造所》，RG319，Entry 85A，Box 1704，美国国家档案馆。斜体数字表示不包含1941年的生产量。

从实际的生产数据来看，依据占领时期美军编制的题为《标的番号85：东京第二陆军兵工厂忠海制造所》的文书内容，如表3所示，日本陆军在国内制造的毒气总量达到了6616吨。[1]表4为数据来自陆军兵工厂等处的资料，毒气生产量（包括光气的生产、供给量）共计6105.9吨，比上表要少一些。表3与表4的巨大区别在于氰化氢的制造量，其中表

1 《标的番号85：东京第二陆军兵工厂忠海制造所》，RG319，Entry 85A，Box 1704，美国国家档案馆。且，东京第二陆军武器制造厂作业课制作的《化学剂及相应弹药生产调查文件》（1945年12月26日）中记载，毒气及毒气弹生产表被提交给了武器行政本部武器制造课，其数值与表3、表6是一致的（但应当指出，这是1942年之后的数据）。参考：兵工课：《基于联号军要求的杂项调查文件（大）》，防卫研究所图书馆藏。

4较多。另外，表4的数据更加接近原始资料。但由于1933年度之前的资料缺失，而1943、1944年也只是计划产量，因而仍然存在一些不完善之处。因此，将表3用于表示概括性的生产量。此处的6616吨，加上民间工厂向陆军供给的光气，是陆军相关的国内生产量。

表4　陆军的毒气生产量（单位：吨）

年度＼种类	芥子毒气	路易氏剂	光气	氰化氢	二苯氰胂	氯乙酰苯	合计
1934	57.2	3.3	—	—	5.3	0.1	65.9
1935	2.0	4.0	—	—	21.0	—	27.0
1936	15.1	7.0	0.1	—	3.0	—	25.2
1937	124.8	150.0	1.0	—	31.5	0.1	307.4
1938	329.3		—	—	120.8	—	450.1
1939	224.0	144.8	—	—	67.3	2.5	438.6
1940	278.7	171.8	—	—	157.7	—	608.2
1941	760.5	397.7	14.7	144.2	486.0	21.4	1824.5
1942	600.0		—	102.0	457.0	—	1159.0
1943 计划	410.0		—	90.0	300.0	—	800.0
1944 计划	150.0	50.0	—	200.0	—	—	400.0
合计	3880.2		15.8	536.2	1649.6	24.1	6105.9

资料来源：1934—1939年度出自陆军兵工厂编的《陆军兵工厂历史》各年度，1940年度出自陆军武器本部编的《昭和十五年度陆军兵工厂历史》，1941年度出自忠海制造所编的《军需动员实施概况及意见》（1942年4月），1941年度的蓝一号出自东京第二陆军兵工厂《军需动员实施概况及意见》（1942年。购买14.06吨，生产0.6吨），1942—1943年度同样出自《军需动员实施概况及意见》（1943年4月），1944年度出自武器行政本部第一系《昭和十九年度武器整备计划表（远战弹药）》（防卫研究所图书馆藏）。1935年度的生产量为黄一号、黄二号、红一号各两千克、4千克、21千克，但这里经过计算可以判断是2吨、4吨、21吨的误记。斜体数字代表计划数字。

生产出来的毒气，保存在罐、桶中，或者是填装进炮弹、空投弹等。忠海制造所的填装量如表5所示，催泪筒总量为2277972支，催泪

表5　忠海制造所的毒气筒、空投弹/瓶的生产（单位：支）

年度＼品目	94式绿筒	绿筒 甲	绿筒 乙	绿筒 丙	绿空投弹	93式红筒	大红筒	98式中红筒	100（99？）式小红筒	98式发射红筒	99式·100式发射红筒	氰化氢手投瓶	合计
1931	—	6100	1500	700	—	—	—	—	—	—		—	8300
1932	—	14000	2000	—	—	—	—	—	600	—		—	16600
1933	—	78000	6400	—	—	100	—	—	300	—		—	84800
1934	—	45000	12400	1000	1000	2300	—	—	—	—		—	61700
1935	—	22500	11000	600	200	1600	—	—	—	9500		—	45400
1936	—	—	—	—	1000	1000	—	—	—	—		—	2000
1937	179300	—	—	—	500	103900	—	—	—	—		—	283700
1938	263500	—	—	—	31000	308900	—	200	110500	50000		—	764100
1939	150000	—	—	—	—	57500	300	6100	188000	84900		—	486800
1940	1700	13500	—	—	—	—	5000	96000	174400	63900		—	354500
1941	528500	289700	—	—	—	—	20300	100000	107000	—		87000	1132500
1942	5400	300000	—	—	—	—	30000	10000	47600	—		55000	448000
1943	97832	220000	—	—	—	—	14000	—	150	—		25000	356982
1944	—	27340	—	—	—	—	3044	—	—	—		41000	71384
1945	—	—	—	—	—	—	—	—	—	—		—	
合计	1226232	1016140	33300	2300	33700	475300	72644	212300	628550	208300	*1059910	208000	5176676
	绿筒合计2277972				33700	红筒合计2657004						208000	5176676

资料来源：《标的番号85：东京第二陆军兵工厂忠海制造所》，RG319，Entry 85A，Box 1572，美国国家档案馆。另有98式催泪瓦斯信号筒262500支，演习用绿筒338570支，因非战争用途而被排除在外。*是依据《关于日本化学战的情况报告》（化学兵指挥官办公室，驻日盟军总司令部，美国太平洋陆军部队，第3卷，1946年5月14日，RG 319，Entry 82，Box T1798，美国国家档案馆）中的内容补足的。

瓦斯33700发，呕吐性毒气（红筒）共计2657004支，氰化氢手投瓶（小孩儿）208000支。

曾根制造所现在成为陆上自卫队的基地，当时的建筑物原封不动地被保存下来了。

▲照片9　东京第二陆军兵工厂曾根制造所遗址（作者拍摄，1996/3/21）

在曾根制造所内的填装

曾根制造所的实际填装数据从《标的番号CW5031：东京第二陆军兵工厂曾根制造所（化学填装工厂）》中可以察知。[1]依据该文件，曾根制造所内有用于芥子毒气、路易氏剂、芥子毒气——路易氏剂（混合）、光气、二苯氰胂、氰化氢（不完备）、燃烧剂、发烟剂等的8种填装设备。曾根的填装能力（月产量）在1942年3月为红弹3.5万发，黄

1 《标的番号CW5031：东京第二陆军兵工厂曾根制造所（化学填装工厂）》，RG319，Entry 85A，Box 1572，美国国家档案馆。

弹1.7万发，50千克级空投黄弹3500发，空投茶弹为零，但1942年3月空投茶弹的生产计划为5000发。[1]

表6为实际填装数据，毒气弹共计1612626发（包括燃烧弹、发烟弹在内的化学弹，共有1815861发）。红弹为1129975发，黄弹为482651发，因此可以判断红弹是生产核心。另外，表7为《陆军兵工厂历史》与《陆军武器工厂历史》中记载的毒气弹、毒气筒的实际填装（生产）数据（包括一部分未填装的炮弹），但由于缺乏1942年度之后的数字，因而无法掌握其生产总量。此外，表6与表7并不完全一致。从两个表都有数据的1938—1941年的填装实际数据来看，表6中大约是140万发，而表7中则大约是96万发。值得注意的是，表7的数值更接近原始资料，但不排除未登记的情况，所以表6的数值可视为大概数字。[2]

1　陆军武器行政本部：《兵工厂现有设备能力概览表》，1941年11月，日本武器工业会：《武器制造设备能力表》收录。此外，东京陆军第二武器制造厂编的《制造设备能力一览表》（1942年4月调）也显示了同样的数字。且，陆军武器制造本部编的《武器制造厂现有设备能力表》（1942年1月调）列举了如下数字：红弹51500发、黄弹46000发、50千克级黄空投弹2300发、茶弹17500发、50千克级茶空投弹5000发。

2　另，依据美国海军的调查，红弹228300发、黄弹190700发、蓝弹2000发、茶弹200发、红空投弹3000发、黄空投弹4200发、蓝空投弹1060发、茶空投弹100发，共计生产了429560发。（参考：美国海军赴日技术考察团：《日本的化学战》，1945年12月，《美国海军赴日技术考察团报告：1945—1946》，卷十，学术资源公司，1983年）

表6　曾根制造所内的毒气填装（单位：发）

种类 年度	94式迫击炮弹	92式75毫米炮弹	91式100毫米炮弹	92式150毫米炮弹	93式150毫米炮弹	97式15千克空投弹	94式迫击炮弹	92式75毫米炮弹	91式100毫米炮弹	92式100毫米炮弹	97式50千克空投弹	100式50千克空投弹	合计
—	DC	DC	DC	DC	DC	DC	HL	HL	HL	HL	HL	HL	
1938	40000	69600	1200	0	0	1000	13000	6000	0	0	50	0	130850
1939	4000	50000	8300	0	0	0	0	0	1000	0	944	0	64244
1940	97580	112300	16800	0	4500	2080	43000	41480	12800	6000	0	540	337080
1941	350007	126360	32986	20622	0	185	17014	70320	81472	37465	0	556	736987
1942	91993	0	24014	0	13678	2000	13952	40000	4528	8535	0	595	199295
1943	58000	0	0	0	0	2770	0	14400	50000	15000	0	4000	144170
1944	0	0	0	0	0	0	0	0	0	0	0	0	0
合计	641580	358260	83300	20622	18178	8035	86966	172200	149800	67000	994	5691	1612626

资料来源:《标的番号 CW 5031：东京第二陆军兵工厂曾根制造所（化学填装工厂）》，RG 319，Entry 85A，Box 1572，美国国家档案馆。DC 指二苯氰胂（红剂），HL 指芥子毒气与路易氏剂的混合（均为黄剂）。92式150毫米炮弹的数值填入了93式150毫米炮弹的1941年处，依据《关于日本化学战的情报报告》第3卷予以了修订。且，除此之外，还填装了燃烧弹17万8835发，发烟弹2万4400发。

另外，依据表7的内容，1932年度至1937年度忠海制造所填装的炮弹数为42万7297发。在该数字基础上，如若加上表5的忠海制造所内填装的空投绿弹3万3700发与表6曾根制造所内填装的161万2626发的话，则陆军的毒气弹生产总量大致为207万4000发。

表7　陆军的毒气弹填装（单位：发）

种类 年度	红弹			黄弹			绿弹	蓝弹	蓝白弹	茶弹	合计
	迫击炮	山炮等	空投弹	迫击炮	山炮等	空投弹	山炮等	山炮等	空投弹	空投弹	
1932	—	54000	—	—	59120	—	—	—	—	—	113120
1933	—	41351	—	—	52383	—	—	—	—	—	93734
1934	—	41747	—	—	57258	—	1000	3648	—	—	103653
1935	—	—	—	—	1000	1000	—	15000	—	—	17000
1936	36870	3080	—	24510	—	990	3000	3500	—	—	71950
1937	6125	10500	—	6000	4705	10	500	—	—	—	27840
1938	—	—	3044	73100	—	1380	—	—	931	—	78455
1939	111910	52720	1693	33330	—	1494	—	—	69	—	201216
1940	116450	70536	711	—	—	—	—	—	—	—	187697
1941	160170	148228	—	28855	144663	3027	—	—	1515	2980	489438
合计	431525	422162	5448	165795	319129	7901	4500	22148	2515	2980	1384103
合计	红弹合计859135			黄弹合计492825							

资料来源：陆军兵工厂编:《陆军兵工厂历史》(1932—1939年度)；陆军武器本部编:《陆军兵工厂历史》(1940、1941年度)，防卫研究所图书馆藏。

斜体数字仅表示炮弹生产数量(不包括填充毒气数量)。本表在补充辰巳知司《隐藏起来的“广岛”》(日本评论社，1993年，第24页)的表格的基础上制作而成。

海军的毒气生产

海军开始生产毒气，是在太平洋战争爆发的第二年（1942年），比陆军晚很多。到1943年5月20日，海军才设立了相模海军工厂总厂。[1]

如表8所示，从美国掌握的情况来看，海军的毒气生产量为760吨，大致相当于陆军的九分之一。此外，海军也生产少量的呕吐性气体亚当毒气（二苯胺氯胂）。另外，海军从德国学到了能够穿透橡胶防毒衣的新型毒气——氮芥的生产方法，并生产了50千克用于实验。[2]

表8　海军的毒气生产（单位：吨）

年度	芥子毒气	路易氏剂	二苯氰胂	氯乙酰苯	合计
~1941	30	5	30	20	85
1942	80	5	50	20	155
1943	200	5	40	40	285
1944	190	5	0	40	235
1945	0	0	0	0	0
合计	500	20	120	120	760

资料来源：《关于日本化学战的情报报告》第3卷，以及《相模海军工厂》第25—26页。两者的数值相同，但后者还记载了3吨氰化氢的数据（1945年，大概是由民间企业供给的）。

依据相模海军工厂第一火药部长兼实验部长鹤尾的陈述，为了妨碍敌方军舰在遭受炮击后进行紧急排水修理工作，海军生产了12厘米常规炮弹用的N剂罐（氯乙酰苯），14厘米常规炮弹用的N剂罐、S剂罐（二苯氰胂），并将其安装在常规炮弹的弹头或弹底。[3]陆战用毒气方面，海军在15厘米迫击炮弹中填装了芥子毒气。1943年马林·塔拉瓦

1　相模海军工厂置于横须贺镇守府司令官指挥之下。第一火药部与第二火药部分别承担攻击用武器与防御用武器的生产。

2　美国海军赴日技术考察团：《日本的化学战》，1945年11月，《美国海军赴日技术考察团报告：1945—1946》，卷三。

3　鹤尾定雄：《关于化学武器的回忆》，1967年，防卫研究所图书馆藏。

攻防战之后，为攻击敌军机场，海军配备了填装芥子毒气的六番一号炸弹，重60千克。

表9的内容表示的是这些炮弹、炸弹的生产量，总量为7万1100发。另外，依据海军省战后提供的资料，六番一号炸弹的配备量（1945年9月9日）估计为4万3414发，呕吐性、催泪性中口径炮用型弹药罐为3万1035个。[1]

表9　海军的毒气弹生产（单位：发）

弹药／年度	12厘米炮用型弹药罐	12.7厘米炮用型弹药罐	14厘米炮用型弹药罐	15厘米炮用型弹药罐	60千克一号炸弹三型特药	60千克一号炸弹二型特药	**8厘米迫击炮一号特弹	合计
—	*气体	*气体	*气体	*气体	糜烂性	呕吐性	催泪性	—
1941	7000	5000	4000	3000	0	0	0	19000
1942	3000	4000	3000	4000	0	2000	0	16000
1943	0	0	0	0	0	0	0	0
1944	0	0	0	0	35000	0	500	35500
1945	0	0	0	0	600	0	0	600
合计	10000	9000	7000	7000	35600	2000	500	71100

资料来源：《标的番号135：相模海军工厂》，RG 319，Entry 85A，Box 1704，美国国家档案馆。* 表示催泪瓦斯或呕吐性毒气。** 为依据《相模海军工厂》第42页所做的补充。

除此之外，战败前不久，日军还生产了在汽水瓶中填装氰化氢的四号特药瓶约1万个。[2]这是士兵在对抗坦克时，向坦克炮塔、驾驶室周围投掷的自杀式武器，而氰化氢是在广岛县的三菱化成大竹工厂中生产的。[3]

1　海军省：《关于毒气及其填充武器处理的文件》（1945年9月）附表（1945年9月9日直到现在，2004年环境省公布资料）。作为呕吐性、催泪性中口径炮用型铁罐，其中显示位于横须贺（池子、濑谷）约3万个，相模工厂平冢分所1035个。

2　桑原尚雄：《化学研究部及化学实验部时期的我》，《相模海军工厂》，第115页。

3　鹤尾：《相模海军工厂设立经过及其始末》。依据桑原尚雄技术的回忆，这是1942年前后的事（《相模海军工厂》，第115页）。

民间工厂的毒气生产与日本的生产总量

由于光气被当作染料使用，保土谷化学（1938—1945年共计953吨）和日本曹达（1938—1945年共计180吨）都生产了光气，其中一部分提供给了陆军。[1]虽然不清楚交付的总量，但表4注显示1941年民间企业交付了陆军14.06吨。交付海军的氰化氢总量也不明确，但战后美军从海军处没收了5吨。

将此考察的数字进行合计，可以发现陆军共计生产光气6616吨，海军共计生产氰化氢760吨，二者合计7376吨（民间工厂供给的光气与氰化氢并不包括在内）。[2]此外，正如表4所示，可以判断陆军的氰化氢生产量要更多，因而日本的毒气生产总量也应当有所增加，但不会超过8000吨。

填装完毕的毒气弹，陆军最多约有207万发，海军约7万发，合计214万发。另外，在发射筒方面，仅陆军就有红筒约266万支，绿筒约228万支，共计494万支。

从这些实际生产数据中，可以明确得出以下结论：陆军正式开始生产毒气是在1937年。这与中日全面战争爆发后进行的毒气战以及对苏战争有着深刻的关系。毒气生产的顶峰在1941年，1942年开始逐步减少，这是由于1941年对苏备战中止了，并且1942年罗斯福总统对日本的毒气战发出了警告。由于与英、美的贸易中断，日本无法进口毒气原料，这为国内的毒气生产带来了很大影响。在美军日益逼近日本本土的1944年，陆军下达了停止使用毒气的命令（参照第七章），从此中止了国内的毒气生产工作。此后，毒气生产转向了发烟剂、防毒面具、气球炸弹等。

1 《标的番号649：日本曹达》，《标的番号635（9），补充报告：保土谷化学》，RG319，Entry 85A，Box 1519，1544。

2 化学兵指挥官办公室，驻日盟军总司令部，美国太平洋陆军部队：《关于日本化学战的情报报告》，第3卷，1946年3月1日（RG 319，Entry 82，Box 1789，美国国家档案馆）。据此资料，1930—1945年日军毒气生产量（光气除外）为：芥子气、路易氏剂4991吨，氰化氢255吨，二苯氰胂1957吨，氯乙酰苯172吨，共计7375吨。几乎是同样的数字。

海军于1942年正式生产毒气，在1943年达到顶峰。这主要是因为马林·塔拉瓦战役之后，美国方面用毒气对付日军的论调盛行，为了在美军率先使用毒气的情形下进行报复，海军便开启了毒气生产的准备工作。即便步入1945年，海军仍在制造芥子毒气炸弹。

若将日本毒气生产量与其他国家进行对比，就会发现英国毒气的生产量约为3.5万吨，大约是日本的5倍。[1]英国的资料显示，包括神经毒气在内，德国的毒气生产量约为6.7万吨，其中塔崩1.2万吨。[2]而美国资料显示，美国的毒气生产量为7.8万吨[3]，大约是日本的10倍。其中也包括神经性毒气和氮芥，无论质量还是数量都较为可观。如果算上芥子毒气、氮芥、路易氏剂、光气、氰化氢、氯化氢、亚当毒气和催泪瓦斯，美国生产的毒气量则超过了14.6万吨。[4]这大约是日本的20倍。由此可知，相比于美国、德国等现代化一流军事强国，日本的化学战能力要逊色许多。尽管如此，日本的毒气武器对中国来说也是巨大的威胁。

民间企业的毒气原材料生产与供给

除了陆军生产的光气与海军生产的氰化氢，其他毒气采用的都是民间企业生产的原材料，在忠海制造所、相模海军工厂进行化学反应，从而完成毒气制造。陆海两军生产毒气，显然是离不开民间公司的协

1　斯德哥尔摩国际和平研究所:《化学与生物战的问题》第1卷，阿姆奎斯特与维克塞尔人文出版社，1971年，第304页。

2　C. D. R. 5:《化学武器与烟雾情报概要》第115号，RG 319，Entry 82，Box 1107，美国国家档案馆。月产500吨的沙林毒气生产设备也几近完成。

3　里奥·P. 布罗菲，等:《化学兵部队：从实验室到战场》，戴恩出版公司，1959年，第74页。斯德哥尔摩国际和平研究所称，约有7万吨（斯德哥尔摩国际和平研究所，第304页）。

4　同上。1940年至1945年末之间的生产量。依据斯德哥尔摩国际和平研究所的数据，为13万5000吨（截至8月末。斯德哥尔摩国际和平研究所，第304页。）

助的。

据记载，在1929年，诸多民间企业合作向陆军供给生产芥子毒气的原材料：南洋兴发提供了乙醇，北海曹达伏木工厂提供了液态氯，四国曹达坂出工厂提供了一氯化硫。[1]

此后民间企业的供应情况，可由在忠海制造所工作的技术兵中尉松冈康夫所制作的表10得知。因为该表中有1937年由南海晒粉改名的南海化学与1939年由保土谷化学改名的保土谷曹达，因此可以大致认为是在1937—1939年作成的。此外，表11为向海军供给毒气原材料的企业。接下来让我们一起看看支撑了日本毒气战的民间公司。

表10　陆军的毒气原材料及其供给企业

毒气	原材料	供给企业
黄一号甲	乙二醇一号	日本曹达·三井矿山
	盐酸	昭和曹达
	食盐（不纯碳酸钠）	三井矿山
	硫酸	尾崎染料·住友化学
	碳酸钠	大阪岸田·清多
黄一号乙	四氯化碳	南海化学·日本曹达·昭和曹达·三共
	液态氯	晒粉销售公司
	一氯化硫	保土谷曹达·日本曹达·昭和曹达·南海化学
	酒精	地方专卖局
黄一号丙	乙二醇二号	三井矿山
黄二号	碳化钙	东京菱三商会（日本曹达·原田商店·三井物产）
	三氧化二砷	日本矿业·三菱矿业
	食盐	地方专卖局
	[硫酸]	〔住友化学〕
红一号	CA剂（二苯胂酸）	三井矿山·日本染料
	亚硫酸氢钠	大阪晒粉·日本重化学工业
	氰化钠（氢化苏打）	保土谷曹达·日本曹达·昭和电工·铁兴社
	碘化钾	大阪广荣

1　服部忠：《秘录 大久野岛记录》，第19—20、29页。

续表

毒气	原材料	供给企业
绿一号	三氯化磷	保土谷曹达·日本曹达·南海化学
	一氯乙酸	保土谷曹达·日本曹达·三井物产
	三氯化铝	小西·日本合成化学
	二硫化碳	南海化学
	苯	八幡制铁
发烟剂	硝酸铵	日本窒素·日满商事
	氯化铵	岸田·清多
	氧化锌	关西涂料·日本涂料·三共
	锌粉	三共·本庄·□田
筒加热剂等	三硫化二锑	金井·小西
	铝粉	清多

资料来源：技术兵中尉松冈康夫笔记:《化学武器》收录表，毒气岛历史研究所藏。〔 〕内为在笔记其他部分记载的内容，□表示无法判读的内容。此外，茶一号（氰化氢）是由氰化钠与硫酸为原材料制作的，白一号（发烟剂）则是由三氧化二砷、浓硫酸和食盐为原材料制作的。可以推断，这些材料的供给方应该也是该表中的企业。

表11　海军的毒气原材料及其供给企业

成品	原材料	供给企业	月产（吨）
芥子毒气	硫二甘醇（沃克佐鲁*）	三井化学三池染料工业所	7
		旭电化尾久工厂	10
		东洋制药化成出来岛工厂	3
	盐酸	晒粉统制会社	120
	晒粉	晒粉统制会社	20
	消石灰	石灰统制会社	30

资料来源：《标的番号135：相模海军工厂》，RG 319，Entry 85A，Box 1704，美国国家档案馆。《相模海军工厂》，第24—25页。

* 此处日文原文为“オクゾール”，音译为“沃克佐鲁”，是硫二甘醇的德文名称。以下同此。——译者按

三井财阀系

三井矿山是三井财阀的核心企业，其所属三池染料工业所生产并向陆军供给用于制造芥子毒气的中间制品乙二醇一号（硫二甘醇）、用于制造不冻性芥子毒气的乙二醇二号，以及用于制造呕吐性毒气的二苯胂酸等。

陆军最初是在1932年初开始委托三井矿山进行乙二醇一号的生产。[1]三井矿山旋即建造了工厂，截至翌年2月累计供给量达36吨。1934年1月，久村陆军科学研究所所长委托三井矿山制造二苯胂酸。[2]他要求三井矿山的年产量达到50吨。为此，三井矿山将高级染料工厂的一部分改成生产工厂，建成了月产量30吨的设备。次年3月，三井按照订货量完成了生产。三井生产的二苯胂酸商品名为“阿萨丁”（原文为“アサヂン”，此处音译。——译者按），1936年11月更名为“CA剂”。1937年4月，三井也开始接受来自海军的订单（海军称之为“二号中间药”）。

到此时为止，陆军和海军的订单，都是为了培养生产技术人才的“教育订单”。1937年8月，中日战争全面爆发后，陆军向三井采购了更多的二苯胂酸订单。9月，三井开始正式进入生产阶段。与此同时，来自海军的订单也在不断追加。同一时期，三井接到了来自陆军采购的乙二醇一号、二号的订单，以及来自海军的乙二醇一号（海军中称之为“三号中间药”或“沃克佐鲁”）的订单。1938年1月，为了增产，三井矿山完成了设备的升级，之后还增设了大型反应塔。[3]三井的原材料乙烯，是同为三井系的东洋高压大牟田工业所生产的。到1938

1　三井矿山：《三井矿山50年史稿》第一二卷（《化学工业》一），第258页，三井文库藏。

2　同《三井矿山50年史稿》第一三卷（《化学工业》二），第280—282页，第20卷（《运输贩卖》二），第386—387页，三井文库藏。以下据此。关于生产二苯砷醇的事实，坂本雅子利用该资料进行了阐释（坂本雅子：《财阀企业的战争责任》，《战争责任研究》第8号，1995年6月，第43—46页）。且，二苯砷醇系类白色甚至带褐色的结晶粉末状，其化学式为$(C_6H_5)_2AsOH$。

3　《三井矿山50年史稿》第一二卷，第262页。

年，三井的乙二醇一号的生产量达到400.8吨，乙二醇二号达到216.7吨，CA剂达到了522.5吨。[1]如上所述，来自陆海军的订单持续涌进三井，但是在同一时期，二硝基氯苯（原文为“ジニトロクロロベンゾール”。——译者按）的生产量为5981吨，苦味酸达到了1368吨。由此可以看出，在三井化学部门的订单中，炸药原料的生产占了主要部分。

1938年前后，为建设“高度国防国家”，三井财阀加快了向重化工业领域的倾斜。尽管在重工业领域落后于三菱财阀、住友财阀，但三井财阀在化学工业领域形成了以三井矿山为中心的“基本盘”。因而，三井财阀认为，如若将化学工业部门进行统合及扩充，则将有可能培育出不逊色于三菱重工的大企业。[2]1941年4月，三井矿山、三井物产、三井同族共同出资创立了三井化学，会长三井高修。此外，三井矿山将其在三井系的东洋高压、北海曹达和晒粉销售等企业中的股份也转移给了三井化学。三井矿山的毒气原料军方订单也由三井化学“继承”了下来。三井化学在1941年下半年3500万日元的总销售额中，直接向军方交货的部分占到了38%。[3]

战后据美军统计，三井化学（包括三池染料工业所时代）的生产量为：乙二醇一号800.9吨，乙二醇二号1402.4吨。步入1945年后，三井化学还向海军供给了23.5吨的乙二醇一号（沃克佐鲁）。[4]另外，三井物产也向陆军供给了路易氏剂的原材料——碳化钙和催泪剂的原材料——一氯乙酸。

昭和曹达是福泽驹吉于1928年设立的企业，不属于三井系，而是福泽系，负责向陆军供给黄一号甲的原材料——盐酸和黄一号乙的原材料——四氯化碳、一氯化硫。就这一点而言，昭和曹达属于非常重要的企业。昭和曹达于1935年开始生产四氯化碳，最初是供应给消防

1 《三井矿山50年史稿》，第五卷之二（《总论（营业）》），表21。

2 三井东压化学株式会社社史编纂委员会：《三井东压化学社史》，三井东压化学株式会社，1994年，第152页。

3 同上，第164页。

4 《标的番号635（8）：三井合名》，RG 319，Entry 85A，Box 1651，美国国家档案馆。

器材从业者的。但是，由于1940年之后工业用盐进口量减少，据其企业史记载，“仅生产了一点儿作烟雾用（的材料）”[1]。然而，实际上这些是用于制造芥子毒气的。

1944年7月，昭和曹达与三井系的北海曹达、人造丝曹达以及矢作工业合并，成立了东亚合成化学工业这一新公司。三井化学在此次合并之前便购入了矢作工业、昭和曹达的一部分股份，因而三井化学在新企业中的持股率达到了23%。[2]东亚合成化学工业对于三井化学来说，是继东洋高压后的第二个关联化学企业。

此外，曾任陆军科学研究所所长的久村（东大火药科毕业）成了东亚合成化学的董事。他在编入预备役后的1940年曾成为北海曹达的董事，1944年就任东洋高压社长。久村的经历表明，三井系的化学企业及东亚合成化学通过供给包括毒气原材料在内的化学制品，与军方保持着紧密的联系。

住友财阀系、三菱财阀系、古河财阀系

住友化学、日本染料与尾崎染料（冈山）是另一个大型集团。日本染料向日本军方提供了用于生产呕吐性毒气的原材料二苯胂酸，住友化学、尾崎染料供应的则是用于芥子毒气生产的原材料硫酸。日本染料是日本最大的染料工业企业，在大阪拥有北工厂、南工厂、春日出工厂、西岛工厂，在大分县则拥有鹤崎工厂。虽然据日本染料的企业史记载，日本染料从1934年开始“生产军用特殊药品比C剂（原文为“ヒC剂”，此处音译。——译者按）”[3]，但事实上，日本染料在此之前就开始向军方供给火药稳定剂二苯胺与生产火药的原材料石炭酸等。这里所说的“比C剂”，指的就是CA剂。

1　东亚合成化学工业株式会社社史编辑室：《社史东亚合成化学工业株式会社》，东亚合成化学工业株式会社，1966年，第314页。

2 《三井东压化学社史》，第178页。

3　住友化学工业株式会社：《住友化学工业株式会社史》，住友化学工业株式会社，1981年，第191页。

日本染料在1944年7月被住友化学收购，其后，开始由住友化学大阪制造所春日出工厂向陆军供给二苯胂酸。[1]此外，尾崎染料也在1945年8月被住友化学收购。

三菱财阀的三菱矿业，向陆军供应生产路易氏剂的原材料三氧化二砷。该企业下的生野矿山，从1933年起开始精炼三氧化二砷，1939年的年产量达到了200吨。[2]另外，直岛精炼所一直在对吉冈、生野、明延等自身企业的矿山所产矿石及从外部购入的矿石进行精炼，出产粗铜，但从1937年开始进行砷矿的精炼。1940年，生野矿山的三氧化二砷精炼业务也被转移至此。[3]东京菱三商会则是向陆军供应路易氏剂的原材料碳化钙。

大阪晒粉公司向陆军供应呕吐性毒气的原材料亚硫酸氢钠。该公司于1942年被三菱系的旭硝子收购。此外，旭硝子1941年生产了作为芥子毒气原材料的碳酸钠，产量达10万2220吨。[4]1944年，在合并日本化成与旭硝子的基础上，三菱化成成立。虽然没有证据证实新成立的三菱化成曾向陆军供应过生产毒气的原材料，但三菱化成向海军提供了本身便是毒气的氰化氢。

古河财阀方面，旭电化工业在20世纪20年代便开始了芥子毒气污染清除剂——高度晒粉的开发，1931年收到了来自陆军科学研究所的订单。1938年，旭电化工业的生产量达到了1044吨，占国内市场份额的76%。[5]1941年12月开始，应海军方面的要求，旭电化工业开始生产用于芥子毒气的原材料——三号中间药。为了完成订单，旭电化向海

---

1 陆军省军务课:《有末机关报 第302号 关于日本化学战的文件》，1945年11月1日，《毒气战相关资料Ⅱ》，第164页。

2 三菱矿业水泥株式会社总务部社史编纂室:《三菱矿业社史》，三菱矿业水泥株式会社，1976年，第439页。

3 同上，第439—440页。

4 旭硝子株式会社临时社史编纂室:《社史 旭硝子株式会社》，旭硝子株式会社，1967年，第850页。

5 旭电化工业株式会社:《社史 旭电化工业株式会社》，旭电化工业株式会社，1958年，第144页。

军方面提出了要求优先分配乙醇、食盐、碳酸钠、硫化钠、煤炭及征用的劳工。[1]1944年前后，海军方面向旭电化和三井化学下达指示，要求其各自实现年产500吨三号中间药的目标。[2]但实际上，旭电化的年度总生产量为262吨左右。[3]

新兴财阀系及其他化学企业

新兴财阀日曹康采恩的核心企业——日本曹达向陆军供应用于制造芥子毒气的原材料乙二醇一号、四氯化碳、二氯化硫，用于制造路易氏剂的原材料碳化钙，用于制造呕吐性毒气的原材料氰化钠，以及用于制造催泪瓦斯的原材料三氯化磷、一氯乙酸。这些都是在日本曹达二本木工厂（新潟县）生产的。[4]

依据美军战后的调查报告，日本曹达在生产光气的同时，1934年11月至1944年8月也生产了乙二醇一号。1936年之后，日本曹达的乙二醇一号的年生产量为619.1吨。[5]其生产量的顶峰在1943年，次年便减少了一半，这些产品都供给了东京第二陆军兵工厂。日本曹达供给日本陆军的毒气材料品类非常多。因此，就陆军的毒气生产而言，日本曹达是与三井矿山（三井化学）同等重要的企业。

森康采恩的核心企业昭和电工向陆军提供了用于呕吐性毒气生产的原材料氰化钠。1925年，日本沃度成立，1933年发展为日本电气工业，1939年在与昭和肥料合并的基础上成立昭和电工。进入电气工业时代后，昭和电工便开始生产氰化钠、晒粉等。在其氰化钠的制造工厂中，福岛县的广田工厂在1938年的生产量为1711吨，占国内市场份

---

1 《社史 旭电化工业株式会社》，第200—201、202页。

2 《相模海军工厂》，第23页。

3 《标的番号CW5025：东京制药化成株式会社》，《标的番号635（10）：旭电化工业株式会社》，RG 319，Entry 85A，Box 1572，1615，美国国家档案馆。

4 日本曹达企划本部社史编纂室：《日本曹达70年史》，日本曹达企划，1992年，第74页。《毒气战相关资料Ⅱ》，第160、164页。

5 《标的番号649：日本曹达》。

额的32.7%。[1]此外，日产康采恩的日本矿业也向陆军提供了用于芥子毒气制造的原材料三氧化二砷。

其他化学企业方面，程谷曹达工厂是最早接受陆军订单，生产用于毒气武器的液态氯的企业。1921年，程谷曹达开始生产合成盐酸，其后又生产了光气，并成功成为染料企业的一员。[2]1923年，公司名变更为保土谷曹达，1939年更名为保土谷化学。20世纪30年代之后，开始向日本军方提供用于芥子毒气制造的原材料一氯化硫，用于呕吐性毒气制造的原材料氰化钠，以及用于催泪瓦斯制造的原材料三氯化磷、一氯乙酸。

南海化学是由南海晒粉公司于1937年改名而来的(和歌山市)，它向陆军供应了用于芥子毒气制造的原材料四氯化碳和用于催泪瓦斯制造的原材料三氯化磷、二硫化碳。四氯化碳、二硫化碳在土佐工厂进行生产，三氯化磷在和歌山的小杂贺工厂内生产。[3]1939年，南海化学被中山制钢所合并，成为后者的化学部门。铁兴社则向陆军提供了用于呕吐性毒气制造的原材料氰化钠，它在山形的工厂有着月产150吨的生产能力。[4]铁兴社的旁系企业日本重化学工业(尼崎市)也向陆军提供用于呕吐性毒气制造的原材料亚硫酸氢钠。

如上所述，三井矿山(三井化学)、三菱矿业、住友化学、旭电化等大财阀直系企业与其关联企业，日本曹达、日本矿业、昭和电工等新兴财阀的核心企业，以及它们周边众多的化学关联企业，支撑着陆海军的毒气生产。

---

1 昭和电工株式会社社史编纂室:《昭和电工50年史》，昭和电工株式会社，1977年，第79—80页。

2 曹达次氯酸钙同业会:《修订增补 日本曹达工业史》，曹达次氯酸钙同业会，1938年，第452页。

3 同上，第468页。

4 铁兴社社史编纂委员会:《铁兴社35年史》，铁兴社，1961年，第96页。

第七章

受到抑制的毒气战——东南亚、太平洋战线（1941—1945）

对英联邦军队的毒气使用

毒气的配置

1941年12月8日，日军偷袭了夏威夷和马来半岛，对美国和英国不宣而战，即太平洋战争。为了准备这场战争，11月16日，陆军省针对毒气战装备做出了如下安排：[1]

1. 南方军（总司令官寺内寿一）方面，配备红弹4万1640发、茶弹3980发、中红筒3000支、发射红筒8000支。

2. 进攻菲律宾的第14军（司令官本间雅晴）方面，配备红弹9700发、试制手投毒气瓶3000个、发射红筒10000支、催泪棒50箱。

3. 先进攻泰国，随后筹备缅甸战争的第15军（司令官饭田祥二郎）方面，配备红弹3000发、中红筒及发射红筒各2000支。

4. 进攻荷属东印度（兰印）的第16军（司令官今村均）方面，配备红弹16500发、中红筒及发射红筒各5000支、催泪筒3000支。

5. 进攻马来半岛和新加坡的第25军（司令官山下奉文）方面，配备红弹76300发、茶弹400发、手投毒气瓶10000个、中红筒及发射红筒各10000支。

此外，承担攻占关岛任务的南海支队（支队长堀井富太郎）方面，配备红弹1400发、中红筒500支、手投毒气瓶100个。[2]

---

1 陆支密第4099号:《あ号战斗资材交付文件》，1946年11月16日，《毒气战相关资料Ⅱ》，第384—388页。

2 《大陆指第1001号》附表，1941年11月6日，《毒气战相关资料Ⅱ》，第263页。

由此，在对美、英开战的时候，日军已经完成了颇具规模的毒气武器储备。值得关注的是，在各个战区承担作战任务的军队中，预计在进攻马来半岛时会与英联邦军队作战的第25军，是毒气武器的重点配备对象。因此，与美国、菲律宾的军队进行战斗的第14军以及与荷兰军队战斗的第16军的毒气资材配备量就变少了，而供给进攻泰国的第15军的毒气资材配备量就更少了。实际上，只有第25军进行了毒气战。可以推测，许可使用毒气的指示已经事先下达给了该部队。第25军配备的毒气，以呕吐性气体（红弹、红筒）为主。第25军、第14军、南海支队配备了氰化氢手投瓶（小孩儿）。此外，南方军和第25军还配备了少量的氰化氢弹（茶弹）。但是，在此阶段，任何部队都没有配备糜烂性毒气资材。[1]

使用毒气的第25军在7月28日以武力进占了法印南部（法属印度支那南部）地区。[2]在太平洋战争开战的时候，该部被编入了南方军，军队司令官也从饭田祥二郎换成了山下奉文。第25军主力由近卫师团、第5师团、第18师团、第3战车师团等精锐部队组成。

1　当然，并不是指没有配备糜烂性毒气。1943年1月，在巴布亚新几内亚的格纳（Gona），英联邦军队发现了日军遗留下的糜烂性毒气炮弹（墨尔本海军情报部门发给英国海军部、综合情报中心及东方舰队的绝密密码电报，1943年1月13日，陆军部208/3044，英国档案局）。同年5月，第25军在苏门答腊岛的格棱邦进行了热带地区毒气实验，所使用的毒气为氰化氢弹800发、糜烂性毒气弹422发等（陆军习志野学校：《热带地区化学战研究成果表》，1943年10月，防卫研究所图书馆）。此外，手投式氰化氢瓶也被携带至各地。例如，1942年10月，陆军省给北海部队（吉斯卡岛）运送了500个小型瓶（《关于军需品运输文件的通告》，《陆亚密大日记》，1942年第51号，防卫研究所图书馆藏）。美军攻陷阿图岛之后，缴获了小型瓶60个（化学兵部队办公室主任情报部门：《关于日军使用战争毒气的可用信息简要说明》，1944年，阿伯丁试实验历史办公室）。

2　据第5师团的“战斗详报”，进驻法属印支地区北部之时，记载称“敌我双方皆未使用毒气”。但是，据《武器损耗表》的记载，却消耗了41式山炮红弹25发、89式发射红筒12支（第五师团：《法属印支战事战斗详报》，1940年9月23～25日）。相应地，也存在对法国殖民地军队小规模地使用了呕吐性毒气的可能性。

攻占马来亚战役

1941年12月8日，偷袭登陆马来半岛哥打巴鲁，隶属第18师团（师团长牟田口廉也）的木庭支队、侘美支队沿马来半岛东岸南下。在泰领宋卡（星若拉。原文为“Singgora”。——译者按）登陆的第5师团（师团长松井太久郎）的主力斜穿半岛，沿西岸南下。从北大年登陆的第5师团安藤支队也斜着穿过半岛，沿西岸南下。不久，第18师团主力和自泰国通过陆路进入半岛的近卫师团（师团长西村琢磨）一起接替第5师团，继续突击前进。1942年1月31日，第25军攻占了新山，2月15日攻占了新加坡。根据日军的资料，其间日军进行的毒气战举例如下：

1941年12月9—25日，在攻占北部马来亚战役中，第5师团对英联邦军队印度第11师（师长穆雷·莱恩）使用了山炮红弹17发、红筒21支、手投毒气瓶6个。[1]其间，步兵第11联队第1大队在12月13—14日在马来半岛北部使用了3发红弹。[2]此外，同属该联队的步兵炮中队于13日在亚罗士打附近使用了红弹3发、红筒2支，16日在穆达河附近使用了红弹9发。[3]关于亚罗士打附近的战斗记录指出：“炮手全部负伤，仅有今井小队长和分队长幸免……一见到分队长荣井中士，立即在炮侧就位……用榴弹和瓦斯弹直接瞄准，发动连续射击，瞬间压制住了敌人的火力。”[4]关于使用红筒，记录中总结出的教训认为，在市区街道的巷战中，或在敌军阵地坚固且敌人位置不明的情况下，使用红筒都能取得不错的战果。

如上所述，在陷入绝对劣势的不利战局时，以及敌人的位置不明的时候，日军使用了毒气。一旦使用毒气，英联邦军队的士兵会立即撤退。日军搜索第5联队在12日对日得拉阵地发动攻击时，某小队投

1　第5师团：《攻占北部马来亚战役战斗详报》，1941年12月9日至25日，防卫研究所图书馆藏。

2　步兵第11联队第1大队：《攻占北部马来亚战役战斗行动详报》，1941年11月9日至12月25日，防卫研究所图书馆藏。

3　步兵第11联队步兵炮中队：《攻占北部马来亚战役战斗行动详报》，1941年12月8日至25日，防卫研究所图书馆藏。

4　同上。

放了发烟筒。英联邦军队误以为是毒气，迅速戴上防毒面罩撤退了。搜索第5联队对此嘲笑称："这都是文明国家的军队杞人忧天的结果，着实令人好笑。"[1]在只使用发烟筒的情况下，敌军尚且落荒而逃，若真使用了呕吐性毒气或氰化氢，结果可想而知。

12月26日至次年1月12日，第5师团转而投入攻占中部马来亚的战役，使用了山炮红弹1发、红筒1支、手投毒气瓶10个。[2]1942年1月13日至2月1日，第5师团在攻占南部马来亚的战役中，使用了红弹4发、红筒40支、手投毒气瓶18个。[3]在此期间，步兵第11联队步兵炮中队于1月23日在帕劳附近发射了4发山炮用红弹。[4]同属该联队的第2大队于28日在纳马泽（原文"ナマゼ"。——译者按）附近的战斗中使用了小红筒34支。[5]在此次战斗中，英联邦军队的反击"多达3次"，最终将其击退。从英军回溯此次战斗的记录来看，日军可能在撤退过程中使用了毒气。从英联邦军队遗弃的近300具尸体来看，他们应不仅仅是遭到了红筒的攻击。

另外，近卫步兵第4联队第1大队在1月15—26日，在马来亚南部的峇株巴辖（Batu Pahat）附近的战斗中使用了10个手投毒气瓶。[6]

如上所述，第5师团在马来亚战役中使用了红弹22发、红筒62支、

1　第5师团：《攻占马来亚战役战斗详报附录 战斗的教训》，1942年2月，防卫研究所图书馆藏。

2　第5师团：《攻占中部马来亚战役战斗详报》，1941年12月26日至1942年1月12日，防卫研究所图书馆藏。

3　第5师团：《攻占南部马来亚战役战斗详报》，1942年1月13日至2月1日，防卫研究所图书馆藏。

4　步兵第11联队步兵炮中队：《攻占南部马来亚战役战斗详报》，1942年1月16日至2月2日，防卫研究所图书馆藏。

5　步兵第11联队第2大队：《攻占南部马来亚战役战斗详报》，1942年1月13日至2月1日，防卫研究所图书馆藏。

6　近卫步兵第4联队第1大队：《攻占南部马来亚战役"峇株巴辖"附近战斗详报》，1942年1月15—26日，《毒气战相关资料Ⅱ》，第390页。

手投毒气瓶34个[1]，近卫师团则使用了10个手投毒气瓶。第5师团自占领马来半岛之后，虐杀当地华裔居民的事件时有发生[2]。在此之前的战斗中，虽然规模相对较小，但日军的确对英联邦军队发动了毒气战。

攻占新加坡战役

以下，考察攻占新加坡的战役。第5师团在2月2—15日的战斗中使用了7支红筒。[3]近卫步兵第4联队在此次战斗中，使用了7个手投毒气瓶。[4]其中，联队本部使用了1个，第2大队、步兵炮中队、通信中队各使用了两个，整体上都是在小规模范围内使用。受到毒气攻击的军队有澳大利亚第8师、第27旅及印度第11师第8旅。此外，2月6日，近卫师团的西村琢磨下达命令，要求所有部队应当携带全部装备，而这些装备中就有手投毒气瓶700个（近卫步兵第4联队携带了手投毒气瓶100个）、红筒200支。

以上攻占马来亚和新加坡的战役记录中尤其值得关注的是，第5师团使用了相当数量的红弹、红筒，近卫师团和第5师团还使用了氰化氢手投瓶。虽然在“战斗详报”中并没有关于上述战斗的毒气使用记载，但从开发目的来看，可以推测手投瓶是用于反坦克的，并且已经确认了其实战效果。1942年5月，教育总监部确定并分发了《化学战重要数量表》。该表中记载，只需要一个手投毒气瓶命中坦克履带，“则几乎不用考虑风向，就能让坦克中的人员死亡”[5]。这是依据包括人体实验在

1　且，依据第5师团《攻占马来亚战役战斗详报别册》（1941年11月15日至1942年2月15日）的《消耗弹药调查表》显示，该师团从12月8日的宋卡登陆至2月6日的新加坡攻略战终了期间，使用了小型弹20个及红筒26支（《毒气战相关资料Ⅱ》，第389页）。这应该是故意减少了的数字。

2　林博史：《虐杀华侨——日军统治下的马来半岛》，铃泽书店，1992年。

3　第5师团：《攻占新加坡战役战斗详报》，1942年2月2日—15日，防卫研究所图书馆藏。

4　近卫步兵第4联队：《攻占新加坡役战斗详报》，1942年2月1—16日，防卫研究所图书馆藏。

5　教育总监部：《化学战重要数量表》，《毒气战相关资料Ⅱ》，第91页。

内的实验所确定的。[1]同时这也有可能参考了此次战斗的效果。

英国资料中的信息

对于这些攻击，英联邦军队是如何看待的呢？以下，从遭受攻击一方的资料进行考察。

1942年1月28日、29日两天，澳大利亚第27旅在击退日军的时候，马来军司令提交了记载日军撤退时使用催泪瓦斯的报告。[2]收到该报告后，英国陆军部和MI10（陆军部军事情报局第一〇处）要求其提供更加详细的报告。进一步调查的结果显示，有士兵用刺刀刺伤日本兵时，也将日本兵腰带上的黄色小容器刺穿，从中漏出气体，还有受伤倒地的日本兵把这样的小容器扔向英军。对此，军情十处（MI10）发表的评论指出，这只是孤立的事件，并不意味着日军有计划地实施了催泪瓦斯攻击计划，该容器也可能是放入了催泪液体的手投瓶。[3]

依据其后的详细报告，可以发现事件详情。日军遭到澳大利亚军队的阻击，被迫弃枪撤退，陷入混乱。为了阻止对手的进攻，使用了毒气。虽然日军携带了防毒面具，但并未使用。而澳大利亚军队并没有携带防毒面具。毒气的气体是淡白色的，释放后能够扩散900来米，25分钟后才消散。使用毒气的场地是茂盛的橡胶林，且被农作物所覆盖，天气晴朗，微风轻拂。遭受毒气后出现症状的有3人，其中1人因引起了气管炎而住进医院。多人在次日出现呕吐症状。[4]

该例子很明显是呕吐性毒气所引发的症状。对于该报告，2月7日，马来军化学部发表评论指出，如果是使用了致死性毒气，则应当会出

---

1 《关于手投毒气瓶的人体实验》，松野诚也:《日本陆军的化学武器人体实验》,《骏台史学》第110号，2000年8月，第8—10页。《关于氰化氢及其手投毒气瓶的开发》，松野诚也:《关于日本陆军的化学武器研究、开发的一项考察》,《年报日本现代史》第9号，2004年3月。

2 MO 10,《军情十处，S. D. 9C Separate Minutes》，陆军部280/2200，英国档案局。以下的PRO资料由普里查德（R. John Pritchard）提供。

3 军情十处/B/2838，1942年2月4日，陆军部280/2200，英国档案局。

4 马来亚总指挥官致陆军部，密码电报29508号，1942年2月7日，陆军部280/2200，英国档案局。

现更多的受害者，因此日军使用的应该是掺杂有毒物质的发烟筒。[1]

2月12日，英国波顿唐恩实验室（英国生物化学战设施）的H.F.特威廉少校在研究了以上报告后指出，刺破的也许是放入了催泪液的容器，3人的症状及其他人出现的呕吐症状，如果不是因为神经过敏所引起的，那么也可能是发烟筒导致的，使用发烟筒也能引发同样的效果。[2]因此，他对于日军使用毒气的观点持否定态度。

针对该意见，军情十处的某上尉同意刺破的容器可能是放入了催泪液的筒，但是他反对特威廉提出的因神经过敏或发烟筒导致上述症状的观点。15日，该上尉提交报告，指出从以下事例就可以判定，日军为阻断澳大利亚军队，同时使用了毒气筒与发烟筒，这是因为日军在中国有同时使用发烟筒和毒气筒的先例，此外，人们在吸入高浓度毒气的情形下，是会出现呕吐现象的。[3]这种观点也得到了特威廉的认可。

2月18日，英国陆军（DMI和MI10）得出结论，指出该事件仅是一个孤立事件，虽然烟雾整体上是无害的，但可以认为日军混用了少量的毒气筒。[4]在一定程度上，英国确认了日军的毒气攻击行为。但由于这是小规模攻击，英国只是掌握了实际情况的一部分。尤其是氰化氢手投瓶的使用情况，英国完全无法得知。

击退日军的同时，英国成功缴获了氰化氢手投瓶，即手投毒气瓶。英军将缴获的手投毒气瓶进行拆解，后将氰化氢重新灌入该类瓶中，并对己方军队的瓦伦丁坦克进行了投掷实验。实验后，将实验结果通报给了美国和苏联。1月30日，军情二处（MI2）发送给英国驻莫斯科军事代表团的电报描述如下：

---

1 马来亚总指挥官致陆军部，密码电报29508号，1942年2月7日，陆军部280/2200，英国档案局。

2 H.F.特威廉致军情十处，1942年2月12日，陆军部280/2200，英国档案局。

3 上尉，G.S.：军情十处致军情十处上校，1942年2月15日，陆军部280/2200，英国档案局。

4 军情十处：《关于日本人在马来亚可能使用有毒烟雾的笔记》，1942年2月18日，陆军部280/2200，英国档案局。

以下是所获取的新情报。手投弹由装了氰化氢的玻璃瓶和为了保护该玻璃瓶而填装了木屑的铁罐组成。罐的总重量为2090克，玻璃瓶和氰化氢的重量为543克，氰化氢的重量为278克，抑或容积是456毫升，加入铜粉则是为了确保氰化氢的稳定性。在英格兰进行的实验中，如上所述，在玻璃瓶中加入原料，外观似日军的手投弹，以瓦伦丁坦克为攻击对象。其结果为，从两三米远的地方直接向坦克投掷的情况下，毒气进入坦克内部，导致坦克内几乎所有人员昏迷。若命中两发的话，也许会致人死亡。如若迅速持续命中的话，极有可能会造成死亡。为模拟马来的气候条件，实验中将瓶的温度加热到了23℃左右。虽然目前尚未收到在马来亚使用手投毒气瓶的报告，但已经确认该手投弹作为某部队装备的一部分被随军携带。[1]

该物是英联邦军队在马来亚的海岸所缴获的，直径约为10厘米，填装有375毫升氰化氢，作为稳定剂的铜粉已经进行了分离（之后加入了三氧化二砷）。根据《本国化学武器技术史》的记载，手投毒气瓶的质量为560克，直径为11厘米（第89—90页），里面装有砷类的稳定剂。

如上所述，英国、美国等同盟国的军队早就掌握了日军拥有并携带氰化氢手投瓶的事实。然而，他们未能掌握日军实际使用的事实。

1 密码电报MIL/2455:《致莫斯科军事使团的电报》，1942年1月30日，陆军部208/3044，英国档案局。听闻手投式氰化氢弹情报的美国国务院，立即要求公开信息。其认为，若公开信息，日本为保存面子，应当会克制使用（B. A. D.致英国海军部，1942年1月16日，陆军部208/3044，英国档案局），除非发生非常事态。

▲图7　氰化氢手投瓶（小孩儿）

从左上至右下，依次为：密封盖、软木塞、纸板箱、玻璃烧瓶、粉红液体（氰化氢）、稳定剂（分离的铜）、锯末、双层锡罐。

资料来源：军事情报局，陆军部总参谋部，军事随员报告：日本化学战装备，1942年1月12日，RG 165，Box 2142，美国国家档案馆。

▲照片10　美军缴获的氰化氢手投瓶（小孩儿）

资料来源:《武器与装备》，1944年1月14日，RG 338，Box 3806，美国国家档案馆。

缅甸战役

虽然并不清楚日军在缅甸使用毒气的情况，但在题为“揭示日本军队使用化学武器或毒气武器意图的事件及证据调查”的记录中，列举了日军在东南亚战场上使用毒气的例子。其中关于缅甸的部分记载：“有两个事例能够充分证明日军对坦克使用了毒气手投弹。虽然毒气的类型无法确认，但可以确信其使用的是毒烟。”[1]而这是1942年发生的事件。依据1943年中英化学军官会议得出的结论，在缅甸战场多次发现过氰化氢手投弹。但实际使用的例子仅有针对缅甸阿拉干地区英国军队的唯一一例。当时，战场上的士兵虽在短时间内丧失了战斗能力，但并没有出现死亡现象。[2]

依据日方的资料能够确认的使用毒气的案例，在此举其一。1943年1月5日至3月2日，在面向印度洋、靠近印度边境的唐贝克（原文为“ドンベイク”。——译者按）附近，步兵第213联队（联队长宫肋幸助）和英国第14师进行了战斗。此次战斗是极为惨烈的坦克战，该联队第3大队（第8中队和机枪第3中队）使用了两个手投毒气瓶。战斗的状况记载如下：

> 由于应对坦克的武器匮乏，就想到了捆上手榴弹应当可以奏效，但其难以同时实现点火。眼看着坦克逼近，士兵只能打开引擎盖，投掷手榴弹，进行这般惨烈的战斗。[3]

可以推断，在逼近坦克之后，打开引擎盖并投掷手榴弹时，氰化

1 T. M. M.:《揭示日本军队使用化学武器或毒气武器意图的事件及证据调查》，1943年3月6日，RG 165，Entry 77，Box 2141，美国国家档案馆。

2 《谢科扬将军报告摘录》，1943年2月10日，RG 332，Box 488，美国国家档案馆。

3 步兵第213联队第3大队伊藤新作:《嘉奖状及战斗概况》（“唐贝克”附近的战斗），1958年10月记述，防卫研究所图书馆藏。此外，英帕尔战役进行中的1944年5月下旬，京都步兵第60联队第2大队第6中队的上原正义准下士由于没有对付坦克的武器，对英国军队的坦克投掷了一枚小型弹。由此，坦克中的士兵跳出坦克逃走，上原向坦克投掷了手榴弹（京都新闻社:《防人之诗》，英帕尔编，京都新闻社，1979年，第238页）。

氢手投瓶被当作自杀式武器使用。

对美军的毒气使用

瓜达尔卡纳尔岛上的毒气使用

1943年2月24日，美国太平洋舰队司令长官C.W.尼米兹收到南太平洋部队副司令官T.S.威尔金森发来的急电，称日军士兵在瓜达尔卡纳尔岛上使用了包含“氰化氢手投弹和毒气筒”在内的几种毒气弹药。[1]之所以发出该急电，是因为美军总部曾指示称，如果出现日本使用毒气的征兆，无论是何种毒气，都要紧急报告。下达这样的指示，也是因为美军总部想获得可以对日军开展毒气战的正当理由。

该急电又被立即送交给了海军作战部长欧内斯特·约瑟夫·金。急电称日军使用了两次毒气，而据美军第35步兵团先遣队的詹姆斯·L.道尔顿中校的报告，其中一次的情形记载如下：

> 1月23日下午4时，在瓜达尔卡纳尔岛的奥斯汀山二七高地西面400多米附近，进攻的美军闻到了自日军所在的掩体中散发出的气味。

道尔顿闻到了“强烈的臭味和火辣辣的味道”。他感觉自己的鼻子和喉咙像是被扼住，顿时涌出了大量的眼泪，并伴有呕吐感。气体为白色或近乎无色，伴随着火灾般的浓烟瞬间蔓延开来，并向山丘下方扩散。[2]道尔顿翌日对散发出毒气的掩体进行了仔细搜查，发现了烧焦

1　海军部:《日本人的毒气使用》，RG 165，作战部385 CWP(3-31-43)TS，美国国家档案馆。以下至注释37(注释34除外)据此。

2　詹姆斯·L.道尔顿:《证明》，1943年2月1日。

变黑的发射筒，筒上还残留着和他昨天吸入的气体相同的强烈刺激味。

另一起事件发生于1月28日。依据海军陆战队第9守备队155毫米炮兵队的化学军官W.C.泰勒少校的报告，“1月28日，当地时间约下午6时，在海岸附近，CP（155毫米炮兵队）有八九名士兵受到了较轻的毒气袭击”[1]。毒气特征及其对中毒者的影响记载如下：

> 少量毒气散布在侧翼，横向分布距离为4～9米。瞬间它便褪去了颜色，却在接近地面后残留了下来，类似于“地表的雾气或是浓浓的白色烟雾”，味道似“烧焦的桃核或杏仁一般”。气温为30℃，南风轻拂，天气晴朗，地面有湿气，因而比大气温度要低。没有听到发射的声音，无法察觉颜色之外的变化。持续时间为数分钟。气体是非持久性的，且有催泪功能，鼻子仿佛受到灼烧般，有刺痛感，涌出了大量的鼻涕。喉咙干涩，伴随灼烧般的感觉。胸部有压迫感，之后又好似遭受了殴打。此外，还会出现气短、打喷嚏等症状。出现了好几次轻微头痛，持续了约10分钟。并未出现麻痹、耳鸣及眩晕的症状。除了两人在深夜声称眼睛疼痛之外，所有人都迅速恢复了正常，并没有留下有害的后遗症。其原因被认为是毒气早早地便扩散了。

根据以上特征，泰勒少校得出结论称，该气体是“氯化苦和氰化氢毒气的混合物”，前者的目标是迫使敌人无法佩戴防毒面具，而后者的目标则是在封闭的空间内迅速毒倒敌人。

氰化氢毒气有着类似桃核或苦杏仁的气味，若吸入低浓度的氰化氢毒气，则会出现眩晕、呕吐和头痛的症状。[2]若是吸入高浓度的氰化氢毒气，则会在短时间内引发痉挛、呼吸和心跳停止的症状。有些氰

1　W.C.泰勒（少校，美国海军陆战队化学营军官）:《毒气的存在》，1943年1月29日。

2　《首批应急人员生物化学武器手册 实践指南》，C-5-116-117页。

化氢毒气无色，还有些是淡白色。虽然红剂也会引发呕吐、打喷嚏的症状，但从其特有的气味和症状判断，其混杂氰化氢毒气的可能性极高。

美国陆海军的化学战军官对这些报告进行了研究，得出结论称，各个案例中皆使用了有毒的砷类弹药。露天条件下，将氯化苦和氰化氢混合使用，大概能够带来同样的效果，但只要不同时使用发烟筒，变化会呈现无色状态。在瓜达尔卡纳尔岛缴获了氰化氢手投瓶、呕吐性毒气筒、催泪筒和发烟筒，说明日军在绝望的情况下混合使用了这些毒气武器。[1]

收到以上情报后，威尔金森向司令官尼米兹发送的文件中写道，从目前的信息来看，日军的确在瓜达尔卡纳尔岛使用了包含氰化氢手投弹和毒气筒在内的几种毒气弹药，但是，从毒气的使用情况来看，日军似乎并不是接到了长官的命令后使用毒气武器的，更可能是孤立无援的士兵群体为免遭歼灭，抑或为了给美军带来尽可能大的损害，作为挣扎的手段而使用了所携带的毒气。根据以上内容可知，23日，孤立的日军在绝望的状况下使用了呕吐性毒气筒；28日，使用氰化氢手投瓶时，又混杂了红筒、催泪筒及发烟筒。

此外，“亚美利加师”（美国陆军第23师）化学部的澳比·博斯蒂克少校报告称，在第132步兵团发动奥斯汀山战役初期，军官们经常称，空气中似乎有某些物质，使得士兵们短暂性地丧失视力，如今看来，应该是日军使用了氰化氢手投瓶所致。[2]

不单单是海军司令官尼米兹，就连海军作战部长欧内斯特·约瑟夫·金和陆军参谋长马歇尔也查阅了这些文件。尼米兹提出：“这些孤立的个案中使用化学药剂的例子，尚不足以充分认定为违反了国际条约，难以成为美国采取报复行动的正当理由。”金司令官和马歇尔也同意这一见解。[3]正是这个原因，美军才没有对日军实施报复性的毒气攻击。

---

1 A. M.帕奇（少将，第11化学兵部队）：《日本人的毒气使用》，1943年2月15日。

2 澳比·博斯蒂克（少校，美国师化学军官办公室）：《缴获的日军物资》，1943年1月30日。

3 《尼米兹致金》，1943年3月20日。《金致马歇尔》，1943年3月31日。《马歇尔致金》，1943年4月3日。

从对美毒气战的筹备到禁止使用命令的发布

进入1944年之后，战局朝向不利于日军的方向发展，美军逐渐逼近了日本本土。为了减少美国士兵的伤亡人数，在美国的舆论及军队中，先发制人地使用毒气的呼声日渐高涨。日本大本营陆军部不得不开始考虑是否转变毒气战方针。

1月24日，日军大本营制定了大陆打通作战计划（又称“一号作战计划”，中国方面称“豫湘桂战役”），计划彻底消灭位于中国西南部的美军与中国国民党军队航空基地。

“一号作战要纲”的内容如下：依据多方情报，“可以判断，英、美在近期发动化学战的可能性极大”。面对拥有十分强大的化学战执行能力的英、美军队，日军的化学战准备“严重不足”。此外，日本的国防圈内，对毒气攻击缺乏抵抗力的小型岛屿众多，本土也在美军的空袭范围内，对于日本来说，“极力避免将战争转变为化学战是有利的”。因此，刺激对方“诱发化学战的行为要极力避免”。特别是“一号作战”考虑到美国空军的因素，毒气的“使用时机、方法等是慎重考虑的关键”。在“一号作战”中，原则上禁止对美国空军使用毒气武器，此外，对与美国空军关系密切的地点，诸如桂林、柳州的飞机场等，也要“极力避免”使用毒气。如果必须使用毒气武器，“要严格做到不留痕迹”。[1]由此可见，为了不刺激同盟国军队发动大规模化学战，日军禁止对美军使用毒气，同时尽量避免在中国西南地区使用毒气。

29日，日本参谋总长杉山元向南方军总司令官寺内（驻新加坡）、关东军总司令官梅津（驻长春）、第二方面军司令官阿南（驻万鸦老）、第八方面军司令官今村均（驻拉包尔）、第14军司令官黑田重德（驻马尼拉）、北方军司令官樋口季一郎（驻札幌）发出了“准备化学战”的指示。[2]尽管该指示要求各部“准备化学战”，但也强调不要主动刺激同盟国军队，以致“引发化学战”。根据该指示下发的附件，“化学战战备

1 《大陆指第1810号别册 一号作战要纲》，《毒气战相关资料Ⅱ》，第269—270页。

2 《大陆指第1822号》，《毒气战相关资料Ⅱ》，第271页。

纲要”中将“化学战战备”工作命名为“G作业”，主要内容如下：

> 考虑到同盟国可能会全面使用毒气进行战斗，各部在迅速完善防护措施的同时，要准备特殊烟、特殊弹以备“报复性使用”。防护工作以航空部队为优先，同时也要有序推进各部队的防护物资准备工作。毒气武器的报复性使用，要依据大本营的命令或指示进行。毒气以飞机投掷的黄弹、茶弹和红弹为主，主要使用区域为西南方面（缅甸等）和太平洋上的重要岛屿。小樽（千岛地区）和特拉克岛（太平洋中部地区）方面增加氰化氢手投瓶的比例，新加坡（西南地区）方面增加炮弹的比例。以1944年春为限，将毒气弹药运送至札幌（小樽）、宇品（忠海）、上海、马尼拉、特拉克岛和新加坡。为了保密，为最前线配备的毒气战资材要在后方筹集。“满洲国”维持现状。[1]

表12　陆军的毒气弹药筹备推进要领（1944年1月29日）

分类 地点	筹集比例		筹集期限	预期使用地区
	地面	空中		
札幌（小樽）	0.9个师团份（增加手投毒气瓶的比例）	1500发	3月末	千岛地区
宇品（忠海）	1.3个师团份	3000发	3月末	东南地区
上海	1.8个师团份	2000发	3月末	总预备队
马尼拉	1.3个师团份	4500发	4月末	濠北地区
新加坡	2.7个师团份（增加炮弹的比例）	4500发	4月末	西南地区
特拉克岛	0.9个师团份（增加手投毒气瓶的比例）	——	3月末	中部太平洋地区

资料来源：《大陆指第1822号附录第二》，《毒气战相关资料Ⅱ》，第272页。备考栏中记载，以一般弹药的三分之一为1个师团分量，航空弹药以50千克的弹药为主，上海方面集结的弹药以15千克的弹药为主。

---

1 《毒气战相关资料Ⅱ》，第271—272页。

虽然该计划与美军的毒气武器战备计划相比颇为粗陋，但即便如此，这也是日军最大规模的毒气武器战备计划了。从该计划来看，日本大本营认为马尼拉（濠北地区）、新加坡（西南地区）和忠海（东南地区）是毒气战最可能爆发的区域。但是，当时日军的毒气防护物资十分匮乏，即使是最前线的部队，防护服的数量也只达到了计划数量的一半而已。

进入7月后，随着塞班岛的陷落，战局进一步恶化，日本陆军高层开始讨论禁止使用毒气的问题。依据参谋本部第一（作战）部长真田穰一郎的日志记载，7月12日前后，“在陆军高层考虑全面停止使用（红筒）”时，日军储备在缅甸孟拱的兵工厂办事处里的毒气弹被同盟国军队缴获了。[1]此事件导致日本军队筹备毒气战的真实情况暴露，日军担心由此引发同盟国军发动毒气战，并且这种恐惧感迅速扩散开来。根据7月14日前后日本陆军武器行政本部的记录，日军储备的“毒气的量仅够6D（师团）展开一次会战”，曾根制造所重新填装同等数量的毒气需耗时两年，若因毒气“根本不是美国的对手”而不使用的话，就武器行政本部而言“是可以接受的”。如此一来，可以将散毒车等化学战资材转化为其他方面的战斗力，如将毒气生产设备转用于发烟剂的生产，是“相当有可能的”。因此，陆军武器行政本部希望大本营就“是否使用毒气”这一问题早日决断。[2]

在上述讨论的基础上，7月14日，参谋总长东条英机（兼任首相、陆相）发布了中止使用毒气的命令。[3]由于原件遭到毁弃而未能留存，但英军截获到的机密电报却保留下来了。电文全文内容是（从英文翻译而来）：“除非有（大本营的）的命令或指令，否则中止使用特殊烟及特殊

---

1 《真田穰一郎日志》第三二卷，1944年7月12日，通卷第2377—2379页，防卫研究所图书馆藏。

2 同上，7月14日前后，通卷第2399页。

3 防卫研究所中藏《大东亚战争大陆指缀》（10卷）的目录中有《大陆指第2061号“特殊烟、特殊弹药的使用相关”》（1944年7月14日发令）一项，但正文中并不存在（参考：《毒气战相关资料Ⅱ》，第273页）。这也许是原军队相关人员将其保管在自家等处之时损坏遗弃的缘故。

弹（包含手投瓶、トヨ筒、トヨ弹）。鉴于敌军化学战准备的现状，务必严格注意，不得给敌人使用毒气以引发化学战的借口。”[1]

该机密电报于7月15日由马尼拉的第14军（司令官黑田）发往位于兰印苏拉威西岛万鸦老的第二方面军（司令官阿南），其后，第二方面军将其转发给了位于东部新几内亚萨普的第18军（司令官安达二十三）。文中的“トヨ筒”“トヨ弹”应该是由于红筒、红弹的误读所致。该机密电报应该就是由参谋总长发出的中止毒气战的指示。7月15日，中国派遣军总司令官烟俊六在其日记中写道，衡阳战役中使用红弹的前一刻，因接到了来自大本营“不得使用”的指示而停止使用。烟俊六的日记也从侧面证实了上述电文的内容。[2]

此外，28日陆军省课长会议会报显示，武器行政本部向参谋本部第一部长真田提出建议，称不断有消息表明日军对同盟国军使用了红筒和氰化氢手投瓶，同盟国军也在使用毒气，此外还夺取了位于孟拱的兵工厂及该厂的毒气弹，明明当下连作为主食的大米都无法运送，配送毒气弹更是没有可能，希望将存储在当地的毒气弹“焚烧或投入海中”。该建议还指出，因为日本国内缺乏防护装备，最好不要在日本本土之外使用防护装备，而要将海外的防化装备补充到日本国内来。该建议还称，相比于制造毒气，此时制造发烟筒更为实际。对此，陆军省军事课答复称：“已经以大陆指的形式，发出了不得使用毒气弹及将

1　卡特·W.克拉克（特别安全官，总参谋部，军事情报处）：《致总统的信息》和《附件1：日本陆军电报》，1944年7月27日，地图室罗斯福－丘吉尔通信，Box6，富兰克林·D.罗斯福图书馆。

2　伊藤隆，照沼康孝：《续·现代史资料4陆军烟俊六日志》，美铃书房，1983年，第478页。

毒气弹置于落入F（敌）手之处的指令。”[1]由此也可以确认，大本营不允许使用毒气的最高指示业已发出。

该份机密电报能够被截获并解密，简直是一个“奇迹”。英国首相丘吉尔希望美国总统罗斯福能够了解这一情况。7月27日，英方将该电报以最高保密级别“超级机密”的形式，送至了罗斯福手中。由此，英、美两国政府第一时间掌握了日军终止毒气战的情报。

1944年7月14日，日军停止毒气战，并下达指示，终止使用毒气。依据陆军省军务局国武辉人和岩越绅六的记述，1944年中期，担心部队擅自使用毒气的大本营下达指示称，将前线和各部队处配备的毒气武器回收送至位于马尼拉、西贡、上海、青岛、大连和新加坡的补给厂。[2]8月25日，承担冲绳防卫任务的第32军司令官牛岛满向其所辖各部队下达命令：“从今往后，禁止使用特殊弹。鉴于敌方使用毒气的征兆日益明显，各部队应迅速完成毒气防护装备的准备工作；同时，务必严格注意，不得给敌方使用毒气武器留下借口。”[3]该命令是第32军在部队整顿部署后重新发出的。10月，菲律宾的第四航空军（马尼拉航空补给厂）将500发毒气弹转移至科雷希多，又向上级发出请示称，如将

---

1 《大冢文郎备忘录》（陆军省医务局医事课长）第8卷，1944年7月28日，防卫研究所图书馆藏。此外，关于毒气制造的中止，《增田繁雄大佐业务日志》（陆军省整备局燃料科长）中《中止毒气整备方法、历来战场上使用弹药海沉方法》记载了武器行政本部的意见（第7卷，7月28日，防卫研究所图书馆藏）。依据8月1日的参谋本部部长会报，武器行政本部的意见显示，陆军总储备量仅有6个师团一次会战的量，实现同等储备量则另需两年时间，与美国的生产相比在各个阶段都存在着差距，因而并不希望使用，且，若停止毒气战，则铜等其他资材能够转用于其他领域，也能制造发烟筒，希望尽早决断。对此，真田第一部长回复称，陆军省军事课已经停止制造新的毒气，并正在制定转用其他领域的方案。虽然接受了武器行政本部的意见，并制定了转用其他领域的方案，但该意见并未转达至武器行政本部。由此，武器行政本部抱怨称，“联络不够充分”（《大冢文郎备忘录》第8卷，8月1日）。

2 化学兵主任太平洋办公室，驻日盟军总司令部，美国太平洋陆军部队：《岩越绅六中佐和国武辉人中佐审问》，1946年3月13日，RG493，Entry53，Box343，美国国家档案馆。

3 独立混成第15联队速射炮中队：《阵中日志》，1944年8月1—31日，防卫研究所图书馆藏。林博史：《冲绳战争与民众》，大月书店，2001年，第44—46页。

该批毒气武器沉入海中，是否可以将其沉入马尼拉湾。[1]这也再次从侧面证明日军确实接到命令，要将毒气武器转移到后方。

比亚克岛事件

参谋总长于7月14日下达指示之后，日军使用毒气的情况本应就此销声匿迹，但是小部队使用毒气武器的孤立事件仍时有发生。

美国陆军后勤司令部化学部部长约翰·A. 里迪克的报告显示，美军占领比亚克岛时，被围困在山中的日本士兵使用红筒对美军发起了攻击。该事件的概要如下：

> 1945年3月6日晚8时，日军士兵使用了两支99式红筒发起攻击。报告称，第597防空营D连的全体士兵出现了头痛症状，眼睛、喉咙伴有轻微灼烧感，5名士兵呕吐。由于是突袭，他们来不及佩戴防毒面具。
>
> 7日上午10时15分，在距离上述地点约450米的第997通信营驻地，日军发射了1支红筒，附近的美国士兵称出现了头痛、喉咙痛、鼻子疼痛等症状。但是，防毒面具发挥了作用。[2]

美军早在1944年5月27日就已登陆此岛。因此，上述案例应该是被美军分割包围的日军发动的零星小规模袭击。

其后，美军又报告了日军使用毒气的多起情况，但除了瓜达尔卡纳尔岛和比亚克岛上的事件之外，其他均未得到证实。可以说，至少在太平洋战场上，日军使用毒气的行为并没有达到足以让美军使用毒气武器予以报复性反击的程度。

---

1 《真田穰一郎日记》第三四卷，1944年10月10日前后，通卷第2539页。此处应为《真田穰一郎日志》。——译者按。

2 约翰·A. 里迪克（中校，化学兵指挥官办公室，美军陆军后勤司令部）：《关于日军被指控在比亚克岛使用催吐毒气的综合报告》，1945年4月25日，RG 319，Entry 85A，Box 977，美国国家档案馆。

氰化氢手投瓶(小孩儿)的人体实验

事件概要

1948年7月15日，澳大利亚军队在中国香港对日本战犯进行审判，第5师团原中佐A和原中尉B被判处绞刑。两人都提出了减刑的请求，但遭到驳回，并分别于9月24日和10月1日被执行了绞刑。第5野战宪兵队第9分队原宪兵少佐C无罪释放。A是第5师团的作战主任参谋，B是同一师团参谋部负责毒气武器的军官，而C是宪兵分队长，3人均被控告对同盟国军队的两名飞行员进行了氰化氢手投瓶(小孩儿)的人体实验并将其杀害。以下，依据判决资料考察该事件的概要：[1]

1944年9月15日，B-25"米切尔"轰炸机的无线电操作员、荷属东印度空军部队的F.恩格尔斯曼，驾驶飞机执行轰炸荷属东印度卡伊群岛的朗哥阿(原文为"ラングゴア"。——译者按)时被击落，恩格尔斯曼与另外两名机组人员幸免于难。在其他两名机组人员中，一人在热带丛林中因病致死，另一人被日军抓获，虽被收容于军队医院之中，但也在坠机数日后死亡。

10月13日，澳大利亚空军部队的A.D.尼尔逊上尉驾驶"雏鹰"(Kitty Hawk)战斗机，在卡伊群岛上空对日舰展开攻击时被日军的高射炮击中，迫降在了海岸附近。执行同一任务的战友从飞机上最后看到尼尔逊时，他正划着橡胶救生艇向小卡伊岛方向前进。尼尔逊和恩格尔斯曼两人都被驻守在小卡伊岛上的日军守备队俘虏，后移交至驻守在卡

1 《战争罪：军事法庭审理，A中佐等人》，1947—1948年，A 471/1，81637，澳大利亚国家档案馆，堪培拉ACT地区办公室。由田中利幸提供。《位于香港的澳大利亚战争罪法庭：在基尔威克岛杀害澳大利亚皇家空军的A.D.尼尔逊上尉和荷属东印度皇家陆军航空兵F.恩格尔斯曼中士》，1947年，AWM 54，1010/5/1，澳大利亚战争纪念馆。以下据此。

伊群岛图阿尔的第5师团第5野战宪兵队第9分队的战俘营。

11月，多名印度尼西亚人在日本陆军第19军设于安汶的军事法庭上被判处死刑。根据战后审判时澳大利亚检察官的最后陈词，C向A传达要在卡伊岛执行上述死刑的命令。此时，A告知C，要将两名飞行员一同“处决”，他会向上级司令部报告，这两人是因病死亡。之后，A命令B用恩格尔斯曼和尼尔逊两人进行投掷数个氰化氢手投瓶的实验。

“处决”当日的上午，恩格尔斯曼、尼尔逊和多名印度尼西亚人被押送到了附近的一个无人小岛——基尔威克岛。印度尼西亚人被射杀后，两人被蒙上眼睛，坐在巨大的岩石前。B和其他几名军官针对风向等因素做好了预防措施之后，向他们两人眼前的岩石投掷了手投毒气瓶。投掷了数个之后，B又扔出一个，撞到了岩石，并在两人面前破碎。两人很快失去意识。其后，军医检查了两人没有生命体征后，便将其拖至坟墓的附近。宪兵担心两人还活着，就又用刺刀刺了数刀。处理完之后，B回到了卡伊岛，并向A报告称，手投毒气瓶的实验非常有效。A并没有前往基尔威克岛。

手投毒气瓶实验

上述实验的目的是什么，又为什么要这样呢？A在1947年3月开庭提交的宣誓证词显示，在1944年10月上旬，第5师团新任师团长山田清一曾强调，必须将非战斗人员转化为战斗力。为此，宪兵队分队长C建议，为了减少宪兵队的囚犯数量，可以将不予释放的17名印度尼西亚人和两名飞行员处决。[1]此外，也有人提到，氰化氢手投瓶的存放时间过久，药量减少，可能失效。A辩称，正好因为要对俘虏处刑，师团长就下达了“让受刑者试试”的指示，他只是将师团长的意思告知了B。但是，山田已于1945年8月15日在塞兰岛自杀，因此该说法无法证实。之后A又辩解称，他以为手投毒气瓶是用于处决印度尼西亚人的，并

1 A（原中佐）：《宣誓书》，1947年3月28日，收录同上。以下据此。

不知道会对两名飞行员使用。

对此，B则供称，在处刑前一日的下午，他接到了来自A的命令："因为明天宪兵队要处决多人，试试向那两个俘虏和一些印度尼西亚人投掷'手投毒气瓶'，再让附近其他部队负责毒气的军官过来观摩学习。"因为这是上级的命令，所以他只能遵照执行。[1]另外，B还供称，战后他被收押在巢鸭拘留所期间，A曾在清洗餐具时对他说，虽然师团长与参谋长都是慈父一般的军人，但师团长毕竟已经故去，因此就算会牵扯出参谋长的名字来，我也要将事件的真相和盘托出。根据B的供述，手投毒气瓶实验的过程如下：

11月的某日，B从师团武器部领取了6个手投毒气瓶。次日早晨，与附近其他部队负责毒气的军官、军医共计约8名观摩人员，一同乘坐宪兵队的船前往基尔威克岛。现场大概挖了4个洞穴。将两名飞行员和3名印度尼西亚人带到一个洞穴附近，让飞行员坐在前面，以树为中心将5人捆住。B向观摩人员介绍了手投毒气瓶后，在飞行员面前放置了一大块岩石，从距离岩石5米处向岩石投掷毒气瓶。两个毒气瓶击中岩石后破裂后，飞行员呼吸变得困难，过了约17秒便陷入神智昏迷。然而，在飞行员后面的印度尼西亚人并没有受到影响。宪兵说了句"俘虏完了"，然后把飞行员扔进洞穴，并从洞穴上方用刺刀往下刺了数刀。随后，宪兵将3名印度尼西亚人移至前面，向其投掷了1个手投毒气瓶。1人很快失去意识，稍后其他两人相继昏迷。宪兵将3名马来西亚人也丢入洞穴，用刺刀刺了数刀后，又将其掩埋。B把剩下的4个手投毒气瓶带了回去，并向A报告称："'手投毒气瓶'是有效的。"

B使用这些手投毒气瓶的时间，距离其生产日期已经过去了4年之久。第5师团携带这些手投毒气瓶，辗转于马来亚、爪哇各地。此时，毒气瓶的容量已减至原来的约三分之二，内部充满了金色碎片状的沉淀物，无法确认其是否失效。但是，第5师团除了手投毒气瓶之外并没

1 B（原中尉）：《宣誓书》，1947年4月17日，收录同上。以下据此。

有别的反坦克武器，所以即便毒气瓶已经变质失效，也还是会对观摩者声称威力十足。

宪兵队分队长C在此次事件中扮演了什么角色呢？根据其供词，1944年8月之后，日军补给断绝，同盟国军的轰炸愈发激烈，当地居民也开始反抗。[1]因此，日军开始大肆搜捕反抗的原住民，安汶的第19军（司令官北野宪造）军事法庭甚至判处了卡伊岛的17名原住民死刑。其后，军事法庭审判长下达了要在当地执行处决的命令。为传达这一报告，C前往了A的驻地。当时，因为宪兵队的战俘营人满为患，师团司令部便希望将飞行员送往第19军所在地。对此，A称："不如在处死当地原住民时将其（飞行员）一起处决了，这样只需要向上报告说他们是病死的就行了。"A是师团的主任参谋，所以C只能服从命令，要求宪兵进行处决准备工作。然而，C本人并没有前往处刑现场。

C供称，使用手投毒气瓶是A下达的命令，他自己并没有对B下命令的权限。此外，让宪兵队收容飞行员是师团司令部的命令，故而无论是转移还是处决（飞行员），都必须由师团司令部下令才能执行。

关于实验，参与观摩的军医称，手投毒气瓶击中岩石后便散发出毒气，两分钟左右飞行员"就摇摇晃晃地径直向前倒去"，呼吸困难持续了3~5分钟，之后被丢进洞内，掩上泥土，实验便结束了。[2]宪兵准尉E称，B投掷的手投毒气瓶破裂后，飞行员就立刻倒下了，"呼吸持续了5分钟多"，在军医确认呼吸停止后，便将其埋葬了。[3]此外，依据第5师团司令部负责情报的军官F的陈述，宪兵队处决了17名印度尼西亚人之后，B向飞行员投掷的手投毒气瓶并未破裂，其后各队负责毒气军官的接连投掷也未能击中岩石，最后是B再次投掷，手投毒气的瓶才破裂了。飞行员呼吸了30秒左右后倒下，"之后又过了约2~3分钟，

1 C（原宪兵少佐）：《宣誓书》，1947年1月24日，收录同上。以下据此。
2 野炮兵第5联队附D（原军医少尉）：《宣誓书》，1947年2月7日，收录同上。
3 第5野战宪兵队第九分队E（原宪兵准尉）：《宣誓书》，1947年1月16日，收录同上。

呼吸停止后最终死亡”[1]。值得注意的是，上述3人的供词都提到盟军飞行员并非因刺杀而亡，而是因手投毒气瓶导致的。

在审判战犯的过程中，A承认，他知道如此处决俘虏是违反国际法的。但他辩称，处决和实验都是师团长下达的命令，自己只是命令的传达者。中尉B则供称，飞行员并非因吸入氰化氢毒气而亡，而是实验结束后被宪兵队用刺刀刺死的。

然而，无论是执行杀死战俘的命令，还是执行人体毒气实验的命令，这都是违反国际法的犯罪行为。A、B两人都没有对违法的命令提出任何异议。即便俘虏并非因毒气而亡，B的行为不构成杀人罪中的共同犯罪，他也向杀人犯提供了帮助，所以两人的抗辩皆未获得认可。

判决内容如上所述。尽管关于处决俘虏的责任，以及俘虏是否因为氰化氢手投弹而死亡尚存有争议，但是第5师团为核实陈旧的手投毒气瓶效力而进行人体实验的事实，两名飞行员死亡的事实，却是毫无争议的。该事件表明，随着盟军的轰炸日益激烈，几乎没有反坦克武器能发挥效力。但是，第5师团司令部的一部分人认为，如若得到大本营批准，起码可以利用氰化氢手投瓶来抵抗盟军的攻势。实际上，第5师团主力部队并没有与盟军在卡伊群岛周边展开任何激烈的战斗。而且战争发展到这一阶段，除非盟军首先使用毒气之后进行报复攻击，否则日军是绝不可能主动发起毒气战的。从这一点来说，是第5师团司令部部分人的焦虑心理与不理智导致了上述事件的发生。

1　第5师团司令部F（原少尉）:《宣誓书》，1947年3月3日，收录同上。

第八章

“三光战”与歼灭战中的毒气战——中国战线（1942—1944）

对解放区的攻击

冬季山西整治战斗

在中国战场，日军同中国八路军以及国民党军的战斗依然胶着。华北方面军制订计划，要将隐藏在山西省东南部太行山脉里的八路军（第18集团军）司令部（总司令朱德）和第129师司令部（师长刘伯承）一举歼灭。自太平洋战争爆发以来，日军在确保占领地治安稳定的同时，也强调“重要国防资源的开发和获取”，以实现以战养战。[1]为此，日军开始对八路军根据地开展彻底的“整治扫荡”。这是1940年开始的“三光政策”的延续。

从1942年2月初开始的约1个月内，第1军（司令官岩松义雄）在山西省全境展开“冬季山西整肃战”（一号作战），试图通过击溃八路军、彻底“扫荡”根据地及夺取武器物资的方式，扩大日军的“治安圈”[2]。第41师团“扫荡”了沁源一带，独立混成第4旅团、独立混成第3旅团和第16旅团、第37师团分别“扫荡”了石太线（石家庄至太原）以南地区、山西省西北部地区和山西省西南部地区。作战难度最大的山西省东南部地区，则由第36师团（师团长井关仞）负责。

根据《例证集》“战例二十一”的记录，第36师团在1月下旬组建了特种作战队，在潞安地区进行战前“教育”与作战准备，之后该部队被分配到两个联队下，负责协助“扫荡”及投毒，以实现“完全封锁”八路军根据地的目的。[3]2月8—15日的严冬，特种作战队对各个村庄中的兵营、工厂、洞窟和监视哨阵地等（虽说如此，实际上是民房或营房

---

1 防卫研修所战史室:《华北的治安战 2》，朝云新闻社，1971年，第22—23页。

2 同上，第39页。

3 《毒气战相关资料》，第454页。

之类的建筑）散播了约300千克的黄一号甲（糜烂性毒气），只因这些地点都被认定为八路军根据地。当时气温在—30～—5℃，日军毒化的村庄有左会、黄烟洞、索保镇、涉店（涉县）、石门、柳蒲、砖壁、韩壁、南漳、东田镇等。

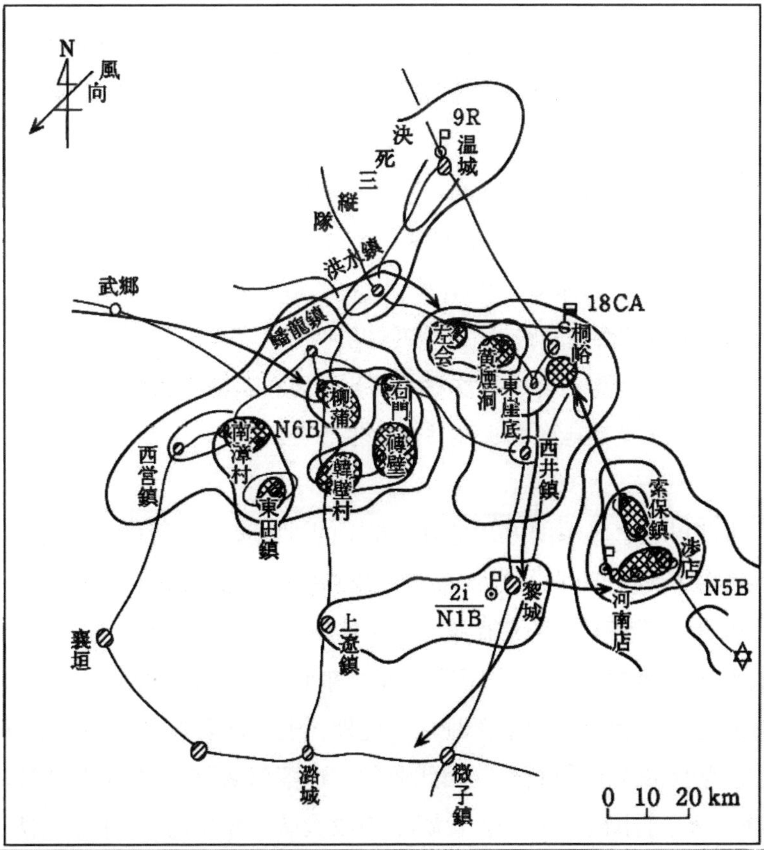

▲图8　太行地区散毒实施概要图（1942年2月8日至15日）

从左上至右下，依次为：温城、武乡、洪水镇、蟠龙镇、左会、黄烟洞、桐峪、柳蒲、石门、东崖底、西营镇、南漳村、东田镇、韩壁村、砖壁、西井镇、索保镇、涉店、襄垣、上辽镇、黎城、河南店、潞城、微子镇。

资料来源：粟屋、吉见编：《毒气战相关资料》，第454页。

▩ 18CA指第18集团军，N5B指新编第5旅，2i指第2团（联队），表示散毒地区。

防卫厅防卫研究所一直没有公开步兵第224联队《冬季山西整肃战事战斗详报·其一》的内容，直到2004年5月众议院民主党议员田岛一成在国会上提出质询，该史料才得以公开。通过该史料，我们可以得知特种作战队的投毒情况。

> 1942年2月6日，在襄垣的第36师团师团长井关仞对其所指挥的各部队下达了散播芥子毒气的命令（第36师作命甲第906号）：
>
> 1. 第36师作命甲第904号中所示的散毒地区如下所述
> 2. 散毒地 柳蒲、王家峪、东田镇、半蒲北方地区、黄烟洞、左会、五军寺、河南店、セキガイ（中文地名不明。——译者按）、东堡镇附近
> 3. 在远离主要道路有重要设施的场合，即可投毒
> 4. 在投毒地的每次操作都需报告[1]

由此可知，日军的方针是对八路军的重要设施进行投毒。2月8日，步兵第223联队（联队长高木正实）“扫荡”了洪水镇；9日，进驻黄烟洞；10日，缴获了大量武器弹药，并对黄烟洞一带实施了“扫荡”。[2]从16日开始，第223联队“扫荡”了黎城东北与涉县北部地区，随后折回“扫荡”了东崖底及黎城北部地区。此外，近藤部队（以步兵第224联队为主。联队长为近藤新八，因此通称“近藤部队”）主力分成岩渊大队（第1大队，岩渊千寻）、松尾大队（第2大队，松尾笃）、平家大队（山炮兵第36联队第1大队，平家晃），8日“扫荡”了柳蒲、马风头、石版等地，12日、13日“扫荡”了石门村等地，14日“扫荡”了韩壁村、型

---

1 步兵第224联队:《冬季山西整肃战事战斗详报·其一》，1942年2月2日至3月4日，防卫研究所图书馆藏。

2 《华北的治安战2》，第39—40页。

村等地，19日“扫荡”了东田镇等地。[1]“扫荡”之后，第223联队在黄烟洞等东部地区投毒，近藤部队则是在石门等西部地区投毒。

近藤部队在“扫荡”八路军、彻底摧毁设施、劫掠物资之后，令其所辖的特种作战队对各处实施投毒。[2]9日，下令对石瓮村、马西坡角、朝阳坡、柳蒲、马风头、砖壁附近地区投毒。11日，对马风头、砖壁、东田镇、王家峪附近地区投毒。18日，对砖壁、东田镇、王家峪投毒。

投毒时间似乎比命令要求的要迟一些。20日，松尾大队对砖壁及其周边地区散播了25千克芥子毒气，岩渕大队则是在东田镇散播了25千克毒气。21日，平冢大队对王家峪、下合的兵营及周边地区散播了18千克芥子毒气。虽然“战斗详报”中的记录仅限于此，但参照《例证集》可知，近藤部队还对韩壁村、石门、柳蒲、南漳村等地实施了投毒。

根据《例证集》“战例二十一”的记录，中国共产党军队并没有固定的阵地，而是以洞窟、村落等为根据地，对居民开展政治工作。应对此类情况，散播芥子毒气的效果非常明显。[3]尽管步兵第224联队没有批评投毒的作战方式，但其也不得不承认，“彻底毁灭资敌物资”的作战方式会造成大量平民伤亡，产生“彻底丢失民心乃至更大的恶劣影响”，对继续开展“三光战”的后果表达了担忧。[4]

此外，《例证集》“战例二十三”还记录了步兵第223联队对东崖底攻击失败的案例。[5]2月13日，第223联队第1大队“扫荡”东崖底村时，特种作战队受命对重要地点实施投毒。然而，盛装芥子毒气的金属桶混入了汽油，尽管裹上了草席进行保温，但大部分芥子毒气还是冻住

1 步兵第224联队:《冬季山西整肃战事战斗详报·其一》。青木一夫:《步兵第224联队史》，雪联队史刊行会，1973年，第187—188页。

2 步兵第224联队:《冬季山西整肃战事战斗详报·其一》。以下据此。

3 《毒气战相关资料》，第454页。

4 步兵第224联队:《冬季山西整肃战事战斗详报·其一》。

5 《毒气战相关资料》，第456页。

了，无法实施散播，投毒行动被迫中止。当时的气温在－25℃，而混入了汽油的液态芥子毒气的凝固点则是－10℃。

针对上述案例，《例证集》总结称，在极寒地带投毒时要准备具备抗冻性的“黄一号丙”，如果没有“黄一号丙”，则应尽力做好防冻措施，地点选在室内而非室外。因此，东崖底村侥幸逃脱了被毒气污染的命运。

日军在村落内投毒时，村民们遭受了什么样的毒害呢？这里引用第18集团军总司令朱德在3月31日发出，于4月9日到达蒋介石手上的代电（代替电报的加急邮件）原文加以说明：

> 此次敌军“扫荡”太行山地区，使用了大量液体形态的糜烂性毒气。敌人将其涂抹在屋内的桌子、椅子及各种器具之上。室内器物被涂抹的众多，但屋内依旧是整整齐齐的，与原来一模一样，没有人起疑。在清漳河下游两岸以及武乡东部地区，由于事先毫无觉察，因此，遭受毒害之人甚多。受毒害严重者，全身红肿，多处溃烂。此外，敌军还故意将有毒液的米、肉、罐头、武器、衣服、鞋子、袜子等物品留下来。在涉县（河南省北部）附近，一个村民捡到一双皮靴穿上，双脚肿胀，且疼痛不已，逐渐溃烂。另外，东崖底附近的数名村民也遭受了同样的毒害。[1]

上述电文是揭示日军投毒，特别是投放芥子毒气极为生动的记录。为防止芥子毒气在极寒地带结冻，日军进入室内，将毒液涂抹在桌子、椅子等各种器具及鞋子等物品上。根据上述电文，东崖底附近的部分

1 国民政府军事委员会快邮代电享第4884号，1942年4月9日发，中国第二历史档案馆藏。依据斋藤道彦教授的翻译（斋藤:《日本军毒气战事日志初稿》，中央大学人文科学研究所：《中日战争——日本·中国·美国》，中央大学出版部，1993年，第261页）。该报告依据如下途径传达至蒋介石。3月26日，彭德怀第18集团军副司令电报→朱德总司令代电→何军政部长密电（发给蒋介石）。

区域遭受了日军的毒化。为防止日军在其他战场故技重施，蒋介石命令军政部部长何应钦将此事电告各战区及各省政府。

根据《例证集》的记录，日军在撤退之后，很多村民立即返回了居住地。日军从密探口中得知，这些村民中出现了“数以千计的毒气受害(症状)者”，其中半数人死亡。对此战果，日军是深感骄傲的。[1]该记录似有夸大之嫌。尽管如此，在此次投毒作战中，重度中毒者全身红肿并出现糜烂，不久便全身痉挛而死，这也是不可否认的事实。[2]

另外，在这一时期，中国派遣军化学战教育队针对日军必须以少数兵力守卫广大区域的情况，特别是为了应付游击队，将糜烂性毒气填装于1毫升瓶、汽水瓶等容器之中，置于地面或悬挂在树上，采用远距离操作的方式进行爆破、倾洒。[3]此外，日军也有诸如表13中所示的使用糜烂性毒气武器的情况。尽管线索极为有限，且难以确定日军使用毒气的地点及具体时间，然而从表13中不难发现，日军使用糜烂性毒气武器的情况是非常普遍的。[4]

表13　糜烂性毒气的使用案例(年份和地点不明)

日期	战例	地点	毒气的种类	概要
4/9	56	无记载	黄剂	对游击队进行攻击。在汽水瓶内填装黄剂，置于电线杆子之上，当游击队切断电线的时候，远程操控将其爆破，倾洒至游击队头上
6/1	22	观音寺高地附近	黄弹100发	以小股部队突破敌军防线。用黄弹攻击对方侧翼机枪阵地，用红弹180发、中红筒250支攻击敌军中路防线

1 《毒气战相关资料》，第454页。

2 《抗战日报》，1942年3月28日，斋藤:《日本军毒气战事日志初稿》，第260页。

3 中国派遣军化学战教育队:《应用材料的爆破、倾洒要领》，1941年11月，《毒气战教育相关资料》，第225—257页。

4 依据善通寺山炮兵第40联队原士兵仓冈荣太郎的证言，该部队在1943年2月前后，为了在湖北省马桥(咸宁附近)准备对重庆的战斗，命特务机关逮捕了3名当地居民，并将其绑缚于山上树木，从距离约一二千米处，通过山炮发射了黄弹，以测试其效果，结果被测试的居民存活了两日左右(1999年7月27日，与松野诚也一同对仓冈荣太郎进行了访谈。龟井矿:《亲鸾与战争之痛》，大法轮阁，1998年，第85页)关于该事例的验证是今后的课题。

续表

日期	战例	地点	毒气的种类	概要
6/12	38	陈家河附近	黄一号甲8千克	击退发动袭击的中国军队。在其进攻路线的重要位置放置装有芥子毒气的一升瓶，在3个地方通过远程操作使其爆炸倾洒
10/22	39	山西省垣曲附近黄家庄	黄弹26发	炮击。用黄弹压制在黄河对岸南村的隐蔽阵地中的国民党军队炮兵队。
12/30	20	陈家河附近	黄剂200千克	在“扫荡战”中投毒。在敌方阵地内的重点地区（宽度2～3米，长度2800米）散毒，估计遭受毒害者超过2000人。

资料来源：陆军习志野学校草案:《中日战争中的化学战例证集》,《毒气战相关资料》，第453、455、474、475、495页。

需要补充的是，在这一时期，陆军方面还在加紧开发作为攻击武器使用的氰化氢毒气。根据参谋本部作战课井本熊男的业务日志，1942年下半年日军在中国东北进行了氰化氢毒气武器实验。实验过程是：在宽约1000米的范围内，每隔25米处并列放置350个填装50千克氰化氢的液化气瓶，然后将共计17.5吨的氰化氢一起释放。结果显示，氰化氢在“纵深2000米范围内具备致死效力”“在此之外的2000米范围内效力减半，但仍可造成重大伤亡”。然而，井本似乎对氰化氢武器化没什么信心。他认为包括空投茶（氰化氢）弹在内，“目前尚不能够立即投入实战”[1]。但是，也有资料显示，1943年春，日军曾对山西省垣曲至黄河南岸的中国国民党军队发射了705发氰化氢弹，造成1名中国士兵及21名平民受伤，1名士兵及22名平民死亡。中国军队对4发炮弹进行检测后发现，其中含有氰化氢。4月7日，中国国民党政府将这一情况通告给了美军。[2]这一情况的真伪尚不能确定，但也无法排除当时日军已经拥有并使用过氰化氢武器的可能性。

在河北省鲁家峪的毒气战

1942年，中国八路军在河北省东部地区的活动非常频繁，为了彻

1 《井本熊男业务日志》，第二二卷，1942年11月19日，防卫研究所图书馆藏。

2 化学兵部队办公室主任情报部门:《关于日军使用战争毒气的可用信息简要说明》，1944年。

底摧毁八路军的根据地，第27师团（师团长原田熊吉）从4月1日开始发动了冀东战役（一号作战，“冀”指的是河北省）。

第27师团步兵团长（北部防卫地区队长。步兵团长又称“步兵群长”，是日军旅团级步兵指挥官。步兵团长是中日战争后期部分日军师团由四联队缩编为三联队，取消旅团后设置的职务。——译者按）铃木启久（后升为中将）指挥中国驻屯军步兵第1、第2联队，包围了在丰润北部地区活动的约3000名八路军，但被八路军突围成功。第1联队经过调查得知，八路军“逃进了事先构筑好的位于鲁家峪村西部高地上的秘密洞窟中”。于是，日军封锁了八路军和居民避难的洞窟之后，使用发烟筒、催泪筒发动攻击，最终“歼灭了整个洞窟中的所有人”，包括八路军干部在内共计300人。日军还发现了长年隐藏的“作为武器库兼修理工厂的洞窟”，以及作为被服库的洞窟。如此重大战果，是铃木在与八路军长达5年的作战中从未取得的。[1]

此次作战的具体时间，根据中国驻屯军步兵第2联队的联队史记录，开始于4月17日。“4月17日，我队向北推进，实施地毯式搜查。在此期间，对鲁家峪、西山口发动了突袭……到4月下旬，日野原大队与村田中队分别“扫荡”了前山屯、义王庄附近地域敌人的洞窟，取得了战果。”5月4日，“日野原大队在地毯式搜索了前山屯、鲁家峪的洞窟后，缴获了大量突击步枪、军鞋”。据此可以推断，此次作战的时间是在4月17日至5月初。[2]

铃木后来回忆称，此次作战，除了发烟筒之外，日军还使用了催泪筒等毒气。铃木笔下的“等”，应当是指红筒，即呕吐性毒气筒。铃木在战败后成了俘虏，被关押在中国抚顺战犯管理所。被关押期间，铃木写下供述书称：“对鲁家峪的洞窟发动毒气攻击，导致包括八路军干

1　铃木（原中将）：《华北、华中剿共战的实态与教训》，1967年，防卫研究所图书馆藏。

2　海光寺会：《中国驻屯军步兵第2联队纪念 海光寺部队志》，海光寺会，1958年，第8、27–28页。

部在内的百名人员惨死。”[1]当时日本陆军并不认为催泪瓦斯是毒气，而铃木却明确声称“使用了毒气”。宣称这种毒气不是用于实战的呕吐性毒气，而是某种仅仅用于演习的“毒气”，这种说法显然与事实不符。

无论如何，“扫荡战斗”总体上获得了成功。华北方面军司令官冈村对此给予高度赞扬：“冀东地区的治安变得良好。”[2]但是，不久之后的6月上旬，八路军部队又开始活动了。铃木对冈村表示，虽然看上去“扫荡战”改善了冀东地区的治安状况，“但若剥去良好的表皮，其下已是一片腐烂，这么来看，治安状况反而可以说是恶化了”。为了阻止八路军进入“满洲”地区，第27师团将居住在长城以南4000米以内的居民强制驱离，贯彻执行“制造无人区”的政策。

河北省北坦村的地道歼灭战斗

与此同时，日军也在山西省及河北省东部开展了“扫荡行动”。自1942年5月1日开始，华北方面军又发动了冀中战役（三号作战）。河北省的中部地区是平坦的广阔平原，村庄散落。华北方面军认为，此处有以山西省、察哈尔省、河北省为根据地进行活动的八路军，特别是在太行山北部地区进行活动的八路军的“兵员来源区”及粮食物资补给区。[3]当地的许多青壮年男女或参加了青年抗日先锋队、游击队等民兵组织，或加入了防卫乡土的自卫队，民众普遍“具有一定的敌对心态”，因而日军认为，仅靠宣抚工作难以实现分离共产党与民众的目的。于是，华北方面军对该地区的八路军主力实施了“突袭式包围战”，以期彻底摧毁八路军根据地，使该地区成为日军的“治安地区”（统治地域）。[4]参加此次作战的部队，主要有第41师团主力、第110师团的第110步兵团、独立混成第9旅团的两个大队、第26师团的坂本支队等。

---

1 铃木启久：《笔供自述》，新井利男、藤原彰：《侵略的证言——中国的日本战犯自笔供述书》，岩波书店，1999年，第19页。

2 铃木（原中将）：《华北、华中剿共战的实态与教训》。以下据此。

3 《华北的治安战 2》，第151页。

4 同上，第157页。以下据此。

在5月1—10日的第一期作战中，日军实施了彻底的“精确扫荡”，企图歼灭八路军部队，收缴隐藏的武器，搜捕八路军指挥官、共产党干部，实行严格的“‘匪’民分离”政策。

到1940年为止，在河北省的南部平原上，八路军及共产党游击队共计挖掘了2.5万千米的壕沟。[1]在河北省中部的沙河、水道沟河的沿岸地区，为了应对日军的“扫荡”，共产党参照平原地带的模式，在村与村之间也挖掘了交通壕与地下壕（中国方面称“地道”）。有的地区甚至出现了用7～8千米长的地道，将3个村子连接起来。民众的抗日意识因彼此连接而变得高涨。日军想要实现“扫荡”的目的，变得极为困难。[2]即使日军攻击村子，村民们也能通过地道逃走。金蝉脱壳的例子不在少数。

在5月11—15日的第二期作战中，日军本计划消灭八路军的主力，但作战并没有取得预期的效果，于是又开始实施分区域“扫荡”。在16日至6月20日的第三期作战中，各部队反复对各自负责的区域实施“精确扫荡”，特别是针对滹沱河、滏阳河、石德线构成的三角地区，投入了大量兵力。[3]根据华北方面军的记录，八路军遗弃的尸体达9098具，被俘5197人，八路军的冀中军区遭到了毁灭性的打击。[4]然而，日军能够掌握的仅是点与线，根本无法在广袤的平原上彻底清除八路军。

在此次冀中战役的第三期作战期间，日军在定县北疃村的“扫荡战”最终演变成了一场激烈的毒气战。[5]5月下旬，第110师团师团长饭沼守命令步兵第163联队（联队长上坂胜）彻底剿灭滹沱河、滏阳河、石德线构成的三角区域内的八路军。命令特别指出，针对地道作战，应

1　石岛纪之：《中国抗日战争史》，青木书店，1984年，第113页。

2　《华北的治安战2》，第164页。

3　同上，第167页。

4　同上，第171页。

5　关于该战斗的详细情况，石切山英彰的研究最具代表性，此外还有石田勇治、井上久士的研究（石切山英彰：《日军毒气战事之村》，高文研，2003年；石田勇治，井上久士，等：《在中国河北省的“三光”战事》，大月书店，2003年）。

使用红筒和绿筒，并以此实验其使用方法。[1]依据该命令，上坂指挥第1大队（大队长大江芳若）从定县出发，5月27日黎明之前，第1大队包围了北疃村。

曾担任青年抗日先锋队队长的当地居民李德祥称，民兵曾经7次击退了日军的攻击，但在遭到日军第8次进攻的时候，由于子弹、手榴弹、地雷等所有弹药全部耗尽，所以无法组织起有效的抵抗，只能眼睁睁看着日军攻入村子。日军进入村子后，发现了数处地道的入口，便往地道中投放了毒气。地道内的民众吸入毒气后，喉咙干涩，伴有呕吐、呼吸困难症状。许多躲藏在地道中的民众，甚至直接中毒身亡。[2]

据李德祥所称，盛装毒气的容器高约20厘米，直径4～5厘米，整体呈灰色，靠近盖子的地方，有一根红线缠绕。[3]李德祥所称的“容器”，应为98式小红筒，高18.4厘米，直径5.7厘米，且在靠近盖子处有红色的带状线。根据下述资料，可以大致推测小红筒在密闭空间中的致死效力。

> 红筒的使用方法如下：让全体居民（壮年男子，老人妇女儿童除外）进入一个大小适当的房间，点燃红筒。然后在一定的时间打开门，让居民（男子）走到室外，呼吸新鲜空气。如果红筒的用量及开门时间出现差错，则会出现死亡的危险。在20～30平方米的房间里点燃红筒，夏季每次封闭3分钟，其他季节每次封闭约4分钟，则会出现同样的危险。如此反复三四次，点燃红筒超过三四次，就有中毒的危险。[4]

1　上坂胜：《笔供自述》，《侵略的证言》，第41页。

2 《日军毒气战事之村》，第28—29页。

3　同上，第29—30页。

4　辎重兵第51联队：《警备队参考文件》，1944年3月10日，美军在洛斯内格罗斯岛缴获的资料（盟军翻译与口译组：“研究报告：日本违反战争法”第72号，《毒气战相关资料Ⅱ》，第392页）。辎重兵第51联队被动员参与了1941年的“关特演”，其后被派赴广东，1942年底联队本部与第1大队在拉包尔登陆，随后转移至洛斯内格罗斯岛，被全歼。拉包尔及洛斯内格罗斯岛系常年夏日，因而该文书也许是其驻留广东时的日记。

上述资料是为获得情报使用毒气恐吓居民的方法，尽管是为了恐吓，但也表明，夏天在二三十平方米的房间里点燃红筒，人在屋内待3分钟以上就有死亡的危险。在狭窄的地道内投进大量的红筒，会造成大规模的人员伤亡。步兵第163联队通过实战“实验”，证实了上述推测。

大江回忆称，根据第1大队获得的情报，八路军的一个营正在北疃村附近挖掘地道。于是，日军于27日深夜展开行动，在拂晓之前全面包围了整个村子。战斗开始后，第1大队逐渐缩小包围圈，并最终攻入村子。进去后发现，八路军却突然消失了。经过搜查，日军找到了地道入口，并切断了通往邻村的地道。在地道及地下室中挤满了顽强抵抗的八路军，虽然颇费周章，但最终将其悉数歼灭。战后统计，八路军兵力约1000人。[1]大江在另一份回忆资料中称，当时他通过翻译员对八路军进行了劝降，但没有得到回应。当时天色渐晚，他担心时久生变，便向地道里投进了发烟筒。结果，八路军因痛苦不堪而争先恐后地跑出了洞穴，其中“大概也有真正的居民”[2]。

第1大队真的没有使用呕吐性毒气吗？明明有红筒，难道还特意使用效果欠佳的发烟筒吗？[3]我们再来看看大江的回忆录是怎么说的。在他的回忆录中，有关此次作战的情况如下：

---

1 《华北的治安战2》，第168—169页。

2 步兵第163联队史编辑委员会：《步兵第163联队史》，同刊行委员会，1988年，第332页。

3 原防卫大学校教授柿谷勋夫认为使用的是“大概是发烟剂”，而日本投降之后，“纵然曾使用了红筒、绿筒，在当时并不违法”。（《朝日新闻啊，请不要捏造新的“中国人大屠杀”》，《正论》1998年12月号，第119—120页）。前者的错误如下所述，而后者则已经阐释过是错误的。另外，还有论者认为“仅使用了绿筒（催泪性毒气）的推测更加妥当”（《在中国河北省的“三光”战事》，第235页）。这种观点也是谬误。究其原因，在于其立论根据系当地居民的证言中并没有使用过红筒的内容，且也没有呕吐过之类的证言。然而，所谓红筒并不是通体被涂成红色，而仅是筒的上层一部分涂成了红色带状。此外，吸入呕吐性毒气后的主要症状也因居民个体而异，“有的咳嗽严重，呼吸困难”，而“有的则是喉咙有堵塞感，十分痛苦”（同第235页）。其症状在浓度极低的时候可能是“打喷嚏”，通常则是“并不出现打喷嚏等症状，而是感觉鼻、喉、胸被挠刺一般，坐立不安的情形居多”（上述市野：《化学战武器（攻击）的研究》，《本国化学武器技术史》，第85页）。

定县南方召村附近的河流沿岸，特别是安国县县境地区，治安尤其恶劣，民众对日军毫无亲近感。日军对附近地区进行反复“扫荡”，实施“三光政策”，但仍不能发现敌人踪迹，数次都是无功而返。

此时，有情报称，在南疃、北疃两个村中潜藏着敌军的大部队。得知在该村落内挖有地道的情况后，大队从驻地出发，避开大路，连夜展开行动，于拂晓时包围村子，发动攻击。

黎明5时左右，大队包围了该村，在与敌人互射的同时，逐渐缩小包围圈，并最终攻入村子。虽然敌人的射击极为猛烈，但大队进入村子后完全没有发现敌人的踪迹。在村子中，大队时不时遭到来自房檐上的手榴弹的攻击，进村时还遭遇了地雷。推测敌人应是躲藏在村中的地道里。大队立即搜索了村子外围的地道，又搜查了村中的水井和其他坑道，并投放了毒气。潜伏的敌人渐渐没了动静。随后，大队切断了村子通往邻村的地道，躲藏在坑道内的数百名敌人窒息而死。此次作战，大队缴获了步枪、轻机枪等武器约120挺，我方军官以下亦有数人伤亡。自此之后，定县南方河流流域的治安迅速好转起来了。[1]

根据大江的描述，当时第1大队搜索了水井及其他坑道，并向坑道内投放了毒气，还切断了与邻村相通的地道，导致数百人窒息而死。

在此次作战中，第1大队使用的毒气究竟是什么呢？步兵第110联队第11中队是于5月26日并入大江部队的。[2]在上羽修发现并公开的第11中队中队长的报告中称，在地道的入口处，“使用了小红筒，并以蒲

1 《大江芳若回忆录》，1958年，防卫研究所图书馆藏（石切山发现的资料）。其中，《日军毒气战事之村》（第44—45页）与《在中国河北省的“三光”战事》（第71页）中有引用，令人遗憾的是依然存在未解读或解读错误的部分。然而，也并非伤及论述宗旨的错误。

2 冈山步兵第110联队史编纂委员会：《冈山步兵第110联队史》，同联队战友会，1991年，第345页。

团封闭其入口”[1]。以下是该中队长的报告中有关毒气的部分：

> 在现场进行监视时听见，通往西城的地道内人声嘈杂至极。即使是在地面上，也不难想象地道内的敌人狼狈逃窜的样子。之后中队又以小筒切断了敌人企图逃至西城村的退路，并在重要位置部署兵力，对地道口进行严密监视。村子里的地道入口逐渐被发现，中队投下小筒后随即将其封闭，以防敌人逃脱。小筒逐渐开始发挥威力。有的敌人逃上地面，被事先部署在那里的士兵逐一刺杀或俘虏。而地道内早已是阿鼻地狱，到处充斥着手榴弹的爆炸声，以及敌人凄惨的号叫声。

上述记录中的“小筒”，指的就是小红筒。由此可知，日军使用呕吐性毒气筒（红筒）的事实是毋庸置疑的。在封闭的地道中，呕吐性毒气的威力尤其强大。使用毒气后，日军又命令随军杂役人员进入地道内部调查，并对地道实施了进一步“扫荡”。记录显示，日军是选择毒气稀薄的地方，用湿手帕掩住口鼻，每分钟以3人一组的方式“扫荡”。为了防止中国军人在夜间逃亡，日军直接在当地露营，于第二日早晨再次实施彻底的“扫荡”。

毒气造成了地道内大量民兵和居民死亡。不仅如此，被强迫拖拽出地道的民兵及居民也都遭到了杀害。根据大江的记录及李德祥的证言，包括地道内的死者在内，被害者总数大约为1000人，但北疃殉难烈士碑上的记录为约800人。[2]

此类彻底“扫荡”在其他地区也时有发生。步兵第139联队的进藤集成大队（大队长进藤荣次郎）也参加了冀中战役。5月29日，该大队

---

1 步兵第110联队第11中队长小田贞良中尉:《关于在北成村附近使用小あ筒的战斗》，上羽修:《资料介绍 引发“北疃村事件”的日军部队的毒气战报告书》，《战争责任研究》第42号，2003年12月，第57页。“北成村”指的是“北坦村（北疃村）”。

2 《华北的治安战 2》，第168页，《日军毒气战事之村》，第22、30页。

攻击了位于深泽县东北方向4千米处的北白庄村。[1]村子周围有坚固的土墙，“宛如要塞一般”。进藤大队在联队炮兵炸掉村子入口处的土墙后，蜂拥而入。然而，村子里空无一人。小路也搜查过了，同样一无所获。正在进藤大队上下感到疑惑时，有人在地道口附近发现了隆起的土堆。挖开土堆，就发现了地下掩体，并听到掩体里传出嘈杂声。进藤大队虽试着进行劝降，但并没有人走上地面，于是“投入了随军携带的催泪瓦斯”。随后，进藤大队又挖开了周围的地道。进藤大队取得如此“战果”，想必也是使用了呕吐性毒气的缘故。

如上所述，日军在河北的彻底“扫荡作战”中使用了毒气武器，导致1.6万八路军丧生，八路军主力部队减少了35% 的人员。在河北省中部地区活动的八路军，伤亡比例甚至高达50%，死伤及被绑架的百姓则多达5万人。[2]

华北方面军的整治讨伐战指导

1943年，在太平洋战场上，日军的颓势日渐显现。日军内部要求以战养战，将中国大陆彻底作为日本的战略基地。尽管日军在中国华北发动了一系列“扫荡战”和“三光战”，但八路军在华北地区依然很活跃。在此背景下，华北方面军（司令官冈村宁次）为了确保占领区的安全，决定将占领区的警备工作交由伪军负责，日军则彻底转变为野战军。[3]3月24日，冈村宁次在华北方面军所属兵团参谋长会议上发出指示，将作战重点转向中国共产党的军队，试图彻底歼灭在中国华北地区活动的八路军，并指示各部，要通过强化及创造新战法，奇袭、急袭、“斩首”八路军指挥部，捣毁八路军根据地。

同年5月，华北方面军下发了“肃正讨伐参考”，明确指出“针对

1 姬路步兵第139联队史刊行委员会：《姬路步兵第139联队史》，同刊行委员会，1985年，第340—341页。以下据此。

2 井上久士：《对抗日根据地的“扫荡”与“反扫荡”》，《在中国河北省的“三光”战事》，第34页。

3 《华北的治安战2》，第336—338页。以下据此。

中国共产党军队的讨伐整治，要投入足够兵力”。在“讨伐队的兵力编组及行动”一项中，包含了如下鼓励实施毒气战的内容：

> 对于藏身村落，特别是坚固围墙内的敌人，出其不意且巧妙地使用特殊资材（毒气武器），可以使我方牺牲最小化的同时，取得最大化的“战果”。讨伐作战中，各讨伐队仔细侦察各个村子的情况，掌握村民的动态。在进入可疑村子及地区时，为防止陷入敌人预先设置的埋伏，应当事先派遣密探、侦察队进行侦察。必要时，讨伐队应配备重火力武器。进攻部分村子时，应两翼夹击。有些时候，趁敌不备，突袭村子或有奇效。当其时，不要忘记准备重迫击炮及特殊发烟筒（呕吐性毒气筒）。[1]

以上内容是针对中国八路军的游击战而制定的战斗方针。进攻普通民众所居住的村子，即便是到了1943年，日军仍然在普遍性地使用毒气武器。而这，正是华北方面军积极指导的结果。

对国民党军队的毒气使用

浙赣作战

太平洋战争爆发后，在中国的华北南部及华中、华南地区，日军对国民党军开展的毒气战又是什么样的状况呢？可以说，日军在这一时期通常是在进攻中国国民党统治区，并摧毁对方战力后，再收缩战线，退回日军占领区。

1 《毒气战相关资料Ⅱ》，第378—379页。

1942年4月18日，东京、名古屋、大阪等城市首次遭到共计16架美国B–25轰炸机的空袭。轰炸机是秘密潜入西太平洋的美国航空母舰的，接到任务后强行起飞，任务完成后，因燃料不够，迫降在中国机场。尽管此次空袭并未给日方带来实质性的损失，然而，大本营由于完全没有预料到日本本土会遭到美军飞机空袭而陷入恐慌，因此决定发起一次作战，以破坏位于中国浙江省（浙）、江西省（赣）的可用于美军B–25轰炸机着陆的飞机场。这就是浙赣作战（中方称"湘赣会战"）。

在大本营的指示下，日军发动了极不光彩的毒气战和细菌战。战役前线的中国派遣军（总司令官畑俊六）和发动战役的第13军（司令官泽田茂，驻上海），对毒气武器与细菌武器的态度截然不同。

5月30日，日本陆军参谋总长下达了有关细菌战的大陆指。8月19日，第13军撤出前线，日军正式开始发动细菌战。由第13军指挥的细菌战部队，在广信投放了感染鼠疫的跳蚤和带有鼠疫菌的老鼠，在广丰投放了感染鼠疫的跳蚤，在玉山除了投放感染鼠疫的跳蚤和老鼠外，还在大米上播撒了鼠疫杆菌附着物。在江山、常山等地，日军将霍乱病菌或投入水井之中，或撒于食物之上，或注射入水果之中。在衢州、丽水，日军则投放了伤寒杆菌和副伤寒杆菌。[1]除了在上述各地投放细菌外，日军还在赣州、建瓯等地空投了细菌武器。

对于该项作战计划，中国派遣军总参谋长后宫淳因为担心细菌战可能会对日军造成伤亡而表示强烈反对。畑俊六表示，为了防止殃及日军，应考虑通过空投的方式，对远离日军的桂林、衡阳发动细菌攻击。[2]

第13军司令官泽田也反对这一方案。6月16日，泽田从辻政信口

1　吉见，伊香俊哉：《731部队与天皇、陆军中央》，岩波书店，1995年，第39—42页。

2　《井本熊男业务日志》第18卷，1942年7月25日。井上中佐向参谋本部作战课的井本中佐报告的相关记录。听闻此报告之后，井本中佐认为派遣军对于细菌战"并没有信心，反而认为是麻烦"，忧心地称"必须要为将来考虑"。

中得知，大本营已经考虑在此次战役中使用石井部队（731部队）。辻政信是参谋本部作战课作战班长，从大本营被派到前线督战。泽田声称："这会给中日关系带来不可逆转的伤害，便是百年后也难以复原。此外，我方须采取的相应防疫措施也极为繁杂。况且杀死山中、田间的老百姓，又有什么好处？"[1]

泽田的看法是非常理智的。然而大本营却无动于衷，坚持要使用细菌武器。25日，泽田表示，如果这是命令的话，那也就没有办法了。虽不情愿，他也只得勉强同意。对于杉山参谋总长无法控制以辻政信为首的作战课狂妄参谋一事，他在日记中表示"遗憾"[2]。在731部队的队长石井四郎来到前线，并对其作战方针进行阐述后，泽田在其7月11日的日记中还是坚定地认为，细菌武器"弊病太多，效果太差"。他不理解为何要强行发动细菌战，"王者之师堂堂正正地一战"难道不好吗？[3]

与对细菌战的态度相比，中国派遣军和第13军对毒气战完全没有任何反对的声音。不仅如此，在5月30日至6月8日进行的第二期作战（衢州会战）中，第13军司令部甚至还对其下属部队发动的毒气攻击给予嘉奖。[4]参与攻占衢州的第15师团（师团长山内正文）、第22师团（师团长大城户三治）、第32师团（师团长井出铁藏）、第116师团（师团长竹内俊二郎），以及从第11军派来增援的河野混成旅团（旅团长河野毅），皆因使用毒气而受到嘉奖。其中，第22师团在正面战场投放毒气的行动，被称赞"效果最好"[5]。

为扭转在金华、兰溪附近的劣势，顾祝同率领中国第3战区军队在衢州附近与日军对峙时，原本是外线部队的日本第22师团穿插到了中

---

1 《泽田茂阵中记录》第3卷，1942年6月16日，防卫研究所图书馆藏。最初介绍了与日记中细菌战相关记录的是藤本治（藤本治：《浙赣战役与细菌战》，日军细菌战的历史事实揭示汇编：《细菌战对中国人民的影响》，明石书店，1998年）。

2 同上，6月25日。

3 同上，第4卷，7月11日。

4 第13军司令部：《浙赣第一期第二期战事经过概要》，1942年6月20日，《毒气战相关资料Ⅱ》，第370页。

5 同上。

国军队的阵线之内。6月1日，第22师团击溃了位于大洲镇东部高地的中国第2战区先头部队后，打算趁机攻克位于大洲镇的国民党军队主阵地。也就是在此时，第22师团大规模使用了毒气武器。

6月3日清晨，第22师团在距离敌阵两三百米处、正面两千米范围内“一”字部署了1000支中红筒，一起点燃。此外，还发射了400发山炮用红弹和450发迫击炮用红弹，“效果巨大”。第22师团与两翼的部队一起突破敌军阵地，到达了预定位置。[1]此次作战证实，即使事先没有周密准备，只要指挥得当，通过大规模使用毒气武器也能取得瞩目“战果”。

关于此次攻击，泽田在记录中称，他从被分派到第22师团指导化学战的森田丰秋和国富勇处得知，第22师团“在大洲镇附近的攻击收到了特别显著的效果”[2]。但两人也反映，第22师团在使用毒气武器时存在如下问题：各级部队指挥官对于最能够“发挥毒气杀伤效力”的“接触突击”缺乏意识；第22师团随军携带的轻型红筒发射器管理不慎，发射药受潮，出现大量哑弹；炮兵使用毒气弹时，与步兵存在协同问题。泽田也同意他们的看法。

指导毒气战的军官指出，为进一步提升攻击效果，不限于使用呕吐性毒气武器，还应该使用具有“杀伤效力”的毒气武器。对此，泽田表示，毒气战不存在局部战场，一旦使用具有杀伤效力的毒气武器，包括东南亚战场、太平洋战场在内的战线就会陷入全面毒气战的危险，因此，是否使用具有杀伤效力的毒气武器，应由陆军中央通盘考虑后再做定夺。

如上所述，泽田虽以细菌战不“堂堂正正”为由表示反对，却鼓励部队使用呕吐性毒气武器。至于致死性毒气武器，泽田虽不赞成立刻使用，但原则上也并不反对。他之所以持有这样的立场，可能是因为相比于未经过实战检验，“弊病太多，效果太差”的细菌武器，毒气武

1 《例证集》“战例十”，《毒气战相关资料》，第443页。
2 《泽田茂阵中记录》第3卷，1942年6月30日。

器早已在实战中得到了检验，且取得了巨大“战果”。

“十八春太行作战”（在东姚集的毒气战）

1943年春，在太行山南部有中国国民党的第24集团军（司令庞炳勋），北部有八路军（第18集团军）司令部和第129师。在“十八春太行作战”（昭和十八年春太行山战役）中，日军由华北方面军的第1军（司令官吉本贞一）和第12军（司令官喜多诚一）协同，对中国国民党的第24集团军发动攻击，之后又计划击溃第18集团军和第129师。

第一期作战于4月20—29日进行。交战双方最后于29日在东姚集展开了激战。当时日军独立混成第3旅团（旅团长毛利末广）与据守在东姚集坚固防线的国民党第106师约2000人陷入苦战。炮兵、工兵、飞行队协同作战。[1]独立混成第3旅团最终还是通过使用毒气武器，才攻陷了国民党军队的阵地。此次战况如下：

东姚集是“所有村子一体化的城寨”，因城墙极其坚固，毛利旅团长预备在26日黎明发动的攻击中使用呕吐性毒气。[2]但该计划因第1军的命令而中止，第1军要求独立混成第3旅团要等到步兵1个大队及3个中队、山炮兵两个大队等增援部队及相关物资抵达后再正式发动攻击。28日，毛利旅团长下达了在次日天长节（天皇诞辰日）发动攻击的命令。突击队配发了新补给的红筒发射器、红筒和防毒面具。诸兵种协同作战计划如下：①上午6时开始，炮兵炮击50分钟，山炮发射榴弹和红弹，破坏敌军战略要点，迫击炮压制敌军火力；②6时50分，飞行队进行20分钟空袭，使用红弹和燃烧弹彻底摧毁敌军战略要点；③7时10分，炮兵再炮击3分钟，按照红弹、榴弹、烟幕弹的顺序，对步兵的进攻进行炮火支援；④步兵以“接触突击”完成最后一击。[3]

---

1 《华北的治安战2》，第363页。

2 独立步兵第9大队长酒井大佐：《酒井支队东姚集附近战斗经过及研究教训事项》，1943年6月1日，防卫研究所图书馆藏。以下据此。

3 山炮兵第36联队本部：《十八春太行战事第一期战斗详报》，1943年4月20日至5月3日，《毒气战相关资料Ⅱ》，第372—373页。以下据此。

29日上午6时7分，炮击开始，飞机也开始轰炸中方阵地，“轰轰隆隆的炮弹爆炸声响彻东姚集，敌军阵地化作修罗场”。轰炸不是一次性覆盖中方阵地的，而是分批次的。但是，原定由飞机向中国国民党军队一线阵地投掷红弹的计划临时终止了，独立步兵第9大队被迫在发动突击的时候使用红筒。按照原计划，这些红筒本来是在突击队攻入敌阵之后才使用的。最先突击的中队“全力开动红筒发射器，竭力发射红筒，同时使用发烟筒”，觅得了突击的良机。[1]但是，由于毒气逆流，突击失败，多人死伤。在其后发动的第二次攻击中，飞行队的轰炸与炮兵的炮击协同展开，步兵则在上午10时之后才逐渐攻入了敌阵；下午5时40分，约200名中国士兵开始撤退。次日12时左右，独立混成第3旅团完全占领了东姚集。

此次作战，山炮兵第36联队发射了181发红弹。战后该联队总结称：“必须承认，毒气（飞机及前线步兵也使用）使用的效果特别明显。”[2]这是指第二次攻击的情况。据称，在检查八路军（此处应为国民党军，原文似有误。——译者按）士兵的尸体时发现，他们的布制防毒面罩内侧都是鼻涕。有的士兵吸入毒气之后，开始头晕目眩，但依旧对日军进行射击。

东姚集的国民党军队阵地用厚达两米的土夯实而成，虽然并不是十分坚硬，但即便是用山炮弹攻击，也难以打开突破口。此次战斗中毒气的使用并不是什么新鲜事，但是，为攻克坚固阵地，持续不断地使用呕吐性毒气（红弹、红筒）的做法值得关注。

---

1 《十八春太行战事第一期战斗详报》，及酒井大佐：《酒井支队东姚集附近战斗经过及研究教训事项》。

2 《毒气战相关资料Ⅱ》，第374—375页。

常德歼灭战

中国方面的指控与盟军的调查

所谓常德歼灭战，指的是日军第11军为了歼灭在湖南省常德及其周边地区的国民党军队，特别是第6战区（司令长官孙连仲）的部队，于1943年11月2日至1944年1月初发起的作战。

1943年，日军在太平洋战场上的作战形势极为不利。2月，日军开始从瓜达尔卡纳尔岛撤退；5月，在阿图岛的日本守备队全军覆没；11月末，马金、塔拉瓦两岛的日本守备队也悉数被歼。为了弥补在太平洋战场上的损失，日军不得不从其他战线抽调兵力。同年夏，中国派遣军的总兵力减少到了约62万，而中国国民党军队的人数约达到290万，八路军正规军约23万，民兵约60万。[1]1943年10月上旬，日军大本营再次计划将在华的6个师团调往太平洋战场，并在日本本土集结5个师团作为大本营总预备队。此外，还要新设若干独立步兵旅团。因此，在中国战场上快速削弱国民党军队的兵力，就成了日军这一阶段最为重要的作战方针。

此次作战整体上来说进展顺利，但是在湖南省西部的战略要冲常德市，日军遭到了顽强抵抗。经过一番苦战，日军于12月3日完全占领了常德。[2]其间，步兵第109联队的联队长布上照一和第6联队联队长中畑护一相继战死。之后日军从常德撤退，回到战役发起之前的阵地。此次作战异常艰难，在常德市内外，日军使用了大量毒气武器。

美国陆军中缅印战区司令部的化学战军官 W.P. 斯托克韦尔，从中

1 宫崎舜市："关于一号作战"，《一号作战 1 河南的会战》附录，朝云新闻社，1967年，第1页。以下据此。

2 防卫厅战史室：《昭和十七、十八年的中国派遣军》，朝云新闻社，1972年，第459页。

国国民党政府处获知日军在常德会战中使用了毒气武器。对此，他开始着手调查，并于1944年2月完成调查报告。[1]他的调查报告显示，国民党军队提供了从1943年11月3日到12月18日常德会战中日军74次使用毒气武器的情况。具体包括：在常德城及其周边使用毒气35次，常德西北偏北100余千米处的仁和坪附近使用8次，在宜昌的防御阵地使用7次，其他地区共计24次。据称，这些攻击共造成1300名中国将士中毒，其中47人死亡。单日使用毒气次数最多的是11月26日，日军13次对常德城使用呕吐性毒气。最大规模的一次则是12月7日，日军对傅家庙发起攻击，使用迫击炮与野战炮共计发射毒气弹500发。单次使用毒气武器造成最多伤亡的是11月29日，日军在仁和坪附近发动毒气战，致使超过300人中毒。

为验证情报的可靠性，斯托克韦尔上尉被派遣至了第6战区。他的报告与国民党军提供的情报存在一定差异，似乎有意忽视了日军毒气战的严重性。他的观点为：①日军在战斗期间确实使用了催泪瓦斯和呕吐性毒气，但中国军队方面声称日军使用了窒息性毒气，这一点无法证实；②日军只在发起进攻时使用了毒气武器，主要是以小队为单位，近战使用毒气发射筒，其后立即由步兵部队发动突击；③中国军队装备了防毒面具，日军仅依靠毒气武器难以直接攻陷阵地。

之后，中国国民政府军政部防毒处以更为详细的数据，整理了日军在此次作战中使用毒气的共计87例战例。[2]特别是11月25日以后日军在常德城内外大规模使用毒气武器的情况，更是被记录下来。该数据显示，日军27日的毒气攻击致使350人中毒；30日，日军攻击小西门时，

1 W.P. 斯托克韦尔:《日本最近化学战活动调查，第6战区，中国》，1944年2月22日，RG 165，Entry 77，Box 2135，美国国家档案馆。以下据此。该信息与中国第6战区《常德会战中日军使用毒气概况》中的记载几乎一致，仅有些许差异。(全文参考:《日军的化学战》，第202—204页。但并没有使用一览表)还有相关的信息参考，中华民国军事情报局长办公室:《敌军在常德战役中毒气使用研究》，1944年5月2日，陆军部208/3044，英国档案局。

2 中国国民政府军政部防毒处编撰的《民国三十二年度敌军用毒情况》辑录了常德会战中共计87次使用情况一览表(参考:《日军的化学战》，第204—209页)。

致使150人中毒。12月1日，城内东南区有400人中毒。此外，还有消息称，12月2日，日军进攻大小西门时，致使300人中毒，25人死亡；3日，在大小西门、下南门，致使180人中毒。[1]

另外，中国国民党军队本次会战缴获的两份日军绝密文件显示，日方发动毒气攻击的主力部队是从第13军派来增援的第116师团（师团长岩永汪）下辖的步兵第120联队（联队长和尔基隆）和第133联队（联队长黑濑平一）。[2]

上述两份绝密文件的其中一份，记载了11月27日在常德长生桥附近活动的第120联队发出的命令："化学武器小队应速纳入第3大队长的指挥之下。""野战毒气队应速纳入黑濑部队的指挥之下。"另一份文件中，第120联队的副官传达指示称："在战斗期间，各部队（包括中队、小队）使用特殊烟时应以附件的形式填写报告。"其后附有《化学战报告书》的样本。

从第58师团调至广岛第39师团（师团长澄田赉四郎）的古贺支队独立步兵第94大队（大队长前崎正雄）曾在长江南岸的松滋附近进行战斗，其部分书面作战命令也被国民党军队缴获。根据记录，第94大队于11月8日收到了来自燕山垴的命令，当晚至次日凌晨攻入中国国民党军队阵地。"迫击炮中队于明日拂晓前推进至MG（机枪）阵地左侧，向敌人阵地正面实施毒气弹炮击。"[3]9日推进到腊树垭。根据中国国民政府军政部防毒处的记录，8日，国民党军队遭受了100余发毒气弹攻击，20余人中毒，阵地最终陷落。[4]

上述情报都来自能够证实日军使用了毒气武器的正式文件。然而

---

1 《日军的化学战》，第207—208页。

2 M.B.小德帕斯（驻华军事武官）：《日本的毒气使用研究》，1944年5月14日，RG 38，Entry 98，Box 230，美国国家档案馆。

3 中缅印联合情报收集机构：《情报报告第128号：中国（占领区）－毒气（被指控为日本所为）》，1944年1月28日，RG 165，Entry 77，Box 2135，美国国家档案馆。（与此资料同封文书，日语版。）

4 《日军的化学战》，第204页。

在美国陆军参谋部的军事情报部门看来，这些资料仅仅能够证明日军使用了“非致命性”的毒气武器。

如上所述，中国国民党军队的情报显示，在常德会战中陷入苦战的日军大规模使用了毒气武器。中国国民党军队方面认为，在以后的战斗中，日军在面对难以攻克的阵地时及在突破包围时，很可能也会大规模地使用毒气武器。[1]但是美军却认为，中国国民党军队的情报与调查结论是夸大的。那么，日本方面的记录是怎样的呢？

步兵第120联队和迫击炮第4大队的记录

参加了常德会战的第116师团，是从长江的石首北面出发的，沿途一路攻陷红庙、津市、澧县、临澧，最后从西面向常德城发动进攻。从11月25日起对常德城发起的攻击，都是由第116师团师团长岩永汪统一指挥的。

11月17日，第116师团所属步兵第120联队在里胡村遭遇了中国国民党军队。联队组织起突击队发起冲锋，炮兵中队发射3发榴弹和10发红弹掩护。联队突击队队长片山忠三（化学军官）的手记中记录了当时的情况：

> 联队炮兵初发命中。第二发则是在我队眼前爆炸。之后我听见发射红筒的声音，与此同时，我队发动进攻，跳入战壕。上天保佑，壕沟虽深达3米，却是空的。我们冲出战壕时发现，埋伏的敌人也全无战意。我的手枪哑火，扔向敌人，随即拔出刀便砍了上去。红筒的烟雾慢慢散去，我队停止了追击，守住村庄。第10中队继续追击，扩大“战果”，占领了河对岸。不慎吸入了红筒毒烟的（士兵）受到了当值军医的照料，部下们陆续聚集过来，脸上开心的表情难以忘却。……

1　中华民国军事情报局长办公室：《敌军在常德战役中毒气使用研究》。

> 将生死置之度外的我并没有佩戴防毒面具，结果是非常糟糕的。我不停地打喷嚏，流出大量的泪水和鼻涕，痛苦不堪。[1]

从第二期作战一开始，第120联队便使用了毒气。此外，在25日抵达常德城西门时，第120联队为了扫清射界，焚烧了大量民居。但是，在片山的手记中并没有此后使用毒气的记录，取而代之的则是："敌人构筑了值得骄傲的坚固阵地，在地雷、重机枪、重迫击炮的掩护下进行顽强抵抗，并会在撤退时使用烟幕弹，这是至今为止从未碰到过的装备精良且训练有素的敌人。"[2]我们知道蒋介石害怕与日军陷入全面的毒气战，因此哪怕是呕吐性毒气也是严禁使用的，因此，此记录的真伪尚须验证。

其后，第120联队发起总攻受挫，未能突破西门且损失惨重。片山也在战斗中身负重伤，失去右手，被担架运送回后方。而这恰好也证明了片山的记录，即，相比战争初期，无论是装备还是训练，中国军队已经有了显著的提升。

同属第116师团的步兵第133联队（黑濑联队）迫击炮第4大队（大队长盐田一），参加了从北门进攻常德市的战役。11月28日，迫击炮第4大队第1中队在距离常德市北门极近的位置，发射了约500发迫击炮弹，"主要是红弹""炮管发烫，几乎烧穿"[3]。对北门的炮击持续了约一周。由于日军的飞机对常德城内进行了轰炸，并对日方空投弹药补给，因此美军飞机也对日军阵地展开轰炸，战况异常惨烈。12月3日，北城门上升起了白旗，中国国民党军队投降。第4大队的第1、第2、第3中队突击攻入了充满毒气的城门，对城内进行了"扫荡"，并俘虏了许多人。中国国民党军之所以投降，其原因之一正是迫击炮第4大队

1　岚兵团步兵第120联队史编纂委员会：《岚兵团步兵第120联队史 血泪记录》下卷，岚一二〇友之会，1977年，第161页。

2　同上，第165页。

3　小泉长三郎第一中队员的回忆。参考，迫四会大队史编纂委员会：《迫击炮第4大队史》，迫四会本部事务局，1985年，第767页。

发射的“榴弹及红弹使其丧失了抵抗的意志”[1]。

由于常德城战役的记录在战败后遭到焚毁，迫击炮第4大队的战友会（迫四会）在20世纪80年代前中期召集原军官、士兵召开了研讨会，尝试重写战史。[2]据此可以知道以下情况。

从第13军调来的迫击炮第4大队主力被分配给了第120联队（和尔联队），第2中队则被分配给第116师团化学部队。11月下旬，第4大队主力与第2中队都参加了以第120联队为主的攻打常德西门、小西门的战斗。在25日开始发动的西门总攻中，第2中队发射了红弹。26日，第3中队在西门城外发射了约50发燃烧弹，烧毁了城外的村子。之后第120联队在白刃战中几近全军覆没，攻克西门的战斗变得十分艰难。27日，根据命令，第4大队主力被配属给第133联队，参加28日开始的对常德北门的总攻。第2中队也参加了此次进攻。第4大队所携带的弹药，半数以上是红弹。在对常德北门的进攻中，第4大队各中队都耗尽了弹药，但又通过空投的方式得到了弹药补给。

在研讨会上，就是否在北门总攻时使用红弹的问题，发生了激烈的争论。第3中队的长户忠隣称：“在常德的时候确实没有使用毒气弹”；同属第3中队的池内芳雄对此表示：“我是指挥班的。前线的实际情况不了解，但我印象里好像并没有携带防毒面具”；第1中队的南川忠男也表示：“我是观测班的，我也不肯定有这么回事”；同属第1中队的川原正辉则说：“我不记得当时使用的炮弹种类了。”

相对于上述言论，其他人则给出了一些更值得采信的说法。大队后勤部的卜部义富称：“第4大队携带的弹药，一半以上都是红弹。”第2中队的片桐秀雄称：“第2中队在进攻小西门的时候，是发射了红弹的。当时敌人抵抗很顽强，要不是使用了瓦斯弹，根本不可能取得什么战果。”大队本部的本田又嗣（书面形式参加）指出：“当时肯定是向城内发射了相当数量的红弹的。因为在对方投降，我军入城之后，我阅读

1　山田忠夫第三中队长的回忆，同上，第776页。

2　同上，第777—809页。以下据此。

了敌人发行的大量报纸，其中大书特书日军使用毒气的新闻。”第2中队的白石嘉男（书面形式参加）也提到：“进攻常德时，发射的炮弹大概一半都是红弹。命令是由中队长下达的。在整个战斗过程中我和他在一起，我记得非常清楚。”第3中队中队长山田忠夫表示：“虽然也发射了火焰弹和榴弹，但是，红弹才是导致常德守军投降的关键因素。中国投降的守军也是这么说的。我们还因此获得到了嘉奖。”没有参加常德战役的久保井理津男认为：“如果在常德战役这样的攻城战中都不使用红弹的话，那么还准备在哪里使用红弹呢？”

这些说法与中国方面的资料是一致的。该研讨会表明，直到战争结束很久，相关人士仍延续着一种完全隐瞒毒气战事实的倾向。但是，也有军官和士兵认为，（毒气战）事实就是事实，是无法隐瞒的。

从以上论述可知，“在常德并没有使用毒气”“使用了毒气，但规模极其有限”之类的说法是不符合历史事实的。虽然常德城内被燃烧弹焚毁殆尽，但日军攻陷常德的关键还是使用了毒气。12月11日，攻陷常德的第11军开始从常德掉头撤退。撤退途中，大本营又改变了方针，指示第11军占领常德，这造成了极大的混乱。第11军兵力损失严重，无法确保守住常德，但还是退了回去。虽然参加常德会战的日军总兵力约有5万人，但由于中国国民党军队的战力提升，防线坚固，因此在战斗过程中，日军因死亡、受伤、生病等原因而减员的数量达到1万名。[1]

最后的毒气战——大陆打通作战

豫中会战

1944年1月24日，日军大本营制订了大陆打通作战计划。之所以

1 《昭和十七、十八年的中国派遣军》，第539页。

制订这一作战计划，是因为在1943年11月末，美国军机从中国西南的遂川基地起飞，空袭了台湾新竹的日本军机。美军的空袭给日军大本营带来了极大的冲击，大本营遂计划彻底摧毁位于中国西南地区的中美空军基地，夺取贯穿中国大陆南北的铁路线，以期将中国国民政府逼上绝境。此次会战，动员了15个师团，共计510000兵力，以北京—汉口段、武昌—广州段、衡阳—柳州段的铁路沿线为战役中心，纵贯中国大陆南北。

战役在4月14日打响。日军首先在华北地区展开了京汉作战（中国方面称“豫中会战”），第12军（司令官内山英太郎）下辖的第37师团（师团长长野雄一郎中将）从开封渡过黄河，向着郑州、许昌方向南下，其后转为西进，向着嵩县、卢氏方向进军。从4月到6月末，第37师团共使用了红筒141支、小红筒17支。[1]同一时期，第62师团（师团长本乡义夫）从霸王城北方渡过黄河，进攻霸王城、禹县，其后向西推进，从洛阳南的洛宁发动进攻。被配至第62师团的独立步兵第12大队使用了山炮红弹13发、红筒6支。[2]

在第37师团的“战斗详报”中的“失当、失误及其他应以为戒之事项”下，提到了“作业小队”，认为相对于小队的人员编制来说，其携带的作战物资“过于庞杂”，建议“其首要作战任务是投放瓦斯，再携带少量炸药”，这样从机动性和战斗力的平衡上来说是最合理的。[3]上述记录非常关键。因为这是在太平洋战争末期，关于将“作业小队”的主要作战任务集中于毒气战的建议。该建议也从一个侧面说明，在1944年的上半年，豫湘桂战役爆发后，日军在华北各地都使用了毒气。

长衡会战

华中、华南的情况又是怎样的呢？正如上文所述，“一号作战”纲

1 第37师团：《京汉战事战斗详报》，1944年4月1日至6月30日，同上。

2 独立步兵第12大队：《京汉战事战斗详报》，1944年4月1日至6月30日，同上。

3 第37师团：《京汉战事战斗详报》。

要不仅禁止对美国军队使用毒气，还指示称，对与美军关系密切的桂林、柳州等地也应极力避免使用毒气，即使在使用毒气的情况下，特别注意不得留下痕迹。3月中旬，参谋本部又发出了“衡阳、梧州前线不要进行化学战”的新指示。[1]

5月27日，第11军（司令官横山勇）从岳州发起进攻，6月18日占领了长沙。为了应对日军的进攻，第9战区的军队（司令官薛岳）策划在衡阳迎击日军。

以6月26日占领衡阳机场为标志，第11军开始进攻衡阳。总攻于28日发起，承担攻击任务的部队是第68师团（师团长佐久间为人）、第116师团和志摩支队（支队长志摩源吉）。由于前线的各大队损失惨重，炮兵也用尽了弹药，7月2日晚，进攻被迫中止。7月11日发起第二次总攻，也以失败而告终。在此期间，日军又从第58师团调派了三个步兵大队增援，并于8月4日发起了第三次进攻。该月8日，衡阳的中国国民党军队投降。

在长衡会战（日方称“衡阳会战”）中，日军使用了糜烂性毒气的情报满天飞。6月28日，英国陆军参谋部向驻华盛顿的英美联合参谋部英军参谋下达指示，让其转告美军参谋长马歇尔，在获得足够证据前，应谨慎对待日军的毒气。这是因为英国陆军参谋部从马歇尔处获悉，美国第14航空队司令克莱尔·L.陈纳德向东南亚盟军总司令官蒙巴顿报告称：“日军使用了芥子毒气和路易氏毒气。相关详细情况尚有待调查。”[2]

6月29日，英国陆军部收到了来自华盛顿的消息：“经美驻昆明第14航空队化学战侦察官证实，26日由该航空队发出的电报显示‘小日本’（Jap，对日本的蔑称）在向衡阳前进的途中，使用了芥子毒气和路易氏毒气。”[3]7月5日，英国驻重庆武官向英国陆军部致电称：“中国军

1 《真田穰一郎日志》第二八卷，1944年3月14日，通卷第2111页。

2 AMSSO致JSM华盛顿的绝密电报，1944年6月28日，陆军部208/3044，英国档案局。

3 B.A.S.华盛顿致陆军部的密码电报，1944年6月29日，陆军部208/3044，英国档案局。

队的情报部长向我方通报称‘日军使用了糜烂性毒气’。”[1]

这些情报的可信度有多高呢？7月9日，美国战略情报局局长威廉·J.多诺万通过罗斯福私人秘书葛瑞丝·塔利，向总统办公室亲手递交的备忘录中有如下结论。

> 以下是来自昆明的我方情报部代表的报告：
>
> “今日，我们从汤普森上尉处收到报告，确认了日军于6月23日在衡阳市正东方向8000米处对中国军队第54师使用毒气这一事实。从两名死者身上烧伤的痕迹来看，可以判断日军使用了芥子毒气和路易氏毒气。该报告表明，日军顾及自身部队的安全，因而只针对小规模部队有限度且慎重地使用了毒气。”[2]

日军使用毒气的地点位于衡阳东面8000米处的湘江支流——耒水（原文为“来江”，应当是误记。——译者按）河岸。为了了解详情，美国第14航空队化学战情报军官拉尔夫·F.汤普森和摄影师奥克纳被派往调查。两人调查了遭受毒害的两名士兵，其中，汤普森上尉的报告内容如下：

> 两名士兵从双脚脚踝至裤脚出现严重糜烂，胯下和生殖器也不例外。皮肤上生出大水疱，高约两厘米，1美元硬币大小。水疱里面，是浓稠的黄色液体。在每只脚上，这样的大水疱能够看到半打左右。在大水疱和普通水疱之间发现了小而深深嵌入皮肤的水疱，周围发青且肿胀，并呈现褶皱状。[3]

---

1 驻重庆军事武官致陆军部的密码电报，1944年7月5日，陆军部208/3044，英国档案局。

2 美国战略情报局提供给总统的备忘录，1944年7月9日，富兰克林·D.罗斯福总统图书馆。

3 陆军部收到的来自中缅印战区指挥部美国陆军司令官的机密信息，CRAX 7282，富兰克林·D.罗斯福总统图书馆。系史迪威发给陆军部的电报中所引用。《华盛顿邮报》（1944年7月7日）中刊载了汤普森上尉的证言。

该报告甚至被递交到了美国总统罗斯福手中。汤普森发现水疱的时间是6月24日15时，离受害者遭受毒气已经过去了约24个小时。水疱也让两名士兵饱受伤痛的折磨。他们的肺部和眼睛并没有受到伤害，身体也没有毒气灼伤的痕迹。但他们明确表示："我们从炮弹爆炸的地方急匆匆逃了出来。"

从以上内容可知，虽然规模极小，但毫无疑问，6月23日晚日军在衡阳郊外使用了糜烂性毒气弹。

之后的发展又是怎样的呢？7月9日，路透社驻重庆通信员托马斯·乔发给加尔各答的路透社经理K.N.拉马纳的信件遭到了位于加尔各答的印度审查局审查。信中写道："（日本军队）用毒气弹炮击了（衡阳）市内。美国陆军的某位军官称，该炮弹是芥子毒气和路易氏毒气的混合弹。衡阳市内一片混乱，宛如地狱。"[1]

上述情报能够证明，日军对衡阳市内大规模使用了糜烂性毒气弹。对于正在寻找对日发动毒气战正当理由的美国来说，上述情报所涉事情应该彻查。但是英、美两国均没有证据证实上述情报。显然，上述情报可能只是误报。

在第二次进攻衡阳时，日军的确为大规模使用所谓非致死性毒气做好了准备，但由于大本营下达了中止毒气战的命令而未能实施。中国派遣军总司令官畑俊六在15日写道："进攻衡阳失败要归因于弹药不足。从15日起再次发起攻击，但受命不得使用迫击炮发射红筒。虽然第11军特地准备了大量的红筒，却因大本营忌惮重庆方面的宣传，担心使用毒气弹会成为美国使用毒气的口实，故而被迫停止使用。"因此，虽然由第116师团长岩永汪统一指挥，但进攻毫无进展。[2]

为了弥补常规弹药的不足，第11军配备了大量迫击炮用红弹，为集中使用做准备。中国派遣军对大本营禁止使用毒气的决定极为不满，

---

1 《印度加尔各答检阅局01182/44：拦截信件，地点：加尔各答，日期：1944年7月12日，信件日期：1944年7月9日》，陆军部WO 208/3044，英国档案局。

2 《续·现代史资料4陆军 畑俊六日志》，第478页。

原因之一是中国国民党军队租借了美国武器，并获得了强大的航空兵力支援，还拥有占据优势的重型武器。与之相对，日军方面则是重武器不足，与中国军队的差距在不断扩大。因此，攻城时，毒气弹变得不可或缺。与在常德一样，由第116师团担任主攻部队，在此时就显得意味深长。第116师团继常德后又在衡阳遭受毁灭性打击，其后，又在芷江战斗中再次遭受打击，屡次受创“皆因重武器不足”[1]。据称，在攻占衡阳时，仅第68师团和第116师团战死伤病者就达万余人，“其惨状令人目不忍睹”[2]。

毋庸赘言，畑总司令官所言的停止使用指示正是7月14日发出的《大陆指第2061号》。此后，包括呕吐性毒气（红剂）在内的所有毒气皆被禁止使用。因此，迫击炮第4大队在占据安仁期间的19日，接到禁止使用毒气和“毒气弹应全部返还给军部”的命令之后，便返还了红弹。[3]另外，8月31日之后，进攻常宁城的第3中队因被禁止使用红弹，最终突击失败了。[4]

虽然进攻受挫，但日军在中国大陆的毒气战还是终止了。1942年下半年之后，陆军中央的相关毒气资料在战败后立即遭到了销毁，战争后半期各部队的“战斗详报”和“阵中日志”也所剩无几。因此，本章中所提及的毒气战，仅仅是同时期日军在中国进行的毒气战的冰山一角，但我们仍能从中一窥日军在中国进行的毒气战之规模。

---

1 《迫击炮第4大队史》，第976页。

2 《血泪记录》下卷，第374页。

3 《迫击炮第4大队史》，第888、966、1069页。

4 同上，第975页。

第九章

美国的毒气战计划与日本（1941—1945）

对日军的警告

罗斯福的声明

获得日军在1941年10月的宜昌攻防战中使用毒气的详细报告（参考第五章）之后，美国国务院随即开始针对日警告声明展开讨论。12月2日，远东司提出一个方案，即向日本驻美大使野村吉三郎和特派大使来栖三郎转达美方强烈要求日军放弃使用毒气的口头声明。国务院内部对此方案有些不同的声音。有人认为，在美、日交涉的重要关头，发出这样的声明不会带来任何益处。亚洲事务政治顾问斯坦利·霍恩贝克也反对立即发出抗议声明，他认为，考虑到德国不久就可能会对英国使用毒气，不如等到那个时候再一起发声明。[1]因此，对日警告声明束之高阁。7日（日本时间为8日），珍珠港事件爆发。

截至1942年春，日军已经占领了亚洲太平洋的广大地区。同年5月，是否对日军的毒气战发表谴责声明，再次被提到议事日程上来。这主要是因为英国首相丘吉尔在10日发表了对德声明，蒋介石也希望美国发表一份对日声明。当时英方怀疑德国对苏联使用了毒气，因此丘吉尔在其声明中对德发出强烈警告：如果今后发现德国使用毒气武器的确凿证据，英方将尽最大可能使用毒气武器予以报复。[2]中国方面，日军在浙赣会战中使用毒气武器一事，让蒋介石产生了强烈的危机感。他于29日向当时在华盛顿的宋子文发了一封电报，命令其积极与美方斡旋，务必使美方像丘吉尔那样发布一份“辞义十分严正”的声明，以

1 《M.M.汉密尔顿致科德尔·赫尔和萨姆纳·韦尔斯》，1941年12月2日，《S.K.霍恩贝克备忘录》，1941年12月4日，国务院十进制档案740. 00116，太平洋战争/3，5，RG 59，Entry 十进制档案1940-44，Box 2927，美国国家档案馆。

2 国务院十进制档案740. 00116，太平洋战争/35。

防止日方发动更大规模的毒气战。[1]

6月1日清晨，中国外交部长宋子文向美国副国务卿萨姆纳·威尔斯提出了发表声明的请求。同日，威尔斯与罗斯福见面，就发表声明一事征得了罗斯福的同意。此时，关于日军使用毒气的详细报告也已经由美国陆军部送到了罗斯福手上。[2]5日，罗斯福发布了声明，全文如下：

> 本国政府接获真确报告，日军曾在中国各地使用毒气，或有损健康之瓦斯。余今特明确宣示，倘日本坚欲以此非人道之作战方式对付中国，或其他任何盟国，本国政府认为此项行动，无异对美而发，将采取同样办法，尽力报复。吾人将准备实施完全之报复，其责任应由日本负之。[3]

（该声明中译文见于《中华民国重要史料初编——对日抗战时期》第三编《战时外交（一）》第156页。参见周东华：《太平洋战争爆发后中国的大国地位与国际事务的话语权——以中国争取制止侵华日军毒气战为例》，载《学术月刊》2021年第7期；吉见义明著，步平译：《日本军队的毒气战与美国——美国国家档案馆资料调查》，载《抗日战争研究》2004年第1期。——译者按）

该声明措辞严厉地表明，美国一旦掌握了日本规模化使用毒气武器的证据，将以最大规模对日本予以“报复”。该声明的另一层重要意义在于统一了美国政府内部对毒气武器的认识，明确将使用毒气武器的行为视为“非人道之作战方式”。而在此之前，美国政府内部很多人认为，使用毒气武器并不违反国际法，毒气武器也并非不人道的武器。

1　国务院十进制档案740.00116，太平洋战争/32。以下据此。

2　陆军部总参谋部军事情报处情报部门：《军事情报，I. B. 152-A：日本在中国的毒气使用》，RG 165，Entry 77，Box 2134，美国国家档案馆。

3　乔纳森·丹尼尔斯：《富兰克林·D. 罗斯福总统新闻发布会全集》第19卷-1942年，达卡波出版社，1972年，第364页。

▲图9　对罗斯福警告声明感到震惊的日本军官

1942年的警告声明是以大量的毒气弹药储备为基础，对于日军装备之贫弱是莫大的讽刺。

资料来源:《化学战简报》，第28卷，第3期，1942年7月，第154页。

这一立场在1943年6月8日发表的对日、德、意等轴心国的声明中被进一步明确。该声明宣称，使用毒气武器及其他不人道的战争手段，“根据文明的人类公论，是违法的”[1]。从国际惯例的角度来说，该声明也意味着美国政府正式将使用毒气武器这一行为视为违法行为，意义重大。这两份声明压制了军中正逐渐抬头的首先使用毒气武器的声音。此外，声明以极为严厉的措辞警告称:“无论轴心国以何种方式使用毒气，都会迅速招致对其境内所有弹药中心、海港及其他军事目标最大

1 《美国外交关系文件集》1943年第1卷－总论，华盛顿特区，1963年，第406—407页。

规模、最大限度的报复。”该声明公开表示，尽管美国不会首先使用毒气武器，但如果包括日本在内的轴心国使用毒气武器，他们将遭到最大程度的报复（严格来说，这种报复是一种不对等的过度报复）。

“先发制人使用”论的抬头

罗斯福发表声明后，美国国内出现了一些有关毒气武器讨论的新动向。在美军内部，逐渐出现了一些与总统声明立场相左的论调。以下在弗雷德里克·布朗博士和约翰·穆恩教授的研究基础上，通过增补的一些新资料对该问题进行考察。[1]最早与总统声明立场相左的论调，出现在1943年12月17日由美国陆军化学战勤务队负责人威廉·N.波特向陆军副参谋长约瑟夫·T.麦克纳尼提交的信中。[2]

在信中，波特少将提出了两种观点。第一种观点为，日军此前一直在对中国军民使用毒气武器，因此应将其视作已放弃免于遭受毒气武器报复性攻击的权利。他列举了1937年以降日军在中国及其他地区使用毒气武器的十几个案例，以及在最近的常德会战中日军使用呕吐性毒气的案例，以论证美军有权对日军报复性使用毒气武器。

但是，在波特列举出的美军有充分证据证实日军使用所谓致死性毒气的4个案例中，发生在宜昌和太行山的案例是在总统声明之前，在瓜达尔卡纳尔岛的案例，毒气武器的规模极小，而发生在黄河南岸日军使用氰化氢弹的案例，则证据不足。因此，波特又提出了第二种观点，即使用毒气武器可以拯救美军士兵的生命。1943年11月，在塔拉瓦的贝蒂欧岛登陆战中，面对兵力4000人左右的日军守备队，美军空投了3000吨（以下，美军的“吨”表示的皆是美吨。1美吨约合907千克）炸弹。但在4天的战斗中，美军伤亡近4000人，进攻极其艰难。波

1　弗雷德里克·布朗：《化学战：一项限制研究》。约翰·埃利斯·范·科特兰·穆恩：《化学武器与威慑：第二次世界大战的教训》，《国际安全》第8卷第4期，1984年春。

2　威廉·N.波特（少将，美国陆军化学兵部队司令官）：《太平洋战区的毒气战》，1943年12月17日，RG 165，作战部385TS(1943–44)，Box 82，美国国家档案馆。穆恩（1984），第17页。以下据波特的书简。

特认为，如果空投900吨的芥子毒气炸弹或光气炸弹，那么就能全歼日军守备队，在美军零伤亡的情况下占领该岛屿。[1]此外，他还强调指出，新开发且正在生产的氯化氰能够穿透日军的防毒面具。在佛罗里达、巴拿马、西南太平洋地区陆续进行的实验也表明，芥子毒气的杀伤效果在热带地区极大增强。“如果（毒气）使用得当，就能够尽早结束太平洋上的战争，挽救许多美国人的生命。”

“报复性使用”论，以及“尽早结束战争，减少人员损失”论，是波特在信中的主要观点。而“尽早结束战争，减少人员损失”的论调，在某种程度上也是用毒气武器先发制人的主要论据。

但美国陆军参谋部认为，使用毒气武器为时尚早。12月27日，陆军参谋部作战部长托马斯·汉迪向麦克纳尼汇报了作战部的意见：①毒气战一旦爆发，将无法控制；②对日本使用毒气会引发德国的毒气战，在诺曼底登陆战役即将进行之际，不应当给德国使用毒气以口实；③准备毒气战，势必加重后勤负担。[2]

汉迪的另一个理由是，一旦美军对日使用毒气，那么作为盟国的英国、澳大利亚、俄罗斯、中国的平民，就会遭到日军毒气武器的报复。这一点至关重要。1944年4月28日，英美联合参谋部制定了如下方针：毒气武器的使用，只能是“报复性使用”，必须经英、美及相关英联邦国家政府的批准，由英美联合参谋部下达命令，由美军及英联邦军队执行，或者根据相关政府的决定单独使用。如果相关政府决定通过单独使用毒气武器对日军予以报复，相关计划必须在报复行动开展之前上报给英美联合参谋部。[3]

---

1 《太平洋战区的毒气战》。依据同封文书。该战斗的死伤者情况：日军死4690名（其他俘虏17名）；美军死1092名、伤2680名（也有称死3000名，负伤1000名）。（布里奇特·古德温：《激动人心：英国在澳大利亚进行的可怕化学武器实验》，昆士兰大学出版社，1998年，第130页。）

2 托马斯·T.汉迪（助理参谋长）：《致代理参谋长的备忘录》，1943年12月27日，RG 165，作战部385 TS，第一部分。穆恩（1984），第17页。

3 穆恩（1984），第16页。

1945年5月，美军中国战区军队司令官A.C.魏德迈和蒋介石之间达成了关于在中国使用毒气武器的协议。该协议规定，在中国发动报复性毒气战仅限于战术性使用，且必须以中、美两国政府共同发表的批准使用的宣言为前提，为防止给平民带来不必要的死伤，不得在城市和人口稠密的农村地区使用。[1]中、美两国之所以要达成这样一个协议，主要是因为有大量中国人居住在日本占领区及其外围地区，一旦美军对日本正式发动大规模毒气战，则它很可能会给生活在上述地区的中国人带去重大伤亡。

如上所述，尽管美国陆军参谋部认为使用毒气武器为时尚早，但"为时尚早"的理由仅仅是基于作战条件不成熟罢了，而并非将毒气视为一种不人道的武器，从根本上反对使用。

美国毒气战准备的正式展开

JCS 825计划的推进

对日本毒气战的准备工作，由一个意外事件得到推动，即1944年初日本政府的一份声明。[2]由于美国政府公开了日军残酷虐待同盟军俘虏之事，美国舆论大哗，出现了应对日本使用报复性战争手段，特别是毒气武器的声音。基于此，日本政府通过国际红十字会向美国政府转达了一份声明，对美国新闻报道中出现的要对日本使用毒气武器一事表示担忧及遗憾，要求美国政府对此事进行解释。针对日本的要求，参谋长联席会议于4月18日称，罗斯福的声明已明确无误地表达了美

1 A.C.魏德迈（美军中国战区军队司令官）：《化学战政策》，1945年5月21日，RG 165，作战部385 TS(1945)，第一部分，美国国家档案馆。布朗，第279页。

2 参谋长联席会议825：《对日作战的报复措施》，1944年4月18日，盟军化学战计划，RG 218，美国参谋长联席会议1942—1945，英美联合参谋部441.5(8–27–42)，第三部分，美国国家档案馆。以下据此。

国的立场，没有进一步表态的必要。

日本方面的要求，实际上是要求美国明确表态是否要对日本使用毒气武器。而这也让美国方面意识到，美国还没有做好发动报复性毒气战的准备。6月30日，美国陆军航空兵司令亨利·阿诺德向参谋长联席会议提交了一份备忘录（JCS 825/1），称既然已经决定对日报复性使用毒气武器，那么参谋长联席会议应尽快下达指示，对可能出现的相关问题展开研究。[1]在该份备忘录中，阿诺德将军还指出，陆军航空兵的毒气弹都储藏在战略后方，针对化学战根本无法进行训练。因此，必须立刻制订一套完善的报复性毒气战相关计划，以便部队执行。

8月18日，联合后勤委员会制定并向参谋长联席会议提交了一份计划书（JCS 825/2），将对日本发动报复性毒气战的准备完成日期定为1945年1月1日。[2]但是，麦克纳尼推翻了这一计划。他认为，如果对中国和菲律宾领土内被日军占领的城市、军队驻地、工厂等地使用毒气弹进行战略轰炸的话，那会给毫无防备的平民带去重大伤亡；而如果只是对日本国内发动毒气攻击的话，除了B-29轰炸机之外，1945年春之前美军尚无法推进到可以对日本国内发动攻击的战略位置。[3]

10月7日，联合后勤委员会提出了新的报告，将报复性使用毒气弹进行战略轰炸的目标限定于包括琉球群岛、小笠原群岛在内的日本国内，准备完成日期拟定于1945年4月1日；在亚洲太平洋其他被占领地区，则仅限于对日军战术性使用毒气武器（JCS 825/4）。[4]此时，应当生产、准备的毒气炸弹数量为：非持久性毒气弹（光气、氯化氰、氰化

1 JCS 825/1:《对日发动报复性化学战的影响》，RG 218，CCS 441.5(8-27-42)，第四部分，美国国家档案馆。

2 JCS 825/2:《实施对日报复性化学战决策的能力》，1944年8月18日，CCS 441.5(8-27-42)，第四部分。

3 JCS 825/3:《实施对日报复性化学战决策的能力》，1944年8月29日，CCS 441.5(8-27-42)，第四部分。

4 JCS 825/2:《实施对日报复性化学战决策的能力》，1944年10月7日，CCS 441.5(8-27-42)，第四部分。

氢）约10万吨，持久性毒气弹（芥子毒气、路易氏剂）约8万吨，在轰炸机满载的情况下，在第一个月能够空投的毒气弹为537480发，撒播毒气1690吨，总重量54590吨。[1]10月16日，参谋长联席会议正式批准了该方案，成为日后对日毒气战准备的基本框架。

▲照片11　B-25轰炸机撒播芥子毒气实验

1944年，在犹他州的达格威实验场进行了拟对日使用毒气的撒播实验。在地面上，身着部分破损的防毒服的士兵们作为“志愿者”，被派驻在现场。

资料来源：“美国化学战委员会联合化学喷洒项目小组委员会报告”，批准日期：1945年3月12日，RG 165，作战部OPD 385 CWP，美国国家档案馆。

1945年3月5日，参谋长马歇尔指示联合后勤委员会和联合参谋部研究一个新的问题：对太平洋海域、西南太平洋地区及中国各战区进行战略轰炸的毒气弹配备在美国国内及各战区后方，那么一旦日军展开毒气战，美国如何对其予以立即报复。[2]

1　联合后勤委员会：《讨论与后勤影响》，JCS 825/4 附属公文。

2　JCS 825/2：《战区化学战计划；美国陆军参谋长备忘录》，1945年3月5日，RG 218，CCS 441.5(8-27-42)，第五部分。

4月1日，美军在冲绳岛登陆。日军凭借在坚硬的珊瑚礁内构筑的洞穴阵地展开顽强阻击，致使美军死伤人数多达49133人。为了消灭洞穴里的日军，美军使用了烟幕弹、黄磷弹、集束炸弹、汽油弹以及火焰喷射器，但登陆的美军并没有配备毒气。[1]当时登陆部队被告知："一旦敌人使用毒气，报复性使用毒气将是地面部队（化学战部队）的主要任务。"[2]但日军并没有使用毒气。因此，5月17日，美陆军第10集团军司令西蒙·巴克纳下达命令："不得使用毒气或刺激性气体。此外，也不得携带此类弹药。"[3]虽明知毒气是攻击洞窟阵地的最佳武器，但美军却并没有下达使用毒气的命令。

从"报复性使用"论到"先发制人使用"论

4月12日，罗斯福逝世，副总统杜鲁门就任美国新总统。5月7日，德国投降。这一系列巨变促使美国开始重新讨论对日毒气战的相关事宜。反对使用毒气武器先发制人的总统去世了，其生前所确定的立场是否需要做出改变？毕竟，美军因首先使用毒气武器而可能导致欧洲战场陷入全面毒气战的隐忧，已因德国投降而烟消云散了。

另外，3月的硫磺岛战役和4月开始的冲绳本岛战役中，美军的死伤人数"令人瞠目结舌"。因此，考虑到进攻日本本土可能会付出的惨重代价（美军伤亡人数），尽早结束战争的论调又一次受到了重视。[4]减少美军伤亡，尽早结束战争，成了支持美军用毒气武器先发制人的另一个重要依据。

在上述论调下，马歇尔开始了"行动"。5月29日，马歇尔与陆军

1　第10军总部，总司令办公室：《临时作战计划第1—45号：冰山，化学战》，1945年1月1日；第10军，《行动报告：琉球，1945年3月26日至6月30日》，RG 407，第10军110–0.3，Box 2942，2940，美国国家档案馆。

2　第10军总部，总司令办公室：《临时作战计划第1—45号：冰山，化学战》，1945年1月1日，RG 407，第10军110–0.13，Box 2942。

3　巴克纳（第10军总部司令官）：《临时行动命令第11—45号：冰山Ⅲ d–摩擦》，1945年5月17日，RG 407，第10军110–3.17，Box 2983，美国国家档案馆。

4　穆恩（1984），第21—22页。

部部长亨利·史汀生、陆军部副部长约翰·麦克罗伊进行了会谈，商讨对日攻击的目标及如何以最小的代价结束战争的方法。[1]其中最核心的议题，就是是否在日本空投正在开发的原子弹。马歇尔并不反对使用原子弹，但他提出，为防止背负“滥用此类武器带来的污名”，应当先进行充分的警告。相比于以陆军部部长史汀生为首的文官在空投原子弹问题上的坚决，军人们似乎在未经警告便对非战斗人员，尤其是对妇女和儿童使用此类无差别杀伤的武器一事上，态度有所保留。

在讨论投放原子弹问题之外，马歇尔还谈及，为了防止日本“狂热且绝望的”的防守战术给美军带来重大伤亡，在日本本土之外的岛屿上，以“有限规模”使用毒气武器的可能性。他认为，没有必要使用最新、最强的毒气（神经毒气），只使用可以有效减少日军战意，仅覆盖日军阵地便可将日军逼退的芥子气足矣。此外，他还表示，毒气“是比磷弹以及火焰喷射器更不人道的武器”，不应该在人口密集地区使用。

从上述言论可以推测，此时马歇尔的立场已经转为“毒气武器先发制人”论。这或与美军化学战勤务队的对日毒气战实验——斯芬克斯计划取得的成果有关。5月到7月上旬，该实验在犹他州的达格威实验场进行，实验人员向放置了活山羊、活兔子的洞窟使用了烟雾、燃烧弹、毒气等。[2]实验结果表明，从杀死洞窟内动物的角度看，汽油、燃烧弹、发烟筒并没有什么效果；氰化氢则是太容易起火；光气虽极为有效，但如果佩戴了防毒面具则就另当别论了。虽然氯化氰能够有效渗透进防毒面具，但需要非常高的浓度才能产生致命效果。在以低浓度致死这一点上，根据实验得出的结论，芥子毒气是最合适的。这主要是因为，日军士兵虽配有防毒面具，但没有配发有效的防毒服，防

---

1 J.J. 麦克罗伊:《与马歇尔将军的谈话备忘录》，1945年5月29日，RG 107，史汀生安全文件，Box 12，美国国家档案馆。穆恩（1984），第22页。

2 穆恩:《斯芬克斯项目：日本入侵计划中的毒气使用问题》，《战略研究杂志》第12卷第3期，1989年9月，308—313页。以下据此。

毒方式存在缺陷，容易遭受气态芥子气的伤害。从使用方法的便利性来看，如果发现了日军洞穴入口，那么直接将毒气投入即可；如果日军洞穴入口不明，或洞穴比较多，那么低空播撒芥子气，在相关区域制造出一个高浓度污染区，则是最佳手段。

但是，在这一时期，美军的毒气战构想并非只针对冲绳群岛、吕宋岛等岛屿上的日军做战术性使用。毕竟，这一时期上述岛屿上的战斗都已进入尾声。所以，5月29日的会谈之后，马歇尔实际上是在推进针对日本本土的毒气攻击计划。此外，与使用原子弹应事先警告的表态相比，马歇尔似乎也并不觉得发动毒气战需要事先提出什么警告。

九州登陆战役中的毒气使用计划

毒气弹药的配备计划

1945年5月25日，参谋长联席会议发布指令，要求为拟定于1945年11月1日开始的日本本土登陆战役进行筹备。28日，麦克阿瑟将军和切斯特·尼米兹司令提出了名为“没落行动”的计划。此计划是对日展开最后决战的计划，分为两部分：①从11月1日起开始“奥林匹克行动”，从宫崎平野和志布志湾等地登陆，控制九州岛南部；②从1946年3月1日开始“小王冠行动”，从房总半岛和相模湾登陆，控制东京、横滨地区。6月18日，杜鲁门召集陆海军领导人召开会议，在会上批准了九州登陆战役。

在此期间，6月13日，联合参谋部与联合后勤委员会在其共同提出的新计划（JCS 825/6）中称，“为在1945年11月1日完成报复性毒气战准备工作”，应当生产足够多的毒气弹弹药。[1]为此，该计划要求在

1 JCS 825/6:《战区化学战计划》，1945年6月13日，1945年6月19日，CCS 441.5（8-27-42），第六部分。布朗，第273页。

毒气战准备完成日之前，将储存在美国和欧洲的113500吨毒气弹配备至太平洋战区和中国战区。以11月1日为限，自然是考虑到在九州登陆战役中可能使用毒气。但是，运送毒气弹弹药的命令最终未下达。

19日，参谋长联席会议以非正式的方式批准了JCS 825/6。表面上看，该计划是美军针对日本报复性使用毒气武器的计划，即为了在日本使用毒气武器攻击美军后，对日本实施报复而准备毒气武器，但是，该计划也指出，日本根本不会有使用毒气武器的“决心”，使用毒气武器与美军同归于尽的可能性也不存在。尽管如此，该计划还是要求美军推进毒气战的准备工作。

马歇尔参谋长的新构想

那么，马歇尔为什么要批准JCS 825/6计划呢？要弄明白这一点，首先要弄明白马歇尔的新构想，以及美国陆军化学战勤务队、美国陆军参谋部对“奥林匹克行动”相关作战目标的研究情况。这二者间有着紧密的联系。

从马歇尔的新构想来看，他在JCS 825/6提出的次日（6月14日），向海军作战部长欧内斯特·约瑟夫·金转交了一份题为“美国的化学战政策”的文件，并征求他的同意。该文件中有如下内容：

> 对日战争计划旨在尽早结束战争，以“减少美国的人员伤亡及物资消耗”。若日军战斗至最后一人，仍疯狂般抵抗，这将会增加美军的伤亡人数，推迟结束战争。在类似“山路、岛屿的桥头堡及其他抵抗地区”使用毒气，可以使我军用最小的伤亡代价把敌军从易守难攻的阵地驱离，进而予以全歼。因此，从“奥林匹克行动”一开始就使用毒气武器，就军事层面而言，是最理想的。[1]

1　参谋长：《给金海军上将的备忘录》，1945年6月14日，RG 165，作战部385 TS（1945），案例14，美国国家档案馆。穆恩（1984），第22页。

为此，马歇尔提议与总统进行一次非正式的会谈，希望总统能够下令立即开始毒气武器的生产，并将在“奥林匹克行动”中使用毒气武器视为“对日全面毒气战”的开始。此外，马歇尔认为，参谋长联席会议应进一步建议总统，在美国政府内部就使用毒气武器一事达成一致意见，修改此前的总统声明，并在与英、苏首脑会谈（波茨坦会议）时进行讨论；与英、苏首脑达成一致后，再与中国首脑蒋介石就相关问题展开讨论。

美国陆军化学战勤务队的作战目标

根据美国陆军化学战勤务队的研究，6月9日，M.E. 贝克上校等主要军官提交了一份有关毒气战目标的研究报告。

> 日本东京以南（西）的地区内，大小不等的25～26平方千米大小的城市及工业目标至少有50个，其中25个尤其适合毒气攻击。对上述600多平方千米的城市目标使用推荐剂量以上强度的毒气武器予以攻击，可以轻易杀死约500万居民，致使更多人受伤。[1]

从该报告来看，美国陆军化学战勤务队计划使用的毒气有芥子毒气、路易氏剂、光气、氯化氰、氰化氢等，选中东京、大阪、名古屋、神户、八幡（包括若松、户畑、小仓）、横滨、川崎、广岛、福冈、长崎、吴市、横须贺、尼崎、大牟田、佐世保、新潟、门司、京都、丰桥、下关、和歌山、堺市、岐阜、冈山、静冈共计25个地点进行毒气攻击。该研究报告是基于JCS 825/4计划形成的，以在达格威实验场等地进行的各种大规模毒气实验采集的数据为依据。根据该报告，计划使用B-29轰炸机848架、B-24轰炸机216架进行投弹。仅使用这些战

1　M.E. 贝克上校，布鲁斯·A. 戴维斯上尉，奥里斯·R. 埃弗斯上尉，化学兵部队：《奥林匹克行动中毒气使用的可能性研究》，1945年6月9日，阿伯丁实验场历史办公室。以下据此。

略轰炸机，毒气弹的月投弹量便可达到105740吨。

在该报告中，标出具体攻击区域的有3个城市。其一：东京。攻击时间定为“奥林匹克行动”发起前的15日上午6时。计划使用27100发光气弹对市区街道进行战略轰炸，目的在于杀伤“无防备的人员”。选择光气是因为10月中旬，清晨的东京气温偏低，会弱化芥子毒气的杀伤效果。目标以皇宫为起点，向正南正北方向延伸，从那里至墨田川西岸约45平方千米范围，包括神田、汤岛、上野、浅草、向岛、日暮里、驹形、两国、日本桥、八重洲、滨町等。这些地点在5月24日的空袭之前几乎已经焚毁殆尽，但骏河台、本乡、小石川、驹込、千住、三河岛的一部分因还未烧尽而保留了下来。

其二：八幡、户畑的工业区及人口稠密区。计划使用芥子毒气进行战略轰炸。时间为登陆作战发起前3天的下午6时。预计空投200多千克的芥子毒气炸弹21680发（如若是重量翻倍的毒气炸弹，则要投5420发）。此外，因为6天后芥子毒气的效果会减弱，因而计划每6日进行一次追加攻击。对其他的23个城市，要么进行东京式攻击，要么进行八幡、户畑式攻击。

其三：鹿儿岛市内的陆军兵营和旅团司令部。攻击对象为军队。计划在登陆当日上午6时战术性地空投1026发氯化氢毒气弹，以瘫痪地方军队司令部。该方式也孕育了以后对部队进行攻击的方法。

报告的结论指出：“如果在‘奥林匹克行动’之前的15日内不受限制地使用毒气武器进行攻击的话，可能会造成日本全国性的人口减少。”由此可见，该报告明确主张先发制人地使用毒气。[1]

1　该文书被标记为绝密（Top Secret），战后降级为秘密（Secret）之时，其中有“奥林匹克行动中毒气使用的可能性研究”的重写字样，结论部分也有简单的“报复性使用毒气会在国民层面导致日本人生命的崩溃”的修订字样，附有打印印刷的手写指示内容。这也表明，美国陆军化学兵部队自身承认有尝试篡改文书的行为。

陆军参谋部作战部的作战目标

再来看看美国陆军参谋部作战部对作战目标的研究。6月17日完成的对作战目标的研究报告“第二次草案”中，有关毒气武器具体使用的内容如下：[1]

> 在九州登陆战役到来之际，通过毒气弹战术轰炸，航空部队可以每天污染102平方千米的土地、约2400千米长的道路。通过标配火炮，地面部队每天能污染3.8平方千米的土地，还能给隐藏在碉堡及洞穴中的敌人带去巨大的痛苦，这也有助于将敌人逼至野外。毒气弹战略轰炸能够破坏道路，中断毒气物资的补给，打击毒气物资补给基地，甚至瘫痪敌军的指挥系统。九州地区因山势地形限制，道路多集中在狭长海岸线上，毒气污染可以轻易将该地区封锁起来。下关地区，八幡、福冈的军事基地，以及九州各地的飞机场，也是毒气轰炸的重要目标。在“奥林匹克行动”中，战略性、战术性地使用毒气武器不仅是切实可行的，也是“有帮助的”。

该报告认为，虽然毒气攻击能够降低日本军事工业的生产效率，造成大量敌军伤亡，但它并不会使日本自行崩溃，因此毒气作战更多地用于切断日军补给线、阻止日军增援等方面。所以，应尽早做出发动毒气战的决定。报告附件列举了图10所示的33个毒气攻击目标。

1　JAB:《第二稿》，1945年6月17日，RG 165，P&O，ABC 475. 92(8–28–42)，Box 576，美国国家档案馆。以下据此。

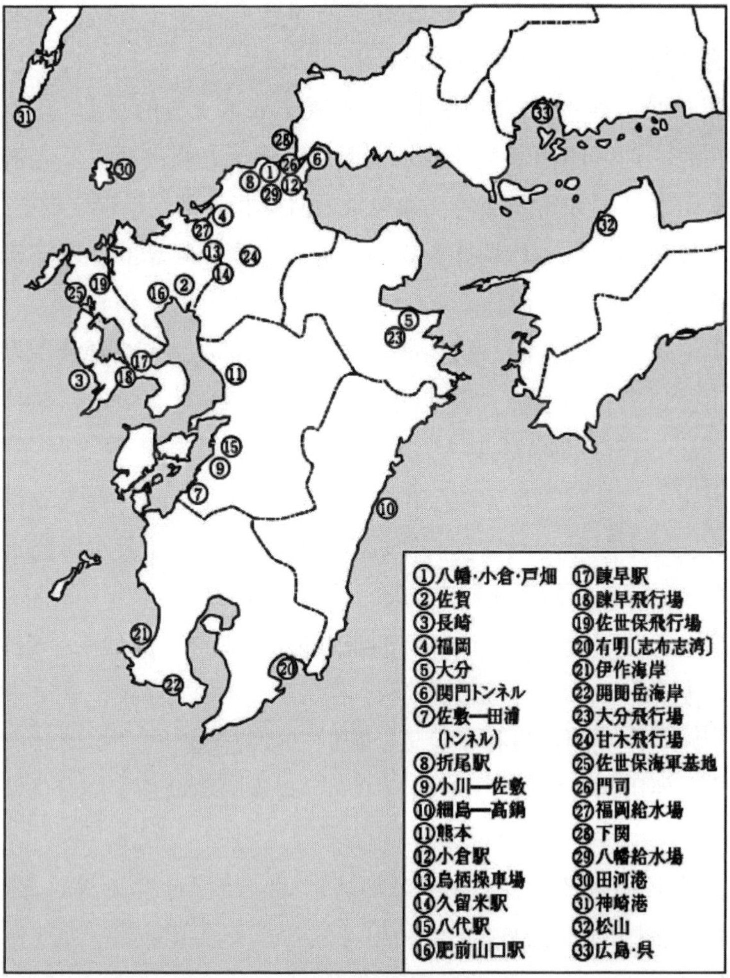

▲图 10 美国陆军部作战部制作的毒气战目标方案

图上圈码分别为：①八幡、小仓、户畑；②佐贺；③长崎；④福冈；⑤大分；⑥关门隧道；⑦佐敷—田浦(隧道)；⑧折尾站；⑨小川—佐敷；⑩细岛—高锅；⑪熊本；⑫小仓站；⑬鸟栖操车场；⑭久留米站；⑮八代站；⑯肥前山口站；⑰谏早站；⑱谏早机场；⑲佐世保机场；⑳有明(志布志湾)；㉑伊作海岸；㉒开闻岳海岸；㉓大分机场；㉔甘木机场；㉕佐世保海军基地；㉖门司；㉗福冈供水场；㉘下关；㉙八幡供水场；㉚田河港；㉛神崎港；㉜松山；㉝广岛、吴

资料来源：JAB,《第二稿》，6/17/1945，RG165，Box576，美国国家档案馆。

6月20日收到该报告后，作战部的M.S.约翰逊上校认为，使用毒气武器进行战略突袭取得的效果有限，所以为了确保“奥林匹克行动”的顺利开展，毒气武器的使用“应着眼于战术支援的目的”。他建议放弃在海岸地区使用毒气的计划，而是对除了九州南部以及壱岐、对马、松山之外的九州北部的交通要地及日军指挥部发动毒气空袭。[1]约翰逊上校强调，这一计划能否实施，应经过麦克阿瑟的参谋部研究才能决定。

无论是“第二草案”还是约翰逊的建议，都在强调单纯使用毒气武器并不能迫使日本投降，但使用毒气武器是必要且有效的。这种态度显然也是“毒气武器先发制人”论的一种表现形式。

事实上，从美军最后决定的“奥林匹克行动”中的毒气战目标来看，它实际上是基于马歇尔将军的新构想、上述两项美军研究报告和美陆军太平洋部队的看法制定的。

那么，美国陆军太平洋部队的观点是什么呢？7月12—15日，盟军东南亚战区最高司令官、海军上将蒙巴顿访问马尼拉，就结束对日战争问题与麦克阿瑟进行了会谈。彼时，麦克阿瑟称：“拟向政府提出请求许可使用毒气的意见。”[2]由此可知，麦克阿瑟也是支持对日发动毒气战的。

在美国陆军部、陆军太平洋部队都要求使用毒气武器的背景下，马歇尔将美国的毒气战战略由使用毒气武器予以报复调整为使用毒气武器先发制人。而6月份的美国舆论调查显示，40%的美国人赞成对日使用毒气，49%的美国人反对，11%的美国人未表达意见。[3]对此，马歇

1　M.S.约翰逊:《给林肯将军的备忘录》，1945年6月20日，ABC 475. 92(8−28−42)。

2《C.O.S.第（45）185次会议摘录：第10项于1945年7月27日举行》，陆军部203/6255，英国档案局。蒙巴顿司令官的政治顾问德宁（Walter Dening。——译者按）在7月17日的日记中写道，蒙巴顿司令官言道：“麦克阿瑟将军希望能够得到大规模使用毒气的许可。这也许跟你的电报有关，当然没有官方记录。”（P.A./S.A.C.，“C.O.S.：S厘米/625/45”，1945年7月17日，陆军部203/6255，英国档案局。）

3　布朗，第287页。

尔认为，此时的舆论可以加以诱导，使其往赞成使用毒气武器对日本先发制人的方向发展。

先发制人对日毒气战的推进

6月20日，针对马歇尔提出的新构想，总统参谋长、海军上将威廉·D.莱希回复称，对日毒气战政策在罗斯福的声明之下毫无变更的余地；但是，支持发动毒气战的人可以就是否取消该声明与杜鲁门进行讨论，如果在考虑过所有因素的基础上，参谋长联席会议向总统提出修改之前的声明，那么总统也不会拒绝。[1]

21日，马歇尔回复莱希称，由于当下航空部队和地面部队皆已抵达能够对日本本土发动攻击的位置，"如果我们重点造就从空中（对日本本土）进行大规模攻击的战争能力，那势必大大增加对毒气弹弹药的需求"。因此，基于军事上的理由，他主张在马里亚纳群岛、琉球群岛等地配备大量的毒气弹弹药。[2]

7月3日，参谋长联席会议再次讨论了毒气战问题。欧内斯特·约瑟夫·金反对提高毒气的产量，另外他认为讨论与毒气生产相关的问题更为紧迫，暂时没有必要讨论毒气的运输问题。[3]此时正值为"奥林匹克行动"进行后勤准备的关键时期，因而海军方面强烈反对将毒气运送至前线。

但是，马歇尔已经将着眼点从毒气生产问题转移到了毒气的配备运输问题上。6日，在前往波茨坦前，他拟定了一份新的备忘录提交给参谋长联席会议讨论。该备忘录指出，毒气弹弹药现储存于美国本土、欧洲和太平洋战区，即便不特意强化生产，在11月1日攻击开始后，以JCS 825/4攻击计划中的最大规模为标准，也能持续进行9个月的毒

1 威廉·D.莱希：《给马歇尔将军的备忘录》，1945年6月20日，RG 165，作战部85 TS（1945），第一部分。穆恩（1984），第23页。

2 参谋长：《给莱希上将的备忘录》，1945年6月21日，作战部385 TS(1945)，第一部分。穆恩（1984），第24页。

3 G.C.马歇尔：《给马歇尔将军的备忘录》，1945年7月3日，RG 165，ABC 475.92(8–28–42)。

气攻击。[1]

其后，虽然在波茨坦会议上并未讨论对日使用毒气的问题，但毒气战准备工作仍在推进。8月1日，毒气弹弹药装船的命令下达。[2]其间，7月20日，英国陆军参谋部判断，美军“很有可能”在今年年末之前使用毒气。[3]

然而，到了8月9日，由于美军的燃烧弹所需弹体数量激增，已经开始出现毒气弹弹体数量不足的情况。[4]在日本投降前夕的8月13日，马歇尔向参谋长联席会议报告称，非持续性杀伤毒气弹储备充足。[5]但持续性杀伤毒气弹由于弹体被用于装填燃烧弹及常规弹药而出现不足。马歇尔称，他正在研究缴获来的德军弹体以及回收租借给盟军的弹体，并将尽快提交一份报告。[6]由上述记录可知，先发制人对日毒气战的准备工作已经发展到了如箭在弦的阶段。如果这一计划付诸实施，会有什么样的后果呢?

1 JCS 825/8:《化学弹药的供应能力和生产：参谋长备忘录》，1945年7月6日，RG 218，CCS 441. 5(8–27–42)，第六部分，美国国家档案馆。不久后，这被判定是过高的估计(布朗，第275页)。

2 JCS 825/9:《化学弹药的供应能力和生产：参谋长备忘录》，1945年8月13日，CCS 441. 5(8–27–42)，第六部分。

3 《化学战争政策：参谋长备忘录》，1945年7月21日，作战部203/6255，英国档案局。

4 J. E. 赫尔(作战部助理参谋长):《化学弹药的供应能力和生产》，1945年8月9日，RG 165，ABC 475.92(2–25–44)，第一部分。

5 JCS 825/9:《化学武器的供应能力和生产》，1945年8月13日，CCS 441.5(8–27–42)，第六部分。

6 其中是否包含德军生产的塔崩、沙林毒气尚不明确。《德瑟雷特新闻》(Deseret News，1994年8月4日，盐湖城)的通信员李·戴维森(Lee Davidson。——译者按)曾言道，参谋长联席会议称计划使用神经毒气，但并没有写明根据和出处，因而难以确认。

本土决战中日本的毒气战能力

报复能力

1945年4月19日，美国联合情报参谋报告称，日本虽拥有在局部地区发动毒气战的能力，但由于其航空力量的绝对劣势及生产能力的退化，该项作战能力正在持续性地减弱。此外，日本的大本营方面则是倾尽全力防止给同盟国的军队报复性发动毒气战留下口实。[1]这是正确而理智的分析。

日军在1944年秋的雷伊泰岛战役中损失了其剩余航空力量的主力，又在1945年春之后的冲绳战役中因特攻失败而损失了许多飞机和飞行员。1945年初，美军开始使用B-29轰炸机对日本本土进行空袭，对日作战规模不断扩大。6月中旬之前，东京、大阪、名古屋等六大城市悉数焚毁殆尽。6月9日，美军开始使用燃烧弹对日本中小城市展开空袭。此时，日本的防空力量已经是形同虚设。

当时日本陆军在大久野岛周边地区储备了各种毒气约3253吨。[2]这大约是陆军所有毒气生产量的一半。此外，这里还保存着583260支红筒。[3]日军毒气武器的另一个大型保管场所是山口县大岭的废坑和广岛县的八本松，其中在大岭（广岛武器补给厂大岭常驻班）处有黄弹炮弹（糜烂性毒气）20080发、红弹炮弹57798发，八本松（广岛武器补给厂

1　联合情报参谋：《日本发动和抵抗毒气战的意图和能力》，1945年4月19日，CCS 441.5（8-27-42），第六部分。

2　武器行政本部：《关于化学武器处理的意见草案》，1945年11月6日，收录同《毒气相关文件》，防卫研究所图书馆藏。数量为3647吨（参考：《情报报告》，第4卷，1946年5月15日，RG 319，Entry 82，Box 1798）。

3　《情报报告》，第4卷。

八本松分厂）有黄弹炮弹1796发、红弹炮弹7294发。[1]此外，在曾根航空补给厂有空投型黄弹955发、空投型蓝弹（氰化氢）448发、空投型红弹3000发，共计4403发。[2]除此之外，小樽的补给厂中也有储备。但是，与美军相比，日军的毒气储备量几乎可以忽略不计，无论是从空中还是地面，日军都难以针对美国发动有效的毒气战。

海军方面怎么样呢？根据相模海军工厂第一化工部长兼实验部长鹤尾的描述，由于在马金、塔拉瓦战役后美国方面出现了使用毒气的新闻舆论，因此，出于在美国使用毒气后立即对其进行报复的需要，海军方面依然在生产芥子毒气炸弹。但是，随着空袭日益激烈，为防范风险，这些毒气炸弹被分散到了各个航空工厂中予以保存。[3]其中，横须贺（池子、濑谷）处10000发，相模海军工厂（寒川、平冢）处414发，吴市地区15000发，大分（耶马溪）、佐世保、舞鹤地区各5000发，大凑地区3000发。[4]

除了防范风险之外，这种分散保存的措施也是在为九州登陆战役中美军使用毒气时对其进行报复做准备。毒气大量配备给九州和广岛地区，似乎也印证了这一点。即便如此，日本海军的毒气报复能力也非常有限。鹤尾称，海军生产的毒气量过少，“在1945年放弃了毒气的（报复性）使用”[5]。基于此，日本海军方面开始研究新的毒气战战术。

4月1日，化兵战部在海军省内设立。根据化兵战部的北里又郎中佐的描述，设置该机构的考量在于，在日本本土最后决战的时候，美军必然会大规模发动毒气战。[6]6月、7月，在化兵战部召开了由全体局长和专家参加的关于化学武器的会议。经会议讨论，“如果同盟国方面

1 《毒气相关文件》。
2 《情报报告》，第4卷。
3 鹤尾：《关于相模海军工厂（化学武器制造）的报告书》，1987年。
4 海军省：《关于毒气及其填充武器处理的相关事项》附表，1945年9月。
5 化学兵指挥官太平洋办公室，驻日盟军总司令部，美国太平洋陆军部队：《大佐鹤尾定雄审问》，1946年5月7日。
6 北里又郎：《日本海军使用化学武器的政策和意图》，1946年3月12日，RG 493，Entry 53，Box 343，美国国家档案馆。

在局部地区使用（毒气武器），则予以无视”；若是大规模使用，不得已时报复性使用反击，即便在此等情形下，也必须依照“大本营的特命”为之。在使用的情形下，芥子毒气炸弹“因飞机数量不够而没有使用的机会”，因而剩下的唯一手段就是“以偷袭的方式发射或投掷氰化氢”[1]。7月，化兵战部针对登上海岸的美军制订了使用氰化氢手投弹的计划。[2]

海军方面的实验表明，将装有氰化氢的汽水瓶投入碉堡，在瓶子破裂的瞬间，液体氰化氢“因汽化散热而变成冰块状固体黏附在碉堡上，具有显著的毒化效果”。因此，海军方面认为，以氰化氢攻击堡垒及坦克的效果不错。[3]于是，海军生产了约10000支这样的汽水瓶。但是，氰化氢也有易燃特性。此外，这种肉搏式攻击对于美军的伤害也是十分有限的。

防御能力

1944年6月，美国陆军化学战勤务部代理指挥官奥尔登・H. 韦特就日本的毒气战防御能力做出分析。他认为，日本陆军在化学战防护方面训练有素；然而，日本的防毒面具虽对已知的毒气有效，但无法抵御美军新配备的氯化氢。防毒服可能仅配备给了消毒（除污）部队。它对液体糜烂性毒气有效，对气态毒气没有抵抗能力。纸制斗篷（大概是97式防毒被）能有效抵御撒播毒气，但对气态毒气没有抵御能力。普通居民的防毒对策极为薄弱，对毒气毫无抵御能力。[4]这一分析基本是正确的。

1935年列装的陆军95式防毒面具，能有效防止呕吐性毒气渗透；

---

1 《日本海军使用化学武器的政策和意图》，《相模海军工厂》，第38页。

2 化学兵指挥官太平洋办公室，驻日盟军总司令部，美国太平洋陆军部队：《大佐鹤尾定雄审问》，1946年3月12日，RG 493，Entry 53，Box 343，美国国家档案馆。

3 鸟潟博敏海军技术少佐：《野外实验的回忆》，《相模海军工厂》，第147页。

4 奥尔登・H. 韦特（美国陆军化学兵部队代理指挥官）：《太平洋战区的毒气使用》，表K，1944年6月5日，RG 165，ABC 475.92(25−2−44)，第1−A部分，Box 577，美国国家档案馆。

但考虑到面对氰化氢毒气时，即使佩戴了95式防毒面具也还是会“对某些呼吸器官造成损害”，因此，1939年，将活性炭与霍加拉特粉融为一体的99式防毒面具开始列装。[1]99式防毒面具对于浓度为0.5%的氰化氢有十几分钟的抵御能力。通常来说，99式防毒面具足以应对在野外迅速汽化扩散的氰化氢，但是在防空壕、洞窟、碉堡、隧道等封闭空间，却无法起到有效防护作用。

1936年列装的混有玻璃纸橡胶布制成的96式全套（轻型）防毒装备（裤子、手套、斗篷、蜡）与防毒上衣、头巾、鞋套、披肩对气态芥子毒气的皮肤防护功能不强。[2]1937年，为抵御播撒毒气而覆盖全身的97式防毒被开始列装，但其对芥子毒气仅有3分钟的防护能力，因此“在播撒结束后应当尽早脱掉”[3]。

然而，即便是这些效果不佳的防毒装备，都未能在为本土决战而动员的部队中得到普及。1945年4月，日军教育总监部下达指示称，针对氰化氢、芥子毒气和路易氏剂的防护装备，除了防毒面具之外，还要有简易被、帐篷、油纸、草席、蓑衣。[4]事实上，日军的实际防护能力令人担忧。1945年1月，在教育总监畑俊六下达指示，策划制订针对化学战的对策后，某化学军官对日本化学战装备的数量进行了调查，结果却是“毫无疑问的严重缺乏状态”。“能否报复姑且不论，就是防护也只能是依靠士兵的忍耐力一忍再忍罢了。”据称，由于负责本土战斗的部队都没有防毒面具，因而才有了“若无防毒面具，用湿手巾捂住鼻子呼吸”[5]之类的指示。由此可知，针对日益逼近的毒气战，日军根本没有建起行之有效的防护体系。

---

1 《本国化学武器技术史》，第136—137、139页。

2 同上，第164页。

3 同上，第162—163页。

4 教育总监部：《氰化氢防护》，《毒气战相关资料Ⅱ》，第113页。

5 上述A原少将：《化学战研究的回忆》，1956年。

▲照片12　日军的防毒被（防毒披肩）

陆军方面于1937年采纳了外罩橡胶的绢布制97式防毒被（200克），1940年增加采纳了带有军靴并覆盖膝盖以下足套100式防毒被。模型1是防水的绢制品，模型2是外罩橡胶的绢制品，后者应当大致相当于97式防毒被。脸部前方装有赛璐珞制成的透明板。

资料来源：化学兵指挥官办公室，西南太平洋战区美国陆军供应处指挥部：《日本的化学战》，RG 319，Entry 82，Box T115，美国国家档案馆。

日本普通民众的防护状况更加恶劣。虽然日本护谟和共和化工在内务省计划局防空科（之后的防空局）的指导下生产了“国民防毒面具”，但其生产总量（推算）仅为5801571个。[1]由于防毒面具数量无法覆盖全体民众，因此他们只能依靠“应急防毒面具”来防止遭受毒害。这些替代品不过是切下的玻璃酒瓶瓶底、塞入炭粒的竹筒或切成小块儿的毯子，防毒效果极差。民众将其遮住嘴，鼻子用晾衣夹夹住，并戴上潜水镜之类的装备，不过是“聊胜于无”[2]。

内务省的防毒指导人员称，若毒气弹着地，则要戴上防毒面具，没有防毒面具的人或者戴上“简易呼吸罐”，或者以湿手巾护住口鼻，然后向着上风向或与风向成直角的方向跑。[3]此等方法在芥子毒气、光气等大规模毒气攻击面前毫无作用。陆军省军务局的国武辉人称：“大多数民众既缺乏防护装备，又未受过毒气防护训练。”[4]

由此，如果美军特别针对日本人口稠密的地区发动战略性毒气战，那中毒的情况将十分悲惨。1940年2月，在本乡区天神町、神田区旅笼町之间，日本学术振兴会与陆军机关、内务省、警视厅、东京市政府等针对毒气弹空投至市区街道的情形，共同进行了毒气流动的实验。结果显示，在建筑物交错的市区街道，毒气的滞留时间是开阔地的两倍以上，露天地带的滞留时间更长。街道在推动毒气流动中发挥着类似河流般的作用，顺着建筑物上升的毒气也可能会沿着建筑物下降并进而毒化地面，建筑物间的空地产生的特殊流动会导致毒气滞留。[5]巧合的是，该实验正是在美国陆军化学战勤务队假定的毒气攻击区域内进行的。因此，该实验的结果应得到足够的重视。

此外，通过对日军和居民躲藏的洞窟阵地、堑壕、防空壕和“章鱼罐”进行毒气攻击实验，发现其实验结果与美军斯芬克斯计划的实验结

1 《标的番号5001：日本护谟》，RG 319，Entry 85A，Box 1598。《标的番号CW 5032：共和化工生产》，RG 319，Entry 85A，Box 1572，美国国家档案馆。

2 《本国化学武器技术史》，第151页。

3 内务省：《时局防空必携》，1943年修订版，《东京大空袭·战灾史》编辑委员会：《东京大空袭·战灾史》第3卷，东京空袭记录会1975年，第602页。

4 国武辉人中佐：《化学战调查问卷数据》，RG 493，Entry 53，Box 34，美国国家档案馆。

5 学术振兴会第32防空小委员会久德知至委员：《关于毒气在市区流动的第一次实地实验报告》，1940年11月20日，第1—4页。

果一致。美国陆军化学战勤务队负责人波特在该实验结束后称，光气及氯化氰“急速汽化后冷却，呈浓云状，以液态流入洞窟；一旦进入洞窟，内部气温会上升，毒气不会外泄”“洞窟内汽化的毒气浓度是野外的2～5倍，特定情形下甚至达到10倍”；“芥子毒气慢慢汽化后流入洞窟”，导致“洞窟内两周以上无法驻留”[1]。毒气攻击不仅针对位于洞窟、防空壕等内部的居民，对于生活在城市受灾地的壕舍中的多数民众，也会带去同样的伤害。

对日毒气战计划的定位

对日毒气战的准备急速推进。然而，1945年8月6日，美军向广岛空投了原子弹；9日，再次向长崎空投了原子弹。8日，苏联对日宣战；9日凌晨，苏军越过国境，进入中国东北，日本最高指挥官以“护持国体”（保留天皇制）为最后的目标坚持抵抗，但苏联的参战使得该目标变得岌岌可危。本土决战的必要条件，即苏联不参战，荡然无存了。在这种情形下，日本14日接受了《波茨坦公告》，宣布投降。对日毒气战在发动前夕中止了。

关于结束对日战争的方法，存在多种观点。如，美国总统罗斯福很早就提出了苏联参战论；还有人称，使用燃烧弹、常规炸弹对日进行战略轰炸或实行海上封锁就足够了；此外，还存在原子弹论、本土登陆战役必要论等。从实际上来看，日本指挥官之所以决定投降，是因为苏联的参战起到了至关重要的作用。原子弹与战略轰炸在更大程度上瓦解了普通日本民众的战斗意志，登陆作战也就没有必要了。

美军若使用毒气，必须事先取得英国、苏联以及中国的同意，还

1　威廉·N.波特（化学兵部队指挥官）：《给陆军部特别参谋新发展部主任的备忘录：使用毒气打击洞穴》，1945年7月13日，RG 165，ABC 475. 92(8−28−42)，美国国家档案馆。

很可能导致日军在中国战区通过使用毒气进行报复。因此，对美国来说，使用毒气武器是受到限制的。此外，美国要想先发制人地使用毒气，还必须取消罗斯福之前发表的声明。这也是美军预想的毒气战只能是从“奥林匹克行动”开始的原因之一。因此，从1945年6月冲绳战役结束至11月的奥林匹克战役期间，除了对日进行海上封锁和战略轰炸之外，美军并未针对日本本土发动大规模战役。

另一方面，美军匆匆投下在7月16日才首次试爆成功的原子弹，也是为了阻止苏联在对日战争中发挥主导作用。此外，美国方面也有着在战争结束前以实战的方式测试原子弹效果的强烈意图。对于美国的领导层来说，如果不考虑种族灭绝武器的残酷性，那么相比于受到诸多使用限制的毒气武器，原子弹作为一种新式武器，显然要“方便”得多。尽管如此，原子弹也并未被认为是能够让日本投降的决定性武器。

退一步来说，如果苏联推迟参战，而美国开发原子弹的进度又有所延后，那么美军的“奥林匹克行动”就会付诸实施，美国也很有可能为了减少士兵的伤亡而全面发动毒气战。如果苏联推迟参战，日本在遭受原子弹轰炸后继续抵抗，那么，美国因为已经使用了原子弹这一终极武器，也就不会在是否使用毒气武器的问题上犹豫不决了。与之相反，假定原子弹的开发延后而只有苏联参战的话，日本立即投降的可能性会很大，美军自然也就没有使用毒气的机会了。但是，如果最终是日本由于苏联参战而投降，那么苏联在亚洲地区的话语权就会显著提升，为了避免这种情况，美国很有可能在苏联参战前就对日本使用毒气武器，逼迫日本投降。

研究美国对日生物战计划的巴顿·J.伯恩斯坦称，如果战争在8月中旬之后还在持续，那么美国很可能会使用细菌和枯叶剂对日发起生物战，原因是杜鲁门在其后来的回忆中称，原子弹是更恶劣的武器。[1]

1　巴顿·J.伯恩斯坦:《二战期间美国的生物战计划》,《战略研究杂志》第11卷第3期，1988年9月，第311页。

从已公开的资料中可知美军的枯叶剂作战计划：预计在1945年用硫氰酸铵对东京、横滨、名古屋、大阪、京都、神户近郊的稻谷进行枯化，或者在“没落行动”（关东平原登陆战役）中的1946年6—7月用2，4-D对日本30%的水稻进行枯化。但相比于该计划，毒气战更能带来直接打击，并且已经经过了准备，实施的可能性更大。

尽管美国对日发动毒气战的计划最终没有实施，但这一计划可以说明以下问题。首先，日本对中国持续频繁地使用毒气，也让日本面临着被毒气武器攻击的风险，甚至是遭到先发制人式的毒气攻击的风险报复。1942年6月，美国总统警告声明发布以后，日军仍然继续在中国使用毒气。美国没有足够证据证实上述情况，也找不到对日使用毒气武器予以报复的合理性。但是，如果列举出1942年6月之前日本在中国使用毒气武器以及在此之后继续使用毒气武器的例子的话，那么，日本对美国对日毒气战计划的批评，显然将会是站不住脚的。1944年6月23日，美军发现日军可能在中国衡阳郊外有限地使用了芥子毒气和路易氏剂，于是将这一情况制成报告，送至罗斯福手上。而实际上，日军在中国使用呕吐性毒气一直持续到了1944年7月上旬。日本的例子表明，一个国家若无视国际法，那么它将给国民带来沉重的灾难。

其次，从美军对日本的毒气战计划可知，随着准备工作的完成与时机的成熟，当初的“报复性使用”论已经转变为了“先发制人使用”论。支持对日发动毒气战的观点是尽早结束战争，以挽救更多士兵的生命，或为没有实战机会的美国陆军化学战勤务队提供一个展示的舞台等。对于后者来说，对日发动毒气战，一方面可以避免美国遭受耗费了大量人力、物力和预算却毫无建树的指责，另一方面也可以借此在战后继续开发毒气武器。

值得注意的是，上述观点与美国使用原子弹的理由完全相同。美国不受禁止使用毒气武器的国际条约的约束，日本已经使用毒气的事实，德国投降后在欧洲没有发动毒气战的必要性，以及美国本土可能遭受攻击等，这些都大大增强了美军先发制人使用毒气武器的可能性。另外，日本对中国的轻视，使其对中国军民使用毒气毫无罪恶感；同样地，针对使用毒气可能给日本人带来的伤亡，美军也不会有什么罪恶感。这充分说明了种族偏见对毒气战的负面影响，也说明了努力克服这种偏见的重要意义。

第十章

战败、免责、遗弃、掩埋——遗留的负面遗产

远东国际军事审判与免责

追究的开始

1946年5月3日，远东国际军事审判（东京审判）正式开庭。众所周知，美国之所以没有追究日军的生物战罪行，是因为他们要秘密地独占关东军防疫给水部（731部队）等开发的生物战技术。由于该密约在远东国际军事审判开庭之前的1945年底达成，因而日军的生物战罪行并未被列入起诉状。[1]1947年，在得知日军进行生物战人体实验及实战使用的事实之后，美国陆军太平洋部队再次与日军进行了以提供情报换取免责的交易。

毒气战的情况则是不同的。日军生产及配备的毒气仅限于催泪瓦斯、呕吐性毒气、光气、芥子毒气、路易氏剂、氰化氢等，而这些毒气早在一战时期就已经被开发出来，并为欧美各国所熟知。至于德国在二战前研发的塔崩和沙林那样的神经毒气，日本则未能开发出来，也未从德国那里获得研制方法。因此，就美军而言，日军的毒气武器几乎不是什么有价值的情报。

事实上，美国陆军太平洋司令部在战后通过对日本陆海军的化学战装备进行大规模的调查发现，“日军的化学战（能力）低于国际平均水平，不具备一流军事水准。在战争期间，日军并没有与一流军事国家进行大规模化学战的能力”[2]。

1946年1月19日，《远东国际军事法庭宪章》公布，要求对被起诉为“破坏和平罪”“普通战争犯罪”“反人道罪”等罪名（4月26日，该部分被修订为“破坏和平罪”“杀人罪”“普通战争犯罪及反人道罪”；“杀

---

1 常石敬一：《医学者们的组织犯罪》，朝日新闻社，1994年，第63页。

2 《情报报告》，1945年5月15日，第1卷，RG 319，Entry 82，Box T116，美国国家档案馆。

人罪”“反人道罪”并不适用于对团体的追诉）的团体和个人进行审理、处罚。

2月14日，在中国国民政府第二次提出的主要战犯疑犯名单中，原参谋总长梅津美治郎赫然在列，他被指控教唆包括使用毒气在内的在华残虐行为。[1]3月30日，中国国民政府军政部提交了题为《日本陆军在中国使用的毒气》的证据文件（英译本达128页）。[2]

负责取证的检察官托马斯·H.莫洛在化学战之外，也试图追究日本的生物战战争责任。3月2日，莫洛在其向首席检察官约瑟夫·B.季南提交的备忘录中，将生物战问题的重要性提升到与毒气战相并列的位置上，其原因在于使用此类“被禁止的战争手段”的指示并非来自战场指挥官，而是来自日本政府高层。[3]粟屋教授的研究指出，莫洛上校注意到了中国国民政府代表顾维钧于1938年5月10日在国际联盟进行的控诉资料，并由此开始了调查。[4]

3月12日，莫洛与检察官大卫·N.萨顿、向哲浚（中国籍）等离开东京，抵达上海。数日后，季南一行也到达上海。几人商定，莫洛等人赴北京、南京等地展开调查。4月12日，莫洛回到东京。[5]

4月16日，莫洛向季南提交了名为《中国旅行报告》的备忘录。他指出，针对日军在中国进行的毒气战与生物战，对其展开罪行调查是非常有价值的。在备忘录中，他搜集了日本战俘的供词、中国军医的证词，统计了受毒气攻击的共计36968人（其中死亡2086人）的资料。这些证据证实，日军在中国战场上使用了包括芥子毒气、路易氏剂、

1 美国驻重庆大使馆：《呈递第二次主要日本战犯名单》，1946年4月，RG 153，Box 110，美国国家档案馆。

2 中华民国政府陆军监狱防卫局，由第5250技术情报公司翻译：《日本帝国陆军在中国的毒气使用1937—1945年》，1946年6月15日，RG 319，Box 2205，美国国家档案馆。

3 《莫洛上校备忘录》，1946年3月2日，谢尔顿·H.哈里斯：《死亡工厂》，劳特利奇出版社，1994年，第180页。

4 粟屋宪太郎：《通往东京审判之路》②，《朝日周刊》，1984年10月19日号，第41页。

5 同上，第43页。

亚当毒气在内的各种毒气武器，以及呕吐性毒气和催泪瓦斯。[1]莫洛的调查逐步向世人揭开了日军毒气战的真相。

29日，国际检察局正式向远东国际军事法庭递交了起诉状。其附件D下"普通战争犯罪及反人道罪"中的"违规行为细目"第9节中明确写道："日本在对中国的战争中使用了毒气。本主张仅限于该国。"[2]日军使用毒气的行为被认为违反了1899年的《海牙宣言》、1907年的海牙陆战条约附件《陆战法规和惯例公约》、1919年的《凡尔赛条约》3份文件。

美国陆军化学战勤务队的反击

起诉书和《莫洛上校备忘录》中的相关内容，强烈刺激了美国陆军化学战勤务队的相关人员。3月5日，一位据说是美国陆军化学战勤务队的相关人士向美国陆军部法务部长提交了一份备忘录，提请法务部长注意国际检察局将日军使用毒气一事列为战争犯罪并提起诉讼一事。他指出，在国际检察局提起诉讼依据的3份国际条约中，有两份美国并未加入；美国与德国单独签订的条约中，虽然也承认《凡尔赛条约》第171条的相关原则，但"该义务并非双向的，美国并不受此约束"[3]。但是，他也承认，"就原则而言，国际惯例一般不会将使用毒气或类似物质视为一种合法的战争手段"[4]。这是值得注意的见解。

4月19日，美国太平洋方面军总司令部化学战部长杰弗里·马歇尔向化学战勤务队负责人韦特发送信件，询问日军对中国使用毒气的行为是否违法。韦特的回答如下：

我方部队"一直认为，在此次战争中，无论是先发制人地使用，还

1　托马斯·H. 莫洛:《中国旅行报告》，摘录，1946年4月16日，RG 493，Entry 53，Box 343，美国国家档案馆。

2 《远东国际军事审判起诉书》。

3　约翰·C. 麦克阿瑟致奥尔登·H. 韦特:《对日本使用毒气的指控》，1946年5月29日，阿伯丁实验场历史办公室。

4　同上。

是报复性地使用毒气，日本事实上都没有加入任何禁止使用毒气武器的条约，也并不受任何条约的约束。但是，在接到您的信后，我们开始重新研究日本在化学战方面的条约地位。然而，就我个人意见而言，我想明确地表明，以使用毒气为由对日本人进行起诉、审判，是毫无正当根据的”[1]。

韦特之所以坚决反对以使用毒气为由对日进行审判，是因为除了国际法上的理由，也出于对美军及美国利益的考量。他认为，为获得最好的结果，美军长期以来指示且强调应该以毒气发动奇袭；与其他武器相比，毒气武器更加“人道”；某种有效的化学制剂是“无毒的”（韦特强调，美军中针对什么是“无毒气体”存在认知混乱，因而，他的理解并非代表了美军）；美国陆军部编写的《基础野战条例 FM27-10》第29项中并没有是否可以使用毒气的规定。他的上述言论，充分表明了他反对以使用毒气为由审判日军的立场。[2]

陆军参谋长艾森豪威尔的绝密电报

在收到回复之前，马歇尔展开了更加积极的行动。5月8日，马歇尔从国际检察局处获得了包括莫洛备忘录在内的关于日军生物化学战的报告书，并将其寄给了韦特。[3]此外，马歇尔还写了一封反对起诉的信，并将其寄给了美国陆军化学战勤务队作战部长约翰·C.麦克阿瑟。

29日，研究了马歇尔来信的麦克阿瑟上校向韦特提交了一份建议书。他指出，“若对日本当局的战争罪行起诉成功的话，那么该判例将带来使用毒气武器违反战争法的政策倾向，而这一倾向必定会影响美

1 《韦特致杰弗里·马歇尔》，1946年5月15日，阿伯丁实验场历史办公室。以下据此。

2 韦特将军此前曾言使用毒气并不违法。例如，在1942年他主张，1923年2月7日美国除了与危地马拉、萨尔瓦多、洪都拉斯、哥斯达黎加之间缔结了在美洲大陆不得使用毒气的条约，并没有参加其他任何禁止使用毒气的条约，因而，“就法律层面而言，美国对任何敌人使用化学武器都没有问题”（韦特：《毒气战：化学武器，及其使用和防护》，1942年，RG 165，Entry 77，Box 2134，美国国家档案馆。）。

3 《马歇尔致韦特》，1946年5月8日，RG 493，Entry 53，Box 343，美国国家档案馆。

国”。他认为，正如马歇尔所指出的那样，起诉的结果一定会在国际政策方面引起“损害我国国家利益”的重大问题，即：“起诉日本的类似行为，一定会让我国日后的行动受到限制。”[1]

概言之，追究日军使用毒气的做法，毫无疑问会在国际法层面将使用毒气这一行为视为绝对违法。这就相当于绑缚住了美国的手脚，而在美苏对立日益紧张的背景下，美国对苏联将失去毒气战上的优势。

因此，麦克阿瑟建议，韦特应当在会见陆军部部长罗伯特·帕特森、陆军参谋长艾森豪威尔、陆军部军法署署长格林中的任何一位时提出中止起诉日军使用毒气的建言。他还称，军法署长格林可能是最容易支持该意见的人。

此外，麦克阿瑟还列举了韦特应该向陆军领导人提出的问题。首先，使用毒气是否违反战争法规、惯例。“我坚信，即便没有罗斯福总统的声明，根据美国历史和国际协定，使用毒气都是违反战争法规、惯例的。”这是一个极为棘手的问题，即便是麦克阿瑟上校也不得不承认。但是，麦克阿瑟认为“美国并不总是持这样的立场”，并列举了美国拒绝加入《海牙宣言》《日内瓦议定书》的理由。对于《凡尔赛条约》第171条，他认为“将其以条约形式赋予各国的强制性义务并不充分”。

另外，麦克阿瑟通过引用《基础野战条例FM27-10》，指出使用毒气违法的观点与此文件存在矛盾。基于此，他认为，“美国在事实上并不将使用毒气视为违反战争法规、惯例的行为，那无论是先发制人还是出于报复，在适当的时候使用毒气就不会束手束脚……以违反战争法规、惯例为由起诉日军，会导致前后矛盾”。并且，《海牙宣言》由于存在普遍加入条款，因而自1941年12月美国参战之后，便已宣告无效。另外，他认为，适用于美国参战前的使用毒气问题“只是一个小问题，大概没有强调的价值”，可予以无视。

麦克阿瑟主张中止对日追诉的建言，被明确地传达给了韦特。可

1 约翰·C.麦克阿瑟：《对日本使用毒气的指控》。以下据此。

以推测，韦特立即向上述的某位高官提出了相应建议。

在上述动向的背景下，5月31日，后来成为陆军参谋长的艾森豪威尔通过太平洋方面军总司令官道格拉斯·麦克阿瑟，向远东国际军事法庭首席检察官季南发出了委婉但无任何歧义的机密电报（东京接收时间为6月1日）。其全文如下：

> 起诉状附件D的第9节是关于日本在中国使用毒气的叙述。在该起诉状起草的时候，是否考虑到了《基础野战条例FM27-10》中第29条的规定？参与和执行与该项有关的起诉，是否会改变现行《基础野战条例 FM27-10》中所表明的美国立场？请就此发表见解。以上。[1]

毋庸置疑，季南正是在收到该机密电报后不久，做出了中止起诉的决定。究其原因，《基础野战条例 FM27-10》第29条写得很清楚："美国并未加入任何禁止或限制在战争中使用有毒或无毒气体、烟雾剂、燃烧剂的现行有效的条约。""(《日内瓦议定书》)虽已得到相当数量的加盟国的批准及支持，并在相当数量的加盟国中有效执行，但美国、日本及其他一些国家并未批准，因而对这些国家无效。"[2]

因此，中国国民政府为指控日军所提交的证据文件未被采纳。虽然莫洛6月17日以前获得了位于陆军相模兵工厂的陆军习志野学校编订的《中日战争中的化学战例证集》这一决定性证据文件，但他不得不放弃了起诉。8月6日，莫洛在远东国际军事法庭宣读了对日军的起诉书，其中并没有涉及日军使用毒气的问题。[3]12日，失望的莫洛回到了

1 《陆军参谋长，陆军部致CINCAFPAC（致季南，IPS）》，WAR 89849，1946年6月1日，R 6—9，来电信息，Box 99，道格拉斯·麦克阿瑟档案。美国太平洋陆军部队，AG，无线电与电报信息1944—1946，RG 496，Entry 245，Box 1884，美国国家档案馆。

2 陆军部：《基础野战条例FM 27-10》，华盛顿特区，1940年，第8—9页，RG 153，Entry 135，Box 106，美国国家档案馆。

3 粟屋：《通往东京审判之路》④，《朝日周刊》，1984年11月2日，第35页。

GENERAL HEADQUARTERS, U. S. ARMY FORCES, PACIFIC
ADJUTANT GENERAL'S OFFICE
RADIO AND CABLE CENTER

INCOMING MESSAGE

~~TOP SECRET~~

~~TOP SECRET~~
PRIORITY

1 June 1946

FROM : WASHINGTON

TO : CINCAFPAC (FOR KEENAN IPS)

NR : WAR 89849

Sect 9 Appendix D annexed to indictment is reference which relates to the use of gas by Japan in China. Was Par 29 of rules of land warfare FM 27-10 considered at writing of indictment? Your views are requested whether participation and conduct in prosecution of that sect will reverse US position as stated in US BFM 27-10. Nothing further.

WARCOS

ACTION: INTL PROSEC SECT

INFORMATION: COMMANDER-in-CHIEF, CHIEF OF STAFF, G-2, AG

37049

PRIORITY
~~TOP SECRET~~

TOO: 312219 Z
MCN: , YC 16/1

~~TOP SECRET~~

JCS ltr of 20 Aug 75

[WD]

Handling and transmission of literal plain text of this message as correspondence of the same classification has been authorized by the War Department in accordance with the provisions of paragraphs 16-C, 18-E, 63-A, 68-D (1) (2) (3), and 60-A (1) (2) (3) (4), AR 380-5, 6 March 1946.

COPY NO. 3

INDEXED BY MACARTHUR ARCHIVES

▲图11　关于中止毒气战追诉的艾森豪威尔的电报（1946年6月1日接收）

电报委婉地指示重新研究、中止起诉。WARCOS指陆军参谋长，CINCAFPAC指美国太平洋陆军部队总司令官（麦克阿瑟元帅），KEENAN IPS指国际检察局首席检察官季南。发信日为5月31日。

资料来源：R6-9，来电信息，Box 99，道格拉斯·麦克阿瑟档案。

美国。就这样，对日军毒气战罪行的起诉由于美国陆军部的阻挠而宣告结束。

如上所述，美国陆军部阻挠起诉日军使用毒气的理由在于，要确保将来对苏战争中美国不会在处于优势地位的毒气战领域自缚手脚。因为如果追究下去，毋庸置疑，毒气战会被彻底认定为非法行为。因此，美国陆军化学战勤务队相关人员高扬这一国家利益的大旗，竭尽全力干扰起诉。美国陆军化学战勤务队在二战中除了使用火焰喷射器、燃烧剂、烟雾并无用武之地，因而积攒了很久的挫折感与危机意识。美国政府也同意该部队的意见。

在韦特的信与麦克阿瑟的备忘录中，主张日军使用毒气不违法的观点都有所体现。这些观点是阻挠起诉的主要观点，但是其存在根本性的缺陷。

首先是关于禁止使用毒气的成文法。中日战争中以投射的形式使用毒气，当然是违反《海牙宣言》的。发射、撒播毒气的情形，也极有可能违反了陆战法规的相关国际惯例。另外，从关于禁止使用毒气的国际习惯法来看，《凡尔赛条约》和《日内瓦议定书》都对当时存在的国际习惯法进行了确认，纵然美国和日本没有批准《日内瓦议定书》，但日本批准了《凡尔赛条约》第171条，美国则是批准了包含这一规定的对德条约。并且，罗斯福在1942年和1943年的声明中，也指出了使用毒气是违法行为。

然而，1946年，美国政府对此予以无视，对日军相关人员进行了免责。在走向冷战的美苏对立的背景下，曾参与发动毒气战的日军相关人员成为最大的受益群体。结果，我们在此时不仅错失了正确认识日军使用毒气问题的良机，也错失了阻止化学武器向全世界扩散的良机。

乙丙级战犯审判中追究的真相

1948年7月15日，在澳大利亚主导的香港战犯审判中，因犯有用氰化氢手投弹人体实验方式“处决”两名同盟国军俘虏的罪行，第5师团作战主任参谋A和毒气负责军官B被判处绞刑。减刑请求被驳回，9月24日和10月1日，绞刑得到执行。宪兵少佐C则无罪释放。[1]

中华民国政府在武汉对日本战犯进行的审判中，第39师团步兵第231联队联队长于1942年5月在湖北省郝穴使用呕吐性毒气和催泪瓦斯的罪行遭到了起诉。审判结果称，因这些毒气毒性不强，酌情从轻处罚，第231联队联队长于1947年11月30日被判处无期徒刑。[2]在台湾省警备总司令部审判战犯军事法庭上，台北明北警察署的3名日本警察在1944年因拷问导致3人死亡、6人受伤，1947年4月28日分别被判处有期徒刑15年（两名）、10年（1名）。在其罪状中，被指控殴打、脚踢、泼水、针扎，另外使用“刺激性气体”也赫然在列。[3]然而，这些明显并不是日军使用毒气的主要案例。

民国政府对乙丙级战犯的审判更为严厉，对149人判处了死刑。但是，中国派遣军总司令官冈村宁次虽遭到起诉，却于1949年1月被判决无罪释放。从这些事例中可知，在民国政府的战后处理及第二次国内革命战争时期为国民党军队做出贡献的日军，获得了宽大处理。[4]为在战后压制中国共产党和八路军，日军的武力仍然有用武之地。在第二次国内革命战争时期，中国国民党军队曾接受原日军军官团的军事指导。因此，在民国政府的乙丙级战犯审判中，使用毒气问题几乎没有受到追究。

1949年，中国第二次国内革命战争以共产党方面的胜利而告终。同年10月，中华人民共和国成立。1950年，被苏联扣留的日本战犯嫌疑人中有969人被移送给了中国，与山西事变相关的140名人员被关押

1 A471/1，81637，澳大利亚国家档案馆，堪培拉ACT地区办公室。

2 《国民政府主席武汉驻扎战犯审判军事法庭判决 中华民国第三十五年度审字第〇一三号》，“外地本国人相关军事裁判 中国部分‘判决书’文件”（日文），D’1302511，外交史料馆藏。中央档案馆，中国第二历史档案馆，吉林省社会科学院：《细菌战与毒气战》，中华书局，1989年，第622—623页。

3 《台湾省警备总司令部战犯审判军事法庭判决1946年度审写第1号》，D’1302511。

4 姬田光义：《中国共产党的俘虏政策与日本人战犯》，新井利男，藤原彰：《侵略的证言》，第299—300页。

在一起。1956年，有45名疑犯遭到起诉，除此以外的人都被释放（在此期间有40人死亡）。其中第117师团师团长铃木启久、第53旅团旅团长上坂胜、第375联队联队长船木健次郎，被起诉在河北省使用了呕吐性毒气。铃木是因1942年在遵化县鲁家峪、同年10月在遵化县东新庄使用毒气（“三光政策”实施过程中用毒气杀害当地居民）而遭到起诉，上坂是因在北坦村使用毒气而遭到起诉，船木是因在宛平县杜家庄使用毒气（强制民众参加运动会，临近赛事结束释放毒气，导致约400人中毒）而遭到起诉。[1]判决于同年下达，几人因实施“三光政策”等而犯有战争罪（使用毒气是其中一部分），分别被判处14～20年有期徒刑不等。但是，1963年之前又释放了这些人。[2]对于中国来说，在不能传唤有重大战争罪责的嫌疑人的情况下，即便严惩移自苏联的疑犯，意义也不是很大。因此，基于构建良好的中日关系，中国采取了上述的措施。毒气战的真正责任者，在中国也得以免于被追责。

在国内的毒气销毁、丢弃和中毒事件

秘密销毁、丢弃

1945年8月14日，日本接受《波茨坦公告》，无条件投降。15日，天皇在“玉音放送”中向日本国民宣告了投降的事实。但是，同盟国军的先遣部队进驻厚木是在28日，而同盟国军最高司令官麦克阿瑟在30日才抵达日本，同盟国军进驻日本各地的时间更晚。在长达2～6周的时间里，日军因害怕被追究战争罪行，对相关文件、记录进行了销毁。

1　丰田雅幸：《从中国方面资料看到的山西省毒气战》，粟屋：《中国山西省的日军毒气战》，第69页。

2　《侵略的证言》，第278页。东京审判手册编辑委员会：《东京审判手册》，青木书店，1989年，第129—130页。

此外，许多毒气武器也被秘密销毁、丢弃，该销毁、丢弃行为与文件、记录的销毁一样，都被认为是依据陆海军中央的指示进行的。以下考察其代表性案例。

据称，在青森县的海军大凑警备府，一共存储了2000发填装60千克芥子毒气的空投弹。[1]这些弹药于8月20—23日被丢弃在了陆奥湾。对此，原警备府司令官宇垣完尔称，这些行动是依据17—18日海军省军需局的指示执行的，指示要求“不动声色地丢弃”[2]。8月17—20日，陆军习志野学校内的约6吨罐装芥子毒气和路易氏剂经晒粉消毒后被掩埋，两三瓶液化氰化氢在夜间被排放。[3]据推测，横须贺海军军需部内的30000个呕吐性、催泪性炮弹用铁罐，被丢进了海里。[4]相模海军工厂平冢分所的约10000个氰化氢玻璃瓶，被扔进混凝土塔，做了燃烧处理。[5]静冈县陆军三方原教导飞行团（航空化学战学校）有四五个芥子毒气罐、路易氏剂罐，还有其他约80个16吨芥子毒气罐、约20个两吨路易氏剂罐，这些都于8月16—17日都被丢到了浜名湖北部。[6]8月20日前后，堺市的辎重队将十几个装有芥子毒气和路易氏剂的圆柱罐运送至大阪府长野村（现河内长野市），一部分丢进池塘，另一部分埋在岸边与松林中。[7]战败时，福冈县的曾根航空补给厂残留了4403发空投毒气弹。也有消息称，补给厂内共有各种毒气弹15561发。根据曾根制造

1　大凑警备府：《局部地区战后处理概报》第2号，1945年9月17日至10月6日；海军省：《关于毒气及其填充武器处理的文件》，环境省公布资料。

2　《读卖新闻》，1972年7月10日。宇垣司令官也认为销毁的数量为2000发。

3　习志野学校相关人士的证言，厚生省援护局调查课：《化学武器处理等调查票》收录，1972年8月，环境省公布资料。

4　第二复员省大臣官房联络部长：《关于化学战物资的答复》，1946年3月9日，环境省公布资料。《情报报告》，第4卷。

5　鹤尾：《相模海军工厂设立经过及其始末》。

6　复员局联络课长：《关于投弃在浜名湖的军需品》，1950年1月19日，及原三方原教导飞行团教导防护队长：《化学武器处理等调查表》，1973年，环境省公布资料。环境省：《昭和四十八年“旧军队毒气弹等全国调查”跟进调查报告书》（以下简称《跟进调查报告书》），环境省2003年，第158页。

7　《跟进调查报告书》，第174页。

所原所员小泽敏雄等人的证言，战败时补给厂约有1000发空投毒气弹，数以万计的炮弹，三四十罐毒气液（每罐100升）。依据九州总监部的指示，这些弹药在20日前后的3天内，统统被丢进了苅田港、门司区东部海域。据称，光气空投弹和氰化氢空投弹被投到了蓝岛海域。[1]

盟军的销毁、丢弃工作

日军并非秘密销毁、投弃了所有的毒气弹药，那些大量储存甚至是来不及销毁、投弃的都被盟军没收了。

1945年10月，美国陆军第8军化学战部队在濑谷第1海军航空厂发现了8000发60千克装芥子毒气炸弹。[2]另外，战败时相模海军工厂等处也残留了268.4吨（也有说333吨）毒气。[3]1946年4月，在第1骑兵师化学军官W.E.威廉姆森的指挥下，这些毒气弹药被装到70艘日本渔船上，悉数被投进了铫子海域。[4]投弃地点是水深250～300米的浅海，鱼类资源丰富，曾经作为渔场。山口县大岭煤矿的废弃矿坑中也存有83974发毒气炮弹（糜烂性毒气、呕吐性毒气），在美军的指导下，12月前后被投进了宇部海域。[5]从大分海军第12航空厂处，美军接收了2351发（也有说3811发）芥子毒气炸弹，并将其丢进了别府湾。[6]大分县的国铁久大本线段原宫原隧道内，存有1800个共计90吨芥子毒气铁罐。有情报称，这些毒气弹药在美军的指挥下，被丢进了丰后水道海域。[7]

1 《朝日新闻》，1972年5月27日。

2 《1945年10月前化学兵部队为军事占领日本的历史报告》，RG 407，Box 2872，美国国家档案馆。

3 《情报报告》，第4卷。《关于化学战物资的答复》，数量为333吨。

4 英联邦占领军，日本占领区：《处理报告，化学武器：糜烂性毒气操作》，1946年5月8日至11月30日，RG 338，Entry FECG-2 Library，Box 3807，美国国家档案馆。后一项资料的发现有赖于方善柱教授的告知。

5 《跟进调查报告书》，第217—218页。

6 第二复员局：《各航空厂移交目录》第2卷，以及佐世保地方复员局：《鹿儿岛地区（包括出水、人吉、富高、鹿屋）移交目录》，1945年，环境省公布资料。

7 原海军大佐（第一二航空厂总务课长）的证言：《旧海军的化学武器处理等调查票》，1972年6月30日，环境省公布资料。

▲照片13　为准备实施海洋投弃而在大久野岛海岸堆集的芥子毒气罐（1946年8月30日）

用眼前的平板车运送，等待装船。远景为海军的60千克装芥子毒气空投弹。

资料来源：澳大利亚战争纪念馆，负片编号131766。摄影者：艾伦·奎尔中士。

最大的毒气储备基地在大久野岛周边，其存储量仅陆军方面就有3253吨。这些毒气弹药的销毁、丢弃工作由威廉姆森少校指挥，英联邦军队实施。[1]这项工作实际由帝人（日本企业的名称。——译者按）承包，该企业招募了846名操作人员。8月17日，全体操作人员在没有佩戴防毒面具和穿着防毒服的情况下，进行了相关毒气弹药的销毁、丢弃工作。307人事后中毒，饱受慢性支气管炎的折磨，甚至伴有哮喘。此外，还有1人因吸入糜烂性气体而死亡。

1 《处理报告，化学武器：糜烂性毒气操作》以下，除非特别说明，大久野岛的销毁工作指代此处。

▲照片14　装有芥子毒气、路易氏剂的LST-128号（1946年，大久野岛）

储存罐中的毒气经由导管流入。毒气与LST-128号一起沉入种子岛东部的深海中。资料来源：英联邦占领军，日本占领区，《处理报告，化学武器：糜烂性毒气操作》，1946年。

7月14日，相关人员开始将芥子毒气、路易氏剂装入LST-814号坦克登陆艇，但由于“船内忽然充满了毒气味”，销毁工作变得异常困难。[1]芥子毒气、路易氏剂本该经由真空输送管流入大型容器，但29日台风袭击了大久野岛，导致814号触礁后出现了管道破裂。结果，船头和岸壁被糜烂性气体污染，90名操作人员因此中毒，威廉姆森少校也未能幸免。8月12日，814号在北纬32° 37′、东经134° 13′处（土佐冲、室户岬以南约100千米）被爆破后沉入海中。

1　福岛克之：《帝人的历程⑤灰烬》，帝人，1970年，第201页。

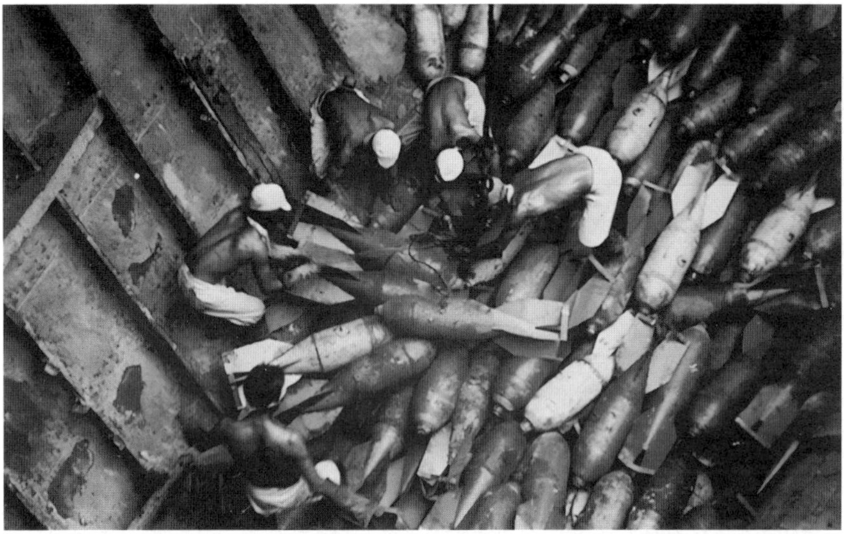

▲照片15　裸露上身从事芥子毒气弹装船的操作人员（1946年10月3日，大久野岛）

未佩戴防毒面具的危险操作。空投弹是60千克装的芥子毒气弹。

资料来源：澳大利亚战争纪念馆，负片编号132152。摄影者：艾伦·奎尔中士。

8月23日在LST–128号从事装船操作时，船左舷的接收容器泄漏，造成约1平方千米的范围污染，污染程度与战场污染类似。于是，拖船"兴津丸"号被遣往实施牵引操作。但船员没有佩戴任何防毒面具，也没有身着防毒服，导致约半数人因接触来自水面的气态毒气而中毒。8月26日，由拖船牵引，LST–128号在北纬30° 38′、东经132° 22′的海域（种子岛以东约120千米）被爆破后沉入海底。

作为焊接工，远藤力男当时23岁，从事移送操作。他声称："穿着长筒皮靴，迈入哗啦哗啦流淌（泄漏）出来的原浆。那种东西会时不时散播挥发，要用长把儿的勺子舀起来，倒入容器。虽然我并不知道是什么，但说出来也觉得十分恐怖。"[1]远藤正是因为此次事件中毒，36岁

1　NHK广岛广播电台制作：《毒气工厂拆解》，1999年8月16日，广岛广播电台播放。

后咳嗽不断，饱受慢性支气管炎折磨，从未得到彻底治愈，并于1999年去世。

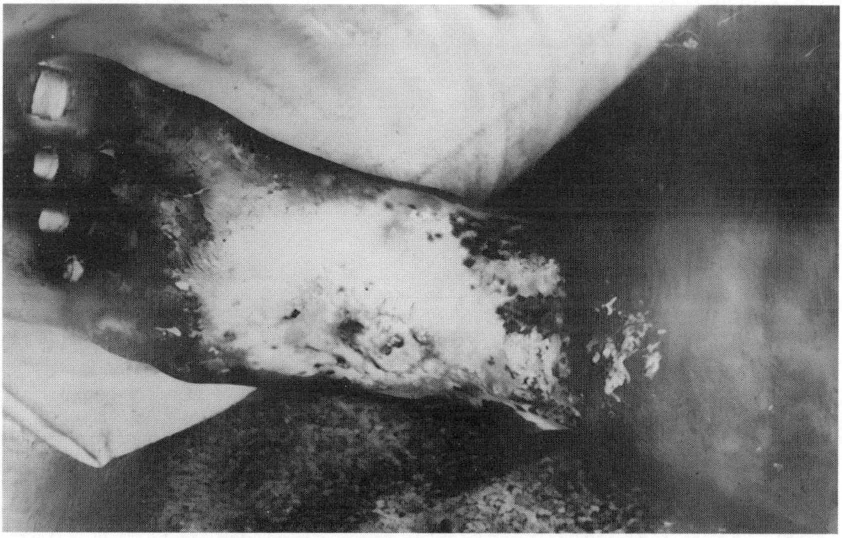

▲照片16　因接触芥子毒气致脚部糜烂的操作员（1946年，大久野岛）

1946年6月，发生了第一次严重的中毒事故。这是中毒55日后脚部的状况。在销毁操作方面，据称因中毒而入院的有20名，4人患上了不治之症。

资料来源：英联邦占领军，日本占领区，《处理报告，化学武器：糜烂性毒气操作》，1946年。

包括8000多发的60千克装芥子毒气空投弹（海军）、400吨的150千克罐装糜烂性毒气弹在内的剩余1800吨毒气弹，由货船"新屯丸"运输，于10月在北纬32° 30′、东经134° 10′处（土佐海域，LST-814号沉海附近）以手动操作方式被投弃海中，受风浪影响，投弃操作耗时达22日之久。

装有呕吐性毒气和催泪瓦斯的弹药，则于9月2日前被埋进了大久野岛的地下壕沟中。其后，将80吨盐水与等量漂白剂的混合物（泥浆）灌入地下壕沟，并在壕沟正面营建了混凝土制的巨大围栏，完工之后封锁了地下壕沟入口。此次埋入呕吐性毒气筒达656553支。[1]至此，毒气武器虽然被销毁了，但呕吐性毒气中含的有毒砷，在未经处理的状态下大量残留在了地下壕沟内。

此后，又焚烧了约50吨残留在糜烂性毒气储存容器底部的沉淀物、2820箱催泪棒、1980箱催泪筒，并在工厂周边地带开展了焚烧和漂白粉除污等工作。1947年5月27日，销毁、丢弃毒气的全部操作最终完成。

毒气事故的爆发

如上所述，国内的毒气弹药通过销毁、丢弃进行了处理。但正因为如此，从战后初期至今发生了许多起毒气泄漏事故。表14列举了主要的毒气事故。正是由于存在这些事故，对毒气弹药进行再丢弃处理变得愈发频繁了。例如，因为发生事故，1950年对浜名湖实施了清扫行动后，100个圆柱罐被打捞起来后，再次丢弃在远州滩。1954年，横须贺港发生事故后，港内的清扫工作打捞出306发芥子毒气弹。1955—1956年在别府湾实施的海洋清扫工作，打捞出2500发芥子毒气弹，之后又一次将其丢在深海中。1970年，在铫子海域实施了清扫工作，33个芥子毒气罐等被再次投进深海中。

1 《帝人的历程⑤灰烬》，第205页。

表14　国内销毁、丢弃毒气引发的主要事故（最近的除外）

日期	地域	中毒人数		事故概要（丢弃者）
		死者	伤者	
1945/9	大阪长野村	1	2～3	芥子毒气从罐子中泄漏。捕鱼时中毒（堺市的陆军辎重队）
1947/7/16	静冈县浜名湖	2	2	捕蚬贝时，接触到浮出水面的芥子毒气罐中毒（三方原教导飞行团等）
1950/7/10，7/31	德岛县小松岛海域	0	11	渔船打捞芥子毒气罐时中毒
1951/4/2	千叶县铫子	3	6	在海岸拆解漂上岸来的芥子毒气壶时中毒
1951/6/28	千叶县习志野演习场	0	14	发现3个路易氏剂罐，演习中的自卫队员中毒（陆军习志野学校）
1952/8/26	山口县宇部海域	0	13	打捞炮弹时，捞起30发糜烂性毒气弹，中毒（美军，炮弹是日本陆军制造）
1954/2/21	神奈川县横须贺港	0	5	操作员对打捞起的126发芥子毒气弹实施解体过程中中毒（大概是海军）
1954/3/16	大分县别府湾	0	3	打捞人员打捞1发芥子毒气空投弹中毒。另外，截至1954年共有中毒者37名
1954/4	福冈县苅田港	0	3	在港口打捞糜烂性毒气弹时中毒（陆军）
1955/7	广岛县大久野岛	1	1	打捞被沉入池塘的防毒服时中毒
1957/9/13	千叶县铫子海域	0	10	第二大喜丸在拖网操作中打捞起芥子毒气，中毒（美军，罐体为日本海军制造）
1958/5/24	广岛县大久野岛近海	1	27	废品回收业者拆解渔民打捞的两个氰化氢瓶时中毒
1962/10/2	青森县陆奥湾	0	11～12	渔船打捞起3发芥子毒气弹时中毒。处理时自卫队员等也中毒（海军）
1968/8/26	青森县陆奥湾	1	1	两名年轻人在海水浴过程中捞起芥子毒气弹，拆解时中毒（海军）
1970/1/17—25	千叶县铫子海域	0	20	4艘拖网渔船相继捞起芥子毒气罐等，中毒
1970/12/22	广岛县大久野岛近海	0	25	渔船捞起1个氰化氢瓶，渔民中毒
1972/4/18	广岛县大久野岛	0	6～7	海水浴场护岸工程中挖出圆柱罐，工人中毒

资料来源：环境省《昭和四十八年的〈旧军队毒气弹等的全国调查〉跟进调查报告书》2003年。

1970年的铫子海域事故和1972年的大久野岛事故爆发之后，在日本民众和在野党的压力之下，1972年佐藤荣作首相指示在全国针对此类中毒事故进行全面调查，田中内阁时代此项调查完成。[1]1973年调查概要发布，显示全国8处海域进行了毒气弹投弃，因中毒致伤129人、致死4人。[2]但是，详细内容并没有公开。

此后，在广岛市南区、屈斜路湖、大久野岛、苅田港等多地都发现了毒气弹及相关材料。例如，2000年11月，为实施苅田港港口扩建工程而进行调查时，在海底发现了12发陆军黄空投弹、6发红空投弹。之后，通过磁探测确认了594发化学弹。[3]苅田港的清淤工程因此中断。

2002—2003年，在神奈川县寒川町、平冢市和茨城县神栖町接连发生中毒事故。寒川町和平冢市的事故是由于地下掩埋的装有芥子毒气、路易氏剂、氰化氢、催泪瓦斯的瓶子所导致的，而这些毒气被认为来自相模海军工厂总厂及其化学实验部。

2002年前后，茨城县神栖町木崎地区的3名居民自称出现了神经症状，之后该地区的20名居民又出现了手脚颤抖、摇晃、头晕、呼吸障碍等症状。[4]2003年3月20日对该地公用井水进行检测，结果检测出了超出水质标准450倍的砷化合物；4月，检测出了二苯胂酸，这是自然界不存在的物质，被认为是呕吐性气体（二苯氰胂或二苯胺氯胂）水解后的产物。据称，呕吐性毒气可能是独立混成第115旅团神之池海军航空队等部队留下的，战败时这些部队曾驻扎此地。此后，又从地下水中检测出了高出水质标准3300倍的砷化合物，但尚未发现污染源。截至2003年2月，因水污染而受害的人数达到99人。青冢美幸一家4人均遭到毒气侵害，其中家里的婴儿中毒最深，经常性痰塞，呼吸困难，被医生诊断为“疑似脑瘫”。对此，青冢美幸称，不理解现在为何

1 环境事务次官致各都道府县知事:《关于旧军队毒气弹等的调查（请求）》，环境总第116号，1972年6月13日。

2 《参议院预算委员会第四分科会会议记录》，1973年4月6日。

3 《跟进调查报告书》，第236页。

4 同上，第94页。

连战争都不知道的儿童都要遭受“战争之害”。“如果国家妥善地进行了战后处理，我们就不会遭受这样的伤害。”“希望国家承认责任，向受害者谢罪。”[1]但是，日本政府既没有为此谢罪，又没有赔偿。如上所述，日本国内销毁、投弃毒气的问题至今也没有得到彻底解决，在各地仍会引发各类问题。[2]

在中国的毒气遗弃

海外的毒气遗弃

1944年，日军指定马尼拉、新加坡、特鲁克岛及中国上海、青岛、大连为对美英作战的毒气弹药存储基地，并在上述地区存储了相当多的毒气弹药。日军投降后，派驻海外的日军并没有立即将毒气弹药移交盟军，而是尝试先进行抛弃。考虑到上述毒气弹药储备基地都在临海地区，因此可以推测，日军在战败后，将相当多的毒气弹药抛弃在了上述地区的附近海域。这些行动并非驻当地日军自行决定的，而应该是在日本陆军中央的指示下进行的。

在马尼拉，由于预计美军于1944年10月发动进攻，因而毒气弹药被转移至科雷希多。但正如上文所述，第4航空军（马尼拉航空补给厂）提出了将其沉海的建议。由于战后没有情报显示在马尼拉和科雷希多发现日军的毒气，因此，日军很有可能在美军进攻前就将其沉入了马尼拉湾。1945年8月24日，驻扎在苏拉威西岛孟加锡的日本海军第23特别根据地队曾下达指示，将包括防毒面具在内的“所有化学战资材痕

1　青冢美幸女士致毒气受害者声援会的信息，2003年8月31日。2004年4月5日，与川田文子共同采访青冢美幸女士。

2　为此，2003年，以环境省为中心实施了1973年调查的后续调查，公布了详细的调查报告。其结果显示，拥有毒气的场所共计34处，遗弃、销毁点共计44处，销毁后发现、处理、海上清扫、调查等共计823件，其中发生灾难的查明有63件（《跟进调查报告书》，第1、19—43页）。

迹予以清除”[1]。

在中国战场，日军的毒气武器配备以关东军及中国派遣军最为雄厚，相较于中国派遣军，关东军除了实验、演习、部分作战之外，几乎没有使用毒气，因而保留了大量毒气弹药。苏联参战，日本投降后，这些毒气弹药被大量抛进了海里、河里、井中，还有些被埋到了地下，来不及遗弃的，则被留在了弹药库。例如，在吉林省敦化的第16野战兵工厂为了处理存储在黑龙江省的毒气弹药，8月11日派遣了3名士兵前往爆破。据称，这些士兵从15日“开始集中掩埋化学战弹药，但直到解除武装为止都没有完成掩埋”[2]。另外，据称，在敦化的大桥、沙河沿、秋梨沟、大山、马鹿沟、林胜等地，由于苏军突然发动进攻，日军来不及处理毒气弹药，致使大量的毒气弹药被遗弃在了弹药库中。[3]

中国派遣军在被中国军队解除武装之前，也将毒气弹药抛在了海里、河里、井中，甚至埋在了地下。1945年8月20日，第11军直辖汽车第34联队的某位军官称，在湖南省湘潭县滴水埠听到停战命令后，又收到了来自该地区司令部的命令，要求焚毁所有文件，秘密处理毒气，于是20多个装着毒气弹药的箱子被抛进了湘江。[4]战后，日本也慢慢忘记了遗弃在海外的毒气。

遗弃毒气问题逐渐浮上水面

日本投降45年后的1990年，中国政府向日本政府提出了处理遗弃化学武器的要求。1992年2月18日，中国在日内瓦裁军会议上提交相关文件，指出日军有大量化学武器遗弃在中国，迄今为止已发现而尚未处理的化学弹就有约200万发、化学剂约100吨，战后超过2000人受

1 《“魔幻”—远东摘要》，SRS 523，1945年8月26日，RG 457，Entry 9001，Box 7，美国国家档案馆。林博史提供。

2 留守业务局:《资料旬报》第48号，1948年8月25日，防卫研究所图书馆藏。

3 纪学仁:《日军的化学战》，第342页。

4 《陈述书》，东京地方法院・平成八年(ワ)第24230号日军毒气、炮弹遗弃受害损害赔偿请求事件甲第121号证，2001年7月23日。

此伤害。[1]

为回应中国政府的要求，日本政府从1991年6月开始进行实地调查，并确认了二战日军遗弃的毒气弹、毒气筒。1997年4月，《禁止化学武器公约》生效，规定1925年之后遗弃在他国的化学武器由遗弃国负责处理。据此，日本也负有处理遗弃在中国的化学武器的义务。1999年7月，《关于销毁中国境内日本遗弃化学武器备忘录》签订，明确了日本政府销毁遗弃化学武器的责任。

根据日本政府的调查，完成发掘的遗弃化学武器的地点有24处，未完成发掘的有9处。这些是目前已确认的部分，今后在日本军队曾经的驻扎地也可能会有新的发现。

表15　完成发掘及未发掘的遗弃化学武器分布情况

序号	完成发掘地点	种类及发（支）数
1	黑龙江省齐齐哈尔市富拉尔基区	黄弹171、红弹55、未知弹14
2	黑龙江省巴彦县	黄弹1、红弹2、未知弹51
3	黑龙江省尚志市庆北村	黄弹44、红弹1
4	黑龙江省哈尔滨市双城区	黄弹5、红弹7
5	黑龙江省牡丹江市	黄弹122、红弹88、蓝白弹1
6	吉林省吉林市郊外	黄弹1、红弹37、未知弹10
7	辽宁省沈阳市	黄剂罐6、未知弹4
8	辽宁省抚顺市	黄弹7、红弹108
9	内蒙古自治区呼和浩特市	黄剂罐4
10	安徽省滁州市郊外	黄剂罐3
11	江苏省南京市中央门外黄胡子山	黄弹1、红弹1、有毒发烟筒33098
12	安徽省六安市	红弹31
13	浙江省杭州市	化学弹10
14	吉林省敦化市哈尔巴岭	黄弹8、未知弹16

1　中华人民共和国：《关于在中国发现的外国遗弃化学武器的若干信息》，CD/1127，CD/CW/WP. 384，1992年2月18日，裁军谈判会议。

续表

序号	完成发掘地点	种类及发（支）数
15	黑龙江省北安市	黄弹733、红弹154、未知弹10
16	黑龙江省哈尔滨市	黄弹44、红弹1
17	河南省淮阳县	有毒发烟筒53
18	河北省石家庄市	有毒发烟筒506、未知弹16
19	湖北省武汉市	黄弹5、红弹12、未知弹2
20	河北省唐山市丰润区	黄弹5、红弹6
21	黑龙江省大庆市林甸县	黄弹4、红弹9、未知弹等5
22	黑龙江省齐齐哈尔市	黄弹72、红弹48、未知弹23
23	黑龙江省孙吴县	黄弹94、红弹99、未知弹30、有毒发烟筒154、盛装化学剂罐4
24	湖南省长沙市	黄弹3、红弹17、未知弹3
序号	**未发掘掩埋地点**	**种类**
1	浙江省杭州市	未知
2	黑龙江省齐齐哈尔市富拉尔基区	罐200
3	江苏省南京市中央门外黄胡子山	有毒发烟筒约3000
4	河北省石家庄市鹿泉区白鹿泉乡	化学弹52
5	黑龙江省巴彦县	化学弹约100
6	江西省上高县	有毒发烟筒约200
7	吉林省梅河口市	黄混合剂37
8	黑龙江省牡丹江市	化学弹5、炮弹等821
9	吉林省敦化市哈尔巴岭	化学炮弹等67万

资料来源：内阁府遗弃化学武器处理担当室主页：http://www8.cao.go.jp/ ikikagaku/。未发掘掩埋地点中，1至8是中国方面的推测，9是日本方面的推测，“罐”是“圆柱罐”。

掩埋毒气最多的地方，是吉林省敦化市郊外的哈尔巴岭，中国政府称此处约有180万发毒气弹。其中大部分都是战败前后日本关东军遗弃在中国东北各地的，还有一部分是燃烧弹及没有标识的遗弃弹。这些毒气弹是在1953 — 1958年、1965 — 1966年由中国人民解放军及敦化县“日遗废毒弹处理委员会”从各地转运集中，掩埋到阿尔巴岭的洞穴中的。[1]之后，日方根据1996年的调查推测，在哈尔巴岭的炮弹量大约为67.4万发。[2]日本陆军生产的毒气弹总量为161万～207万发，因此，日方的推测是合理的。

如表16所示，依据中国方面的观点，自1945年以来因遗弃毒气弹药导致的伤害就一直在发生。

表16　黑龙江省因日军遗弃毒气导致的中毒事件

时间	地 域	事件	中毒人数
1945	齐齐哈尔市富拉尔基区	毒气罐泄漏	受伤5
1945	黑河地区上马厂村	毒气罐泄漏	受伤3
1946/7 — 8	黑河地区法别拉村	毒气罐泄漏	受伤3、死1
1950	黑龙江省第一师范学校	毒气罐泄漏	受伤8、死1
1967/8	东宁市	毒气罐泄漏	受伤2
1970/1	依安县双阳镇	毒气罐泄漏	受伤4、死1
1970/5	拜泉县龙泉镇卫星村	毒气罐泄漏	受伤8
1974/10/20	佳木斯港	毒气罐泄漏	受伤35
1982/7/16	牡丹江市光华街	毒气罐泄漏	受伤5
1987/10/17	齐齐哈尔市富拉尔基区	毒气罐泄漏	受伤8

资料来源：步平《陈述书》，东京地方法院民事部・平成八年（ワ）第24230号《日军遗弃毒气、炮弹损害赔偿请求事件》甲第119号证。

以下，考察1974年的事故和2003年的事故，二者都是发生在黑龙江省的糜烂性毒气中毒事件。

1　王义杰，王仁学，陈延生：《侵略中国日军在敦化遗弃的毒气弹及其处理》，《战争责任研究》第12号，1996年6月，第62 — 64页。此外，1965 — 1966年掩埋物中发现了苏联式燃烧弹及“毒弹”。

2　日本国际问题研究所：《中国境内遗弃化学武器情况调查结果综合报告书》，1998年，第3页。

▲照片17　齐齐哈尔富拉尔基区发现的日军毒气弹

由作者拍摄（1995年11月29日）。此处有246发炮弹，可清楚地看到标有黄弹、红弹标识的炮弹各1发。此外，有晃动时发出哗啦哗啦液体声的迫击炮弹。这里展示的是黄弹。此后的调查辨明有黄弹171发、红弹55发、未知弹14发、非化学弹6发。

1974年10月20日上午1时前后，正在疏浚松花江航道的黑龙江省航道局疏浚船红旗–09号，在佳木斯市西港通江街船坞入口附近吸进了炮弹，导致船泵堵塞。肖庆武、李臣、刘振起、吴健宁等人打开船泵准备清理时，闻到了芥子毒气弹的臭味和鱼腥味。但他们并未停止操作，而是将炮弹取出，扔进了河里。当时，肖庆武的脚浸泡在船泵内溢出的黑水中，李臣的手放在水中。第2天凌晨，肖庆武就出现了意识模糊，其他人的手背发红，出现小水疱，不久便扩散到胳膊、头部等。[1]据称，

1　东京地方法院·平成八年（ワ）第24230号：《日本军毒气、炮弹遗弃受害损害赔偿请求事件诉状》（第一次诉讼诉状），1996年12月9日。步平：《日本的中国侵略与毒气武器》，明石书店，1995年，第272—273页。

22日又打捞并检查了形状一样的炮弹（长50厘米，直径10.6厘米，重15千克），结果发现当中含有芥子毒气和路易氏剂。[1]由于附近此前也曾捞出日军的炮弹，且后来红旗-09号打捞的毒气弹与日本陆军的10厘米黄弹外形高度一致（长500.5毫米，直径104～107毫米，重15.67千克），因此可以判断，导致事故发生的毒气弹是属于日军的。

症状最严重的肖庆武，不久即双腿坏死，卧床不起，于1991年去世。李臣的手和头都出现了水泡，因为出现糜烂而被迫长期住院。他在1995年曾经说："那里有毒气污染，不要傻乎乎地让孩子们去那儿玩。"[2]芥子毒气虽然没有传染性，但他的话很好地说明了中毒事故给他的人生、家庭及地区带来的巨大冲击。之后他还表示："希望尽快处理遗弃在中国的毒气，不要让我的后人遭受像我一样的痛苦。"

但是，之后事故依然在发生。2003年8月4日，在齐齐哈尔市的建筑工地上挖掘出了5个金属罐，其中一个在现场就发生了泄漏。由于渗入液体的沙土被运往了市内的10个地方，污染进一步扩散。[3]经检测，罐内液体被确定为芥子毒气。剩下的4个罐子，被回收废品的李贵珍以2000元买下。他拿到废品收购站切割后，从两个罐子中流出油状液体，液体溅到他身上，引起水疱。[4]21日，李贵珍因多个器官功能衰竭而死亡。据称，此次事故导致多达43人受害，其中还有9岁、10岁、14岁的少年。

该事故经广泛报道，在中国引起震动。当时中国正处于城市化快速发展的时期，谁也无法保证类似的事件不再发生。这一事故与日本始终缺乏对战争的反思以及战争责任意识淡薄联系在一起，最终引发中国社会的普遍愤怒。由此亦可知，毒气战的相关问题尚未得到根本性的解决。

---

1 步平：《日本的中国侵略与毒气武器》，第277—278页。

2 在哈尔滨对李臣先生的采访，1995年11月28日，与社会党·专家调查团一起。

3 《读卖新闻》，2003年8月9日。《朝日新闻》，8月23日。

4 同上，以及《人民日报》日文版，2003年8月27日。

结语

日军自一战起就在推进毒气武器的开发，并在西伯利亚战争时制订了使用计划。在雾社事件中，日军开始使用催泪毒气与氰化物。之后，又在镇压“二二六”事件的叛军时，计划使用呕吐性毒气。随即，又在中国东北决然地使用了催泪毒气。在同一时期，日本海军陆战队也可能使用了催泪毒气。中日战争全面爆发之时，日本陆军更是在中国战场上立即使用了催泪毒气。日军在1938年开始使用呕吐性毒气，到1939年呕吐性毒气的使用逐渐常规化。同年，日军又开始使用糜烂性毒气。对于日本陆军来说，无论是为了应对眼前的战争还是将来的战争，特别是考虑到对苏作战所必需的实战检验与训练，必须确定毒气武器的效果，这就令使用毒气武器成了日本陆军在中日战争中的“必选项”。

日军推动毒气武器开发、在中国大规模使用毒气武器的背后，是当时日军现代化陆战装备落后于人的现实。日军在对一战的总结中认识到，必须快速充实飞机、坦克、机枪、冲锋枪等现代化武器，实现包含后勤补给在内的军队机械化。但是，在财政压力、基础工业能力不足以及化学技术水平落后等因素的影响下，日军迟迟无法实现军事现代化。为了弥补这一不足，日军不得不强调源自日俄战争的经验，即依仗步兵进行白刃战突击的“白兵主义”[1]。从某种程度上来说，“白兵主义”是自日俄战争后诞生并逐渐成形的新战术传统的延续。但是，得到苏联、美国援助的中国国民党军队，其装备现代化程度不断提高，加之中国国民党军、八路军顽强的抗战意志，以步兵突击为首选项的战术即使牺牲了大量日本军人的生命，也很难打破战事胶着的局面。在常规武器无法取得进展的前提下，日军越来越多地依靠毒气武器打

---

1 藤原彰：《南京的日军》，大月书店，1997年，第77—78页；大日方纯夫、山田朗：《讲座战争与现代》第3卷，大月书店，2004年，第249—256页。山田认为，日俄战争中的日军依赖的是火力，而非士兵出击的“白兵主义”。然而在日俄战争之后，之所以转向“白兵主义”，是因为日本工业生产力及财政的制约、炮兵运用的失误（不是榴弹，而是多用榴散弹造成的失败），以及对于采取“白兵主义”的俄国的枪刺突击的高效性。

破僵局。[1]不仅呕吐性毒气的使用常态化，在危急关头、撤退之时以及为了彻底覆灭八路军根据地，糜烂性毒气的使用次数也日渐频繁。而在与中国的战争中，轻视国际法乃至无视国际法的心态，也让日军对毒气武器产生依赖。因此，在太平洋战争初期，日军在与英联邦军队陷入苦战时，也在局部地区有限地使用了毒气。但是，面对美军，日军除了在瓜达尔卡纳尔岛之战以及比亚克岛之战中偶然地使用了毒气，在其他战役中并没有使用毒气。

从20世纪30年代开始直至二战，只有日本持续地在战场上使用毒气武器。意大利曾于1928在利比亚希尔特使用了光气，又在1930年在利比亚使用了芥子气。此外，意大利还在1935年的埃塞俄比亚战争中大规模使用了芥子气炸弹、光气炸弹以及砷化物炮弹。但是到了1938年，意大利就不再使用毒气武器了。而德国虽然在集中营中使用过氰化氢（齐克隆B）对犹太人进行屠杀，但并没有在战场上使用。尽管当时只有德国制造、储备了神经毒气塔崩、沙林，但由于多种因素，德国并未将其投入战场。其中最大的理由是，纳粹德国的领导层认为，同盟国一方在毒气战准备方面更占优势，且航空战力更强。[2]

就这样，日本不得不独自背上了在二战中使用毒气的骂名。此外，由于“毒气武器先发制人”论的存在，日本战败前还差点儿陷入美军对日发动的全面毒气战的灾难之中。

至于毒气的制备以及战后的毁弃，都伴随着大量的人员伤亡。根据广岛大学医学部在1966—1972年的临床医学观察报告记录，在确诊的忠海制造所的工作人员共计2381人（包括根据学徒动员令参加工厂劳动的学生在内，男性1447人，女性934人）中，慢性支气管炎的男性发病率高达45.1%，女性为13.8%。在芥子气与路易氏剂的研发、制

1　松野诚也：《日本陆军化学武器的配备、实战使用和15年战争》，专修大学硕士论文，2000年。

2　C. D. R. 5：《化学武器与烟雾情报概要》第115号，1949年5月31日；拙稿《战争责任研究》第40号，2003年6月，第11页。

造者中，慢性支气管炎的发病率达到55.5%。[1]根据1981年的统计，芥子气与路易氏剂制造的从业者中，工作过6个月以上，其肺癌死亡率是广岛普通男性的3倍，从事相关工作5年以上，其肺癌死亡率为3.5倍。1955年前后，相关从业者的肺癌死亡率是普通人的40倍。[2]对于那些忠海制造所的工作人员以及从事毒气毁弃工作的人员来说，毒气造成的影响之深，由此可见一斑。

那么在战场上遭受毒气伤害的人又有多少呢？根据中华民国政府在远东国际军事法庭上提交的证据文件，从1937年到1944年，因日军毒气战而伤亡的中国军人共计36968人，其中死亡人数为2086人，死亡率为5.64%。[3]根据中国人民解放军防化指挥工程学院纪学仁教授的粗略统计，“中毒”的中国军民超过94000人，其中致死者在10000人以上。[4]这一数字也包括在吸入呕吐性毒气倒下后被日军刺杀与射杀的人数（这当然应计入“中毒”者的统计中）。可能是对“中毒”标准的认识不同，导致上述统计数字存在不小的差距。尽管不可能再对其进行全面统计，也无法得出一个可信的数字，但是，上述数据作为中国统计的上限与下限，还是应得到重视。

然而，日军在对英联邦军队使用毒气时是有所克制的，而面对美军时，则是完全禁止的。似乎正因如此，同盟国与轴心国才避免了全面毒气战。从某种程度上来说，“正是军事政策的制定者们对于首先使用毒气这种危险的行为有非常清醒明确的共识，才最大程度地保持了

1 重信卓三：《大久野岛毒气工厂旧从业人员的临床观察》，《广岛大学医学部杂志》第21卷第7、8号，1973年8月，第83页。

2 西本幸男：《毒气伤残研究总结——退休纪念最终讲义》，2000年，私家版，第28页。山木户道郎、西本两教授的研究认为，在1952年的1632名毒气受害者之中，至1982年患上呼吸器官类癌症的共计141名，从事芥子气、路易氏剂生产的674名人员中则高达74名。在结论中，毒气受害者患癌的特征“被认定为职业性肺癌”（山木户道郎，西本幸男：《毒气伤残者的呼吸道癌症——后续》，《代谢》第23卷，临时增刊号，1986年，第4、7页）。

3 《毒气战相关资料》，第535页。

4 《日军的化学战》，第331页。

克制”[1]。但是，穆恩教授并没有充分认识到，中国一直都在遭受日军的毒气攻击。对于这一点，从事防化工作的纪教授认为，不管中国向国际社会怎样呼吁，国际条约与国际舆论都没能阻止日本发动毒气战，甚至扩大毒气战的规模，“只有在自身强大的基础上，发展强大的防化工业，才能遏制对手发动毒气战”[2]。这是一种很难反驳的看法。

诚如斯言，如果中国具有较强的化学战防御能力，日军就会打消对中国发动毒气战的想法。但是，中国要想具备较强的化学战防御能力，就必须先具备更强的工业能力。一旦中国具备了更强的工业能力，那么中国不仅会具备化学战攻击能力，也会增强其常规武器的战斗力。这一切，都要以中国摆脱半殖民地为前提。但如果中国摆脱了半殖民地的状态，那么日本也就不可能入侵中国。倘若如此，追求“强大的防化能力”就显得不那么重要了。

此外，美国国内毒气战计划调整，也很值得关注。原本是为阻止轴心国发动毒气战而开展报复性毒气战计划，但随着战争形势的变化，逐渐转向先发制人的毒气战计划。这充分说明，一个国家如果拥有压倒性的毒气报复能力，那么一旦条件成熟，这种能力就有可能促使其发动先发制人的毒气攻击。

国际条约与舆论虽然不能阻止日本使用毒气，但还是阻止了全面毒气战的爆发。尽管当时国际上缺乏统一领导，国际法体系也不完善，但国际社会还是不想让已经取得的成绩付诸东流。正如纪教授在其文章结尾处所说的那样，我们应该以《禁止化学武器公约》为依据，把彻底销毁地球上的化学武器作为奋斗目标。

罗斯福在1942年、1943年发表的声明，当时的国际法准则，以及美、英的毒气战作战能力，共同遏制了国际社会陷入全面毒气战，也遏制了日本在中国发动全面毒气战。但是，二战后期，美国的立场逐渐转变为先发制人地使用毒气（这一转变在1956年完成），二战结束后

1　穆恩（1984），第31页。
2　《日军的化学战》，第347—348、352页。

又豁免了日本使用毒气的罪责。这导致日本在二战结束后对日军使用毒气这一行为选择遗忘与忽视，也导致了世界范围内化学武器的扩散。

日本对毒气战的遗忘、忽视，甚至对毒气战事实的掩盖，一直持续到有关毒气战相关资料相继发表与公开的1984年。在此之前，防卫厅防卫研究所战史室（后为防卫研究所战史部）于1967 — 1980年相继公开出版的战史著作《大东亚战史丛书》全102卷，只字未提毒气战的事实。1983年12月防卫研究所为公开战史资料而制定的《公开战史资料的相关内则》中，列有“损害国家利益的内容（N）”以及“可能引起不良的社会反响的内容（S）”不得公开的规定。[1]在《公文公开审查计划》中，“有毒气体的使用”因被认为是“可能会引起战争相关法律责任及外交问题”的“N”内容而被“检出”（提交审查会议审查）。[2]这些被“检出”的大量资料，直到这一规定被废除之后，才得以公开。但有关致死性毒气的资料和部分军官的日记与回忆录，仍然未能公开。

日本政府对于相关事实的立场，从1995年起出现了倒退。虽然承认日军曾使用过呕吐性毒气，但对于使用过所谓致死性毒气一事，则表示不能确认。但正如本书所述，无论是日军使用糜烂性毒气的资料，还是使用氰化氢毒气的资料，都已经非常多地被挖掘整理出来。日本政府的立场，显然是与事实不符的。[3]

日本政府与自卫队对于相关战争责任的漠视以及对毒气资料的隐匿，不仅是对日军战争罪行的包庇，也会让日本背上新的骂名。因此，全面公开其保存的毒气相关资料，并承认使用包括致死性毒气在内的事实，仍然是非常必要的。

1　秦郁彦：《现代史的争论》，《文艺春秋》，1998年，第282 — 283页。

2　防卫厅战史部：《公文书的公开审查实施计划》，1983年12月20日，防卫厅提供。

3　2001年10月，防卫厅防卫研究所公开了由陆军习志野学校编撰的包含9个糜烂性毒气弹使用案例的《中日战争中的化学战例证集》。由于防卫厅保存有该重要资料，因而从战史资料角度来说，“无法确认”的回答纯系虚假回复。此外，防卫研究所所藏的该版本的表页中载有英文字样“IO JIMA 6 Aug”，系1945年8月6日美军在硫磺岛获取的。由于载有与《盟军翻译与口译组 敌人出版》第310号（1945年1月23日）重复的内容，因此美军获取了另一册（盟军翻译与口译组在第310号中实际上英译的是其他的资料）。

意大利政府也曾一度拒绝承认意大利在入侵利比亚的战争中使用了毒气，但经过学者与记者坚持不懈的努力，1996年2月7日，时任意大利国防部长多梅尼科·科尔乔内发表了一份公开声明，表示“有证据表明，巴多利奥元帅知道使用填装芥子气与砷化物的炸弹、炮弹及其他毒气一事”，勉为其难地承认了相关事实。[1]虽然各国政府在相关问题的处理上大多令人观感不佳，但如果将意大利政府对于毒气战的态度视为“他山之石”加以借鉴，那么日本政府或许可以在毒气问题上采取一个更为明确的、彻底的立场。

尽管国内的部分毒气受害者，特别是东京第二陆军兵工厂忠海制造所（广岛县）、曾根制造所（福冈县）以及相模海军工厂（神奈川县）的相关人员得到了一些不够充分的医疗援助（医疗补贴、特别补贴以及健康管理补贴），但是对于从事毁弃作业的民间人士的医疗援助仍相当缺乏。如何对毁弃毒气导致的毒气受害者，特别是对茨城县神栖町的受害者给予补偿，仍是一个亟待解决的问题。此外，因日本遗弃在中国的毒气以及毒气炮弹而受到伤害的受害者，已经向东京地方法院提起了求偿诉讼。尽管东京地方法院在2003年5月15日作出的第二次（原文如此。——编者注）判决驳回了原告的请求，但在9月29日的第一次（原文如此。——编者注）诉讼中，做出了向原告最高支付2000万日元赔偿金的具有里程碑意义的判决。前者由于原告的上诉，后者由于政府的上诉，都得到东京高等法院的继续审理。在2003年齐齐哈尔的芥子气泄漏事件中，虽然日本政府向受害者支付了3亿日元的赔偿金，却用了“遗弃化学武器处理费用”这一委婉的名义，试图通过这样的方式回避补偿与赔偿的责任。[2]

1997年，《禁止化学武器公约》生效。它以全面销毁全球化学武器为目标，为全面禁止化学武器带来一丝曙光。相对于此前的国际条

1 《墨索里尼的毒气》，第40—41页。由于该文书在其前部分内容繁杂，仅仅是在最后简要承认使用的事实，安杰洛·德尔博卡（Angelo Del Boca）讥讽为“暧昧的杰作”（第40页）。

2 《每日新闻》，2003年12月31日。

约仅仅是将在战场上使用化学武器视为被禁止的行为，该公约全面地禁止化学武器的开发、生产、购买、储藏、保有、转让等行为。截至2004年6月，共有163个国家在公约上签字，包括美国、俄罗斯、中国、印度、日本等。按照该公约规定，各缔约国在原则上有义务在10年内销毁本国的所有化学武器。尽管具有划时代的意义，但该公约也并非没有争议。首先，由于二战后化学武器的扩散，许多已经拥有化学武器的冲突地区（国家）和一些发展中国家并没有缔结该公约。这些国家包括以色列、伊拉克、叙利亚、黎巴嫩、埃及、缅甸、柬埔寨、朝鲜等，共计30个国家。其次，有人怀疑该公约的缔结与批准都经过核大国的“授意”。对于这些核大国来说，只要本国保有核武器这一终极武器，化学武器（包括生物武器）就显得没那么重要，因此，无核国家没有化学武器，更符合这些核大国的利益。核大国纷纷缔结该公约的背后，可能正是这样的“国家利己主义”心理作祟。但是，不可否认的是，若想防止化学战再次发生，要严格遵循《禁止化学武器公约》的各项条款。

现在，日本政府正致力于销毁遗弃在中国的化学武器。为此，在2004年的年度预算中，日本政府已经支出了171亿日元，用于建造化学武器的回收、处理设施。如果日后正式开始对遗弃化学武器的处理工作，那耗资将更加巨大。但是，除非日本政府全面公开毒气相关资料，承认使用毒气的事实，向遗弃毒气的受害者积极赔偿，否则，日本使用毒气的国际责任就不会终结。而一旦日本采取了上述措施，那么日本不但可以放下因毒气战而背负的历史包袱，而且可以赢得国际社会在相关问题上的信任，更能够深入构筑中、日互信关系。在销毁遗弃毒气工作已经开展的今天，日本或许正面临一个千载难逢的时机，承担它本应承担的责任。

后记

自1984年开展毒气战研究以来，转瞬之间已逾20年。虽然耗费了大量光阴，成果有限，但这仍然不失为一份值得回忆的工作。

1988年，在常石敬一的介绍之下，我在加利福尼亚大学圣地亚哥分校的研讨会中，首次用英语发表了关于日军毒气战的报告。彼时的紧张及周身的冷汗，像圣地亚哥的干燥气候一样，时至今日还让我印象深刻。

次年3月之后的两年时间里，我在马里兰大学历史学部留学（访学），并有幸获得马琳·J. 梅奥（Marlene J. Mayo）的指导。在那里，我不但翻阅了美国占领当局收缴的审查的日本杂志，而且曾前往位于斯特兰德的国家档案馆查阅毒气战相关资料。当时在华盛顿特区环路上往返时见到的风景，如今仍历历在目。对罗斯福总统图书馆、马歇尔图书馆、加拿大国家档案馆的访问旅行，也甚感愉悦。1991年初，我还曾前往埃奇伍德兵工厂的亚伯丁实验场。我至今还记得，实验场的历史部为我免费复印了很多资料。那时恰逢海湾战争爆发，实验场正在开展防化、防生训练，与身着鲜艳迷彩服的士兵擦身而过，我不得不感叹，那样的基地居然有能接纳一个外国研究者的肚量。

1992年之后，我也曾多次赴美前往美国国家档案馆。此外，也曾在英国国家档案馆、澳大利亚战争纪念馆及其国家档案馆收集资料。在国内，除了防卫厅防卫研究所图书馆，也获得了大久野岛毒气资料馆及毒气岛历史研究所及辻田文雄的大力协助。在此尤其需要说明的是，亚洲历史资料中心成立之后，检索相关资料也变得更加容易。1995年，应社会党调查团（大肋雅子、栗原君子两参议院议员）邀请，我也曾与山木户道郎教授、绵贯礼子及常石敬一一同前往中国哈尔巴岭、齐齐哈尔市富拉尔基区等地，参与了对毒气遗弃状况及受害者（佳木斯）的相关调查。

借此，我收集了许多资料。但是，我一直没有找到美国方面豁免日本毒气战罪行的决定性资料，因而一直未能完成此书。也正因此，当我2008年8月在麦克阿瑟图书馆中终于发现相关资料时，我的喜悦溢于言表。回到酒店，我感到如释重负，我的研究终于可以告一段落了。

本书是在增加新内容的同时，对下列拙稿进行取舍修正而完成的一部整体性著作。

《日军的毒气战——武汉会战的情况》，《学员时报》（中央大学学员会），1984年11月10日号。

《毒气战的真相》，《世界》第479号，1985年9月（与粟屋宪太郎共同执笔）。

《日军的毒气战——中国、马来半岛、新加坡、缅甸中的毒气使用情况管窥》，《中央评论》第174号，1985年12月（再次收录于藤原彰等编:《思考南京大屠杀》，大月书店1987年）

《化学战备忘录》，《中央大学论集》第9号，1988年3月。

《日军的毒气战》，藤原彰监修:《讲授战争的真实情况》，步出版1988年。

《旧日军使用了毒气》，《朝日周刊》，1988年12月16日。

《美国的日本毁灭"毒气作战"全貌》，《现代》第25卷10号，1991年9月。

《日军生产了多少毒气？》，《战争责任研究》第5号，1994年9月。

《战争犯罪与免责——美国为何中止追究日本的毒气战责任？》，《战争责任研究》第26号，1999年12月。

《日军的毒气战——从西伯利亚战争到徐州会战、安庆战役》，《商学论纂》第42卷6号，2001年3月。

《日军的毒气战——芥子气、路易氏剂的使用:1939—1941》，《商学论纂》第44卷6号，2003年6月。

《日军的毒气战与美国》，《战争责任研究》第40号，2003年6月。

如正文所述，最初正式揭示毒气战史实的是粟屋宪太郎，其功绩无论如何称赞都不为过。此外，粟屋与藤原彰共同执笔的《史料 陆军习志野学校〈中日战争中的化学战例证集〉》(《歴史と人物》165号，1984年11月)，为我的研究工作奠定了基础。另外，我与松野诚也共同刊印发行了资料集，很多资料也互通有无。松野已经以此为题，撰写了毕业论文及硕士论文。近闻其拟汇总成果出版，甚是期待。

本书在完稿的过程中，除了粟屋、常石、松野之外，还获得了青冢美幸、荒敬、安藤正人、伊香俊哉、井上明美、上杉聪、远藤十九子、太田昌克、冈田清、小原博人、糟川良谷、木畑洋一、仓冈荣太郎、斋藤道彦、田岛一成、田中利幸、辰巳知司、辻田文雄、林博史、藤泽整、藤原彰、南典夫、村上初一、山木户道郎、吉田裕、吉村敬子、方善柱、梅奥博士(Dr. Marlene J. Mayo)、普里查德博士(Dr. R. John Pritchard)、马奥尼先生(Mr. Will Mahoney)等人的协助。另外，还获得了美国国家档案馆、美国国会图书馆、罗斯福总统图书馆、马歇尔图书馆、麦克阿瑟图书馆、澳大利亚战争纪念馆及其国家档案馆、英国国家档案馆、防卫厅防卫研究所图书馆、日本国立公文书馆、日本国立国会图书馆宪政资料室、三井矿山株式会社、三井文库、大久野岛毒气资料馆、毒气岛历史研究所、狭山市立博物馆、中央大学图书馆，以及竹原市政府、铫子市政府、日本环境省的援助。在此一并致以深厚的谢意。

本书是以下项目研究成果的一部分：

1999、2000年度科学研究经费补助金基础研究(A)(2)《第二次世界大战期间亚洲文书记录史料的掠夺、废弃、流出等调查》;

2002、2003年度科学研究经费补助金基础研究(A)(1)《旧日本殖民地、占领地区的档案政策与记录流传过程研究》;

中日友好会馆中日和平友好交流计划历史研究资助项目200年度资助《基于战中、战后时期中、日、美关系的新资料的综合研究》。

一直想着要将这本书的"完稿"交由出版社发行，但这是个错误的想法。这本书只靠我一人，是无论如何都无法“完稿”的。在我向岩波书店的吉田浩一提出出版想法时，他很爽快就答应了。他给了我很多恰当的意见，也修正了我的很多“臆想”。在他的帮助下，这本书最终才得以“完稿”。这次经历，让我再次体会到编辑对作者的重要性。对此我深表谢意。

搁笔之际，我仍然有一个关于毒气战的问题，那就是日本既然已经经过艰难抉择，在中国开始大规模毒气销毁工作，那为何不一劳永逸地在国会通过一项彻底废除化学武器且永不使用的宣言呢？在宣言里，日本应当承诺忠实履行《禁止化学武器公约》，承诺全面公开毒气战相关历史资料，承诺彻底追究历史事实，承诺承担责任，承诺对受害者予以赔偿，承诺实施彻底放弃毒气战能力的相关措施。这样，日本就可以清除旧日的负面遗产，提升国家的国际声望，为构建互信的东亚乃至国际社会贡献自己的力量。

2004年6月12日 于八王子市东中野中央大学研究室

吉见义明

承前启后 继往开来
——写在《日本远东战争罪行丛书》第三辑出版之际

时光如白驹过隙，距离《日本远东战争罪行丛书》第一辑出版快十年了。丛书第一辑新书发布会的场景还历历在目。2015年12月4日，在中国社科院近代史所学术报告厅，数十位著名学者济济一堂，对于丛书第一辑的出版给予了高度评价。

该系列丛书先后获得了国家“十二五”“十三五”“十四五”国家重点出版物规划项目，以及中宣部、新闻出版总署一百种抗战经典读物、国家重点主题出版物、国家出版基金等各项荣誉近十项。张宪文先生评价该丛书为“从全球视角揭露日本战争罪行的典范之作”。中国日本史学会荣誉会长汤重南先生评价该丛书：“聚焦不同国家、不同身份、不同遭遇的个人或者群体身上，比如劳工、战俘、‘慰安妇’，甚至被奴役者的家属等，让日本远东战争罪行的全貌越来越清晰地呈现在世人面前。”

丛书甫一诞生，就得到了众多抗战史名家的厚爱。丛书第一辑邀请了张宪文先生和中国抗战史学会原会长、中国社科院近代史所所长步平研究员撰写总序。第二辑邀请了张宪文先生和汤重南先生撰写总序。第三辑几乎沿用了第二辑的总序——两位泰斗又与时俱进地将总序进行了修订。

宪文先生是我亲爱的祖师爷，也是季我努学社的荣誉社长，在季我努学社的发展过程中，他对我的指导和鞭策非常多，可谓耳提面命、指导有加。他作为丛书总顾问，对于《日本远东战争罪行丛书》一直非常重视，丛书的组稿始终贯穿着宪文先生关于亚洲·太平洋战争的学术思想——宪文先生一直认为中国战场是亚洲·太平洋战场的一部分，丛书应该将日本战争罪行的研究越出中国大陆的范畴，更多地着眼于日本在二战期间制造的在中国大陆以外的战争暴行——包括日军在亚洲·太平洋地区对于东南亚国家和西方国家的战俘和平民的战争暴行的研究。相对于国内学者主要搞的日军侵华战争暴行研究，基于“亚洲·太平洋战争史观”的《日本远东战争罪行丛书》从更加宽广的层面响应了习近平总书记“从全球史视角整理抗战史料”的伟大号召。

在这一点上，我和宪文老师的看法一致，我也认为中国的抗日战争，应该放到亚洲·太平洋战争的历史框架当中去。所以我按照宪文老师的指导思想遴选的都是名家名作——每一本书都记录了日军在二战期间制造的战争暴行。丛书中的很多图书具有填补国内学术空白的价值，出版后受到很多国内主流媒体的关注，得到了大量的报道。

有些书甚至在国内出版后，在国际上产生了一定的影响力——中国媒体和国外媒体去采访相关暴行的受害者，以及相关专著的作者。比如，揭露日本征发白种人妇女充当“慰安妇”的《被折断的花朵：八个荷兰“慰安妇”的伤痛回忆》在国内出版后，除《环球时报》等国内权威媒体刊发大篇幅文章外，还在荷兰国内产生了较大反响。很多荷兰媒体，以及中国驻荷兰的媒体纷纷去采访本书的作者和译者——《人民日报》欧洲版专门采访了本书日文版译者、荷兰莱顿大学村冈崇光教授，采写的大幅报道发表在2015年8月24日的《人民日报》欧洲版上。

宪文老师对丛书的关心，不单表现在丛书遴选图书的指导原则上，他对于丛书的翻译质量也非常强调，乃至入选书目的国内版序言，他都要提出具体的指导意见——如专家写得比较短，他就要求专家增加篇幅。

由于丛书选题的重要学术价值，抗战史学界和日本史学界、国际关系史、军事史学界的诸多著名学者给予了高度肯定和大力支持。诸如中国日本史学会荣誉会长、中国社科院世界史所研究员汤重南先生，中国抗战史学会原会长、中国社科院近代史研究所所长步平研究员，华东师范大学历史系王斯德教授，大连民族大学原副校长关捷教授，北京大学历史系王晓秋教授，中国社科院近代史所荣维木研究员，中国第二历史档案馆原馆长马振犊研究员，重庆市委宣传部副部长、西南大学中国抗战大后方历史文化研究中心主任周勇教授，河北师范大学原党委书记戴建兵教授，四川旅游学院校长王川教授，南京师范大学副校长张连红教授，西南大学党委副书记潘洵教授，中山大学国际关系学院院长庞中英教授，上海师范大学人文学院院长苏智良教授，上海交通大学东京审判研究中心主任程兆奇教授，浙江大学蒋介石与近代中国研究中心主任陈红民教授，北京师范大学历史学院院长张皓教授，《军事历史研究》杂志主编、南京政治学院历史系宗成康教授，军事科学院《军事历史》杂志主编刘向东研究员，国防大学战略研究所所长孟祥青教授，南京大学历史学院李玉教授，上海交通大学国际关系与公共事务学院翟新教授，日本长崎县立大学国际社会学院祁建民教授，中国人民大学历史学院杨雨青教授等数十位著名学者，为丛书撰写了精彩的总序、序言和推荐语。还有很多著名学者，请恕我不一一列举了。

日本远东战争罪行丛书自2015年出版以来，十年时间一晃而过，丛书由第一辑的五卷本，随着持续出版，变得越来越厚重。然而揭露日本战争罪行的历史责任，对于季我努学社的译者和重庆出版社的编辑们来说，从未懈怠。现在丛书已经进入成熟阶段，书目的积累，包括未来准备翻译的名家名作的积累，已经达到相当厚重的程度。季我努学社在众多名家的指导下，在众多伙伴们的共同努力下，发展为一个优秀的以青年学者为主的学术翻译团队。我们从翻译日语和英语，现在已经发展为可以翻译英、日、法、德、意、俄、西、葡、希等语种的军事历史翻译团队。

我们的学术蓝图也越来越清晰，目前主要将学术视野放在中共党史和抗日战争史上，进一步细分，可以说是三大板块：长征史、中共抗战史及亚洲·太平洋战争中日本战争暴行研究。中共抗战史又被细分为五大板块：东北义勇军与东北抗联、八路军、新四军、华南抗日游击队、中共对日情报战。我们的核心工作，仍然是甘当史学界的铺路石——持续地为国内学界提供新鲜的海外大型史料，以及译介国外关于以上三大板块的外文专著、回忆录等。不过，未来我们将强化学术研究工作，争取在以上三大板块上推出研究性丛书。

在季我努学社学术目标的实现上，重庆出版社提供了巨大助力——学社的很多重要学术成果都在重庆社推出，初步统计学社与重庆社携手合作，获得的国家级出版荣誉就已接近20项，而在这些沉甸甸的荣誉中，通过《日本远东战争罪行丛书》获得的国家级荣誉超过了半数。我要衷心感谢重庆出版社原董事长罗小卫、原党委书记陈兴芜、原副总经理陈建军，以及现在担任重庆出版社党委书记、董事长、总编辑的郭宜编审及徐宪江副总编辑，以及重庆出版社北京公司原总编辑、重庆出版社社科分社现任社长的秦琥老师，与重庆出版社北京公司现任总编辑连果老师。我也要感谢从第一辑开始，就为丛书付出巨大心力的众多编辑老师们——他们是陈丽、李翔、何彦彦、马巧玲、高芳芳、刘霜等老师，第三辑的顺利出版，张铁成主任出力最多！

郭宜书记是郭汝瑰将军的亲孙，我研究民国特工史，恰巧对郭汝瑰将军很熟悉，因此与他认识很多年，可谓情谊甚笃，合作愉快——“十三五”国家重点图书出版规划项目和国家出版基金资助项目《联合国欧洲办事处图书馆馆藏中国禁毒问题档案·第一辑》已经顺利精装出版。徐宪江副总编和我共同策划了《日本远东战争罪行丛书》，他待人真诚，是一个非常优秀的编辑，我见证了他一步一步由北京公司部门主任走上了出版社副总编的领导岗位。我相信在他们的坚强领导下，《日本远东战争罪行丛书》一定可以取得更大的学术和出版成就！

十年光阴，转瞬即逝。学社的很多伙伴，已经从意气风发的青年学者，成长为成熟稳重的教授、博导。季我努学社也由小到大，拥有了众多的伙伴。学社在《日本远东战争罪行丛书》的规划上，希望逐步涵盖东京审判庭审记录上面所提及的日本在广大亚洲·太平洋占领区的所有著名战争暴行——力争每一种著名战争暴行，都能够找寻到权威厚重的学术专著并翻译出版。此外，我们将倡导并支持国内学者开展对中国以外地区日本战争暴行的研究——推出研究性丛书，并将其纳入《日本远东战争罪行丛书》——未来我们也将热烈欢迎扎实厚重的日本在华战争暴行原创性著作加入丛书。

这篇出版说明，算是对前三辑的一个总结，我之所以起“承前启后 继往开来”这么一个标题，有两个意思。一是希望我们未来的丛书，能够“承前启后 继往开来”，拿出更加扎实的研究成果奉献给学界；二是对学社的伙伴和朋友们说的，希望年轻学者可以继承前辈学者的学术风范，在抗战史研究及日本战争罪行研究上“承前启后 继往开来”。年轻学者应该奋发进取，推出推陈出新的研究成果，以回报前辈学者的指导和支持。

很多年轻学者已经成长起来，走到了抗战史研究的前台。所以我在第三辑当中，邀请了诸如中国传媒大学广告学院院长赵新利教授，浙江大学中国近现代史研究所所长肖如平教授，山东大学新闻传播学院俞凡教授，山西大学中国社会史研究中心主任张俊峰教授，外交学院英语系主任冉继军教授，南京大学文学院暨学衡研究院刘超教授，武汉大学历史学院王萌教授，西安邮电大学马克思主义学院院长袁文伟教授，广西民族大学东南亚语言文化学院覃秀红院长，杭州师范大学人文学院周东华教授，山东师范大学历史文化学院杨蕾教授，广西大学外国语学院彭程教授，南京医科大学医学史研究中心主任李沛霖教授，燕山大学马克思主义学院包巍教授，北华大学东亚历史与文献研究中心赵文铎教授，重庆抗战遗址博物馆钱锋副馆长，南京大学中华民国史研究中心吕晶副主任，华南师范大学华南抗战研究中心吴佩军研究员，四川师范大学外国语学院佘振华副院长，山西大学国家革命文物协同研究中心刘伟国副主任，《中华儿女》报刊社采编中心任华南总监等青年学者中的翘楚，来撰写序言和推荐语。

请青年学者走到前台来，并不意味着完全由青年学者独挑大梁，相反，丛书更需要前辈学者的指导和支持。所以在第三辑当中，我还邀请了北京师范大学历史学院院长张皓教授、山东大学历史文化学院徐畅教授、安徽大学历史系武菁教授、重庆大学新闻学院副院长张瑾教授、辽宁大学历史学院院长王铁军教授、长春师范大学历史文化学院张晓刚教授、河北师范大学历史文化学院张同乐教授、香港中文大学化学系刘志锋教授、重庆大学档案馆馆长杨艳研究馆员、洛阳师范学院历史文化学院原院长湛贵成教授、侵华日军第七三一部队罪证陈列馆金成民馆长撰写序言和推荐语。

感谢各位老师对丛书的鼎力支持！丛书的顺利出版，最要感谢的就是辛勤的译者老师们。从第一辑开始，以我为主任的翻译委员会的各位成员们，就如辛勤的小蜜蜂一样，对书的内容进行了精心的翻译。以日本学习院大学张煜博士、复旦大学李越博士、洛阳外国语学院李学华博士、澳门科技大学叶龙博士为首的翻译团队——他们都是在国内高校、科研院所任教的优秀青年学者，他们对于丛书翻译的贡献功不可没。从第三辑开始，为进一步提高翻译质量，我又特别邀请了张晓刚、湛贵成、刘超、彭程、吕晶老师对五本书的全文进行了逐字逐句的审校。《日本远东战争罪行丛书》的翻译质量一直受到学界肯定，我们将继续保持这一优良传统。

最后，我想专门缅怀一下对丛书的进展始终保持高度关注，并对我个人指导、提携有加的三位著名学者。他们是汤重南、步平、荣维木先生。

汤先生对季我努学社非常支持，对我个人可谓关怀备至——汤先生始终关怀着丛书的出版工作，对于书目的遴选，提出过非常具体的指导性意见，甚至还帮忙找过译者。汤先生入院前，我请他和杨天石、马勇、雷颐等先生在朝内南小街的徽商故里聚会——当时汤先生还精神矍铄，神采奕奕，说自己可能肾出了一点儿毛病，需要入院治疗一下。没想到汤先生入院后，身体一直没有恢复，后来由于感染新冠肺炎突然故去。他的逝世是中国抗战史学界、日本史学界的巨大损失，每当怀念起汤先生和蔼可亲的音容笑貌，以及对我个人春风化雨的关怀，我一直悲痛不已。我想丛书第三辑的顺利出版，也是对汤先生的一种告慰。

汤先生跟我可以说是忘年交，他对于季我努学社整理抗战史料的工作一直非常肯定和支持。对我而言，让我心理上感到一丝安慰的是，我算是遂了汤先生想回重庆看看的夙愿。汤先生出生在重庆，所以才叫“重南”，但是他出生后就一直没有回过重庆。2021年6月，我与郭宜书记、钱锋老师在重大举办“联合国欧洲办事处图书馆馆藏中国禁毒问题档案整理与研究”学术研讨会——钱锋老师是分卷主编之一。我特别邀请汤先生莅临。会议结束后，我又特别请钱锋兄安排年轻教师，专门陪同汤先生去歌乐山下寻找他当年居住的老房子——可惜重庆发展日新月异，当年的老房子已经变成了繁华的高楼大厦。汤先生后来说，长大后，一直想回重庆看看，但由于工作繁忙一直没有机会，此次研讨会，算是遂了心愿了——汤先生是日本史、抗战史大家，作为国家对日外交的重要智囊、日本史学会的灵魂人物，实在是太忙了。

步平、荣维木老师对我及学社的成长支持力度非常大。

最初认识步老师是我在南京师范大学读历史学本科的时候，连红老师邀请步老师给我们作报告。步老师大家风范令我折服，讲座结束后，我还向步老师请教了一个抗战史的问题。步老师一点儿架子也没有，耐心地回答。当时我备受鼓舞。我硕士毕业后，到新华社解放军分社工作。由于在北京，便有了更多接触步老师的机会。步老师与我硕导连红老师有深厚情谊，因此步老师对我指导、关照有加。他见我始终没有放弃对于历史学的追寻，非常鼓励和支持，多次拨冗为我这个名不见经传的青年人的新书撰写序言、总序。《日本远东战争罪行丛书》第一辑的总序，就是步老师亲笔撰写的。我至今还记得，并将永远铭记。步老师对我个人的教诲：从事抗战史研究，要保持冷峻，不要太感情化。

荣维木老师对于我个人的成长可谓是鼎力支持。他一直是古道热肠，对于我在抗战史料的整理与研究上给予了非常多的指导。我曾经请荣老师到多个城市参与“季我努沙龙”的公共讲演。每次讲座结束聚餐的时候，荣老师总是豪爽地说：“国平，整点儿白的。”丛书第一辑专家研讨会非常盛大，荣老师一个人主持完全场。得知荣老师生病后，我立即去医院看他，那个时候肿瘤已经从肝部转移到脑部，但他充满乐观，情绪饱满，还跟我谈抗战史应该关注的新领域。等我第二次去医院看望他时，老人家已经到了弥留之际，我恳求医生许久，才被许可去见他一面。当时荣老师已经不能说话，他看着我，不能说话。我眼泪止不住地往下流，也说不出话来，被医生劝告不许哭，我放下一点儿心意，就被推出病房外。

时常想起三位敬爱的师长，不免热泪盈眶，每年清明，我都专门给他们烧点儿纸，表示怀念和敬意！

衷心地祝愿所有参与《日本远东战争罪行丛书》翻译、指导、编辑工作的名家、译者和编辑老师们身体健康，请大家多多保重！也请读者朋友和方家们对丛书多提宝贵意见，不足之处，多多指正，多多包容！

季我努学社社长
《日本远东战争罪行丛书》主编
四川师范大学革命文献研究院执行院长、教授
范国平
2025年5月10日